박주택 시 연구

박주택 시 연구

프락시스연구회

국학자료원

| 서문 |

또 하나의 시적 지구를 위하여

1. 생애가 천직인 시인

　박주택은 1959년 충청남도 서산에서 출생하여 경희대학교 국어국문학과를 졸업하였으며 동 대학원 박사학위를 취득했다. 1986년 ≪경향신문≫ 신춘문예에 「꿈의 이동건축」이 당선되며 시인으로서의 본격적인 활동을 시작하였다. 이후 경희대학교 국어국문학과를 중심으로 결성되어, 전국의 신진 시인으로 확장된 <시운동>의 동인으로 참여하며 등단한 지 5년만인 1991년 첫 시집 『꿈의 이동건축』(문학세계사)을 펴냈다.
　『꿈의 이동건축』에서 도시와 폐허에 대한 감각을 순교와 자유의 정신으로 승화시킨 그의 시 세계는 두 번째 시집 『방랑은 얼마나 아픈 휴식인가』(문학동네, 1996)에서 현실적 감각을 동시에 추수하며 보다 확장된 세계를 보여주었으며, 세 번째 시집 『사막의 별 아래에서』(세계사, 1999)를 통해 2000년대를 예비하는 새로운 시적 감각으로 전화하여 갔다. 이후 『카프카와 만나는 잠의 노래』(문학과지성사, 2004)·『시간의 동공』(문학과지성사, 2009)·『또 하나의 지구가 필요할 때』(문학과 지성사, 2013)와 시선집 『감촉』(뿔, 2011) 등을 출간하며 존재론적 고통과 환멸을 제시하면서도 생태학적 이상 공간을 희구하는 독특하고도 특장적인 감각을 보여주었다. 이 중 『시간의 동공』은 일본 시쵸샤(思潮社) '한국 현대 시인 시리즈'의 첫 번째 시집으로 선정되어 일본 현지에서 번역·발간된 바 있다.

편운문학상(2000)·현대시작품상(2004)·경희문학상(2004)·소월문학상(2005)·이형기문학상(2010)·한국시인협회상(2015)·김동명학술상(2022)·김동명문학상(2024) 등을 수상한 시인은 근대문학의 연구자로서의 학술적 역할도 충실히 이행하였다. 주요 연구·비평서로 『낙원회복의 꿈과 민족정서의 복원』(시와시학사, 1999)·『반성과 성찰』(하늘연못, 2004)·『현대시의 사유구조』(민음사, 2012)·『문학과 존재의 현상학』(역락, 2025) 등의 저서를 펴냈다. 또한 『김동명 시 전집 상·하』(국학자료원, 2022·2023)·『윤곤강 전집 1·2』(소명출판, 2023) 등의 전집 편찬을 총괄하며 한국 문학 연구 토대를 마련하였다. 2021년부터는 윤곤강문학기념사업회와 한국문학연구원을 창립하여 한국문학의 세계화를 위한 일환으로 국내 학술대회·국제 학술대회를 개최하고 윤곤강 영역본 『Yoon Gon-Gang Selected Poems: 1937-1948』(Codhill Press, 하인즈 인수 펭클(뉴욕 주립대 교수) 옮김, 2024)을 출간하는 등 현대시와 현대문학을 위해 힘을 기울였다.

경희대학교 국어국문학과 교수로 재직하며 학부 학생과 역량 있는 석사와 박사 과정 및 졸업 학생을 지도하였으며, 경희대학교 국어국문학과 문예창자단과 프락시스 연구회에서 신춘문예와 문예지를 통한 많은 시인·소설가·평론가 등을 배출하였다. 아울러 지도 학생 모임인 경희대학교 프락시스(praxis) 연구회와 함께 연구서 『한국 현대시의 공간연구·1』(국학자료원, 2018)·『한국 현대시의 공간연구·2』(국학자료원, 2019)·『윤곤강 문학연구』(국학자료원, 2022)·『모던경성과 전후서울』(모던앤북스, 2022)·『한국문학사와 동인지문학』(소명출판, 2023)·『인공지능과 문학의 미래』(경희대학교 출판문화원, 2023)·『해방 이후 동인지 연구: 한국 문학사와 동인지문학 2』(소명출판, 2025)·『인공지능 시대의 문학』(경희대학교 출판문화원, 2025) 등을 간행하며 후학 양성에 힘썼다. 현재 계간 ≪시현실≫ 주간·정한모문학기념사업회 고문·윤곤강문학기념사업회 상임회장·한국문학연구원장을 맡으며 한국 문학의 발전을 위해 기여하고 있다.

2. 현대시사의 시적 자장(磁場)

80년대 한국문학은 신군부 정권과 정치적 혼란에 대응한 리얼리즘 의식과 민중문학을 표방하였다. 이 시기의 시 또한 포스트모더니즘의 조류도 있었으나 대체로 이념적 정체성을 기반으로 한 집단적 목소리를 구현하려 했으며, 문학은 당대 정치·사회 구조의 부조리를 고발하고 대중과의 연대를 지향하는 실천의 도구로 여겨졌다.[1] 시 또한 주체의 성질을 사회적 맥락에 귀속시키는 한편 대중적 호소력을 지닌 재현의 매체로 기능했다. 이러한 흐름은 리얼리즘의 영향 아래 집중적으로 나타났다.[2] 그러나 87년 민주화 이후 한국 사회는 정치적 다원화·자본주의 심화·도시화의 급속한 진전과 함께 삶의 구조가 근본적으로 변화하였다. 이념의 헤게모니는 약화되고 탈정치화된 일상과 개인화된 감각이 부상하면서 문학은 점차 참여와 실천이라는 시대적 요청에서 벗어나기 시작했다.[3] 시는 언어 자체에 대한 인식론적 성찰과 감각의 해방과 주

---

1) 백낙청, 「민족문학의 새로운 고비를 맞아」, 『한국문학의 현단계 2』, 창작과비평사, 1993.
2) 이승하 외, 『한국현대시문학사』, 소명출판, 2019.

체의 분열 등을 테제로 삼으며 타자의 부활을 통해 타자-되기의 생산적 가치를 삶의 영역으로 수용하는 태도를 보여주기 시작한다.[4]

 이러한 시대적 맥락 속에서 90년대 시는 탈양식적 구도를 바탕으로 파편화된 서술적 경향[5]을 보여주거나 공동체적 사유로부터 벗어나 개인에 침잠하고 소외 주체 담론에 집중하는 방식으로 미학의 전환을 본격화하였다. 이를 구현하면 첫째, 존재론적인 탐구와 갱신의 시, 둘째, 여성시의 위상 축적, 셋째, 생태시의 내면화 경향, 넷째, 재현을 기초로 하는 리얼리즘 시로 양상이 재편되는 가운데 후기 구조주의·해체주의·포스트모더니즘의 담론의 영향을 받은 감각의 파편성과 서사의 단절, 언어의 자기반성 등이 시적 실험의 주요 전략으로 등장했다. 시인이란 존재가 실재를 재현하기보다는 재현의 불가능성 자체를 사유하는 존재로 변화한 것이다.[6] 도시시는 탈전통적 공간에서 경험되는 소외와 감각의 단절을 시화하였으며 불편한 시선으로 현대의 생활과 현실을 직시함으로써 동시대적 비판 의식을 구가하였다.[7] 여성시는 성별화된 언어와 몸의 감각을 탐색하며 시적 주체의 해체를 추동했다. 생태시는 산업화와 물질문명이 초래한 자연 파괴와 생명의 상실을 비판하면서 시를 생태 윤리와 사유의 공간으로 확장했다. 이들은 모두 시의 외연을 확장하며 시적 주체의 소멸을 상상하는 환유적 글쓰기로의 90년대 문학장의 탈바꿈에 기여했다.[8]

---

3) 이수명, 「시집으로 읽는 1990년대 시문학사」, 『서정시학』 제75호, 서정시학, 2017.
4) 이형권, 「현대시와 타자의 윤리학」, 『어문연구』, 어문연구학회, 2014.
5) 이재복, 『정체공능과 해체의 시론』, b, 2022.
6) 박주택·이형권·김종훈·김지녀, 「젊은 시인들의 현재와 미래」, 『서정시학』 제21권 1호., 2011.
7) 이성천, 「현대시의 장르 해체적 징후와 표지」, 『국제한인문학연구』, 국제한인문학회, 2012.

박주택의 시는 이러한 문학사적 맥락 가운데 상징과 추상, 존재론적 탐색을 바탕으로 독자적인 시 세계를 구축한다. 그는 여타의 서정시처럼 언어와 이미지의 감각을 부드럽거나 우아한 방식으로 형상화하지 않고, 삶의 욕망과 죽음의 충동을 형이상학적 신체가 아닌 세기말의 혼란한 불확정성에 대항하는 방식으로 전면화한다.[9] 특히 90년대 시적 주체와 세계의 충돌을 미적 상징을 통해 날카로운 단층과 깊은 굴곡으로 빚어낸다.[10] 이를 통해 시적 주체의 분열과 불안정성을 현실의 사물과 객체의 질료로 삼으면서도 그것을 절대성·영원성의 사유로 재전유함으로써 새로운 상징계를 편제하는 시학을 보여주었다. 이는 그의 작품세계가 단순히 새로운 형식 실험이나 감각적 언어의 구사에 머무르는 것이 아니라 시를 통해 자아와 세계·감각과 개념·존재와 시간의 관계를 끊임없이 질문함으로써 시적 사유에 대한 치열성을 훼손시키는 '거짓 희망'을 거부하는 인식론적 도정[11]으로 사유하게 만든다.

이러한 궤적에 힘입어 그의 시는 90년대 시 문학이 지닌 형식적 다변성과 분열적 감수성을 넘어 시를 보다 철학적이고 윤리적인 사유의 장으로 심화시키는 데 기여했다고 볼 수 있다. 따라서 박주택의 시 세계는 90년대 이후 한국 현대시의 주요 전환 국면을 집요하고 성실하게 통과해온 사례로 이해된다. 그의 시는 단일한 경향에 포섭되지 않는 복합적 미학을 통해 독자와 비평가 모두에게 새로운 독해의 가능성을 요청한다. 그의 시가 존재·시간·감각·주체·윤리·언어라는 상징계의 질료를 시적

---

8) 권경아, 「한국 현대시의 해체적 양상」, 『시와 세계』, 시와 세계, 2003.
9) 홍용희, 「삶의 욕망과 죽음의 충동 : 박주택론」, 『꽃과 어둠의 산조』, 문학과지성사, 1999.
10) 강동우, 「사유의 바깥을 사유하는 밤의 시선」, 『시현실』 99호., 2024.
11) 이성혁, 「구원을 기다리는 바닥의 시」, 『시현실』 99호., 2024.

구조 속에서 입체적으로 배열하며 이미지와 형이상학적 사유를 결합하는 방식으로 한국 현대시의 미학적 깊이를 확장해왔기 때문이다. 즉 박주택 시의 기본적 좌표는 무엇보다도 존재와 시간의 사유에 있다. 그는 시를 통해 실재를 재현하려 하기보다는 실재가 해체되고 복원되는 과정 자체를 사유의 대상으로 삼으며 이 과정에서 드러나는 불확실성과 단절, 생성과 소멸의 리듬을 시적 언어로 조직한다. 이러한 시적 구성은 리얼리즘적 진술보다 인식론적 열림과 감각적 공명에 주목하게 하며 시의 내적 구조를 하나의 철학적 공간으로 전환시킨다.

이와 더불어 박주택의 시는 언어의 자기반성과 시적 형식의 고도의 통제라는 측면에서도 주목된다. 그의 시는 절제된 서정을 보여주면서도 지적 사유와 존재적 응시를 통해 상징적 언어와 철학적 성찰을 결합한 독자적인 세계를 구축해온 것이다. 이때의 존재론적 사유란 자아와 세계·내부와 외부·실재와 인식 사이의 간극을 단순히 묘사하는 것을 넘어 그 간극 자체를 사유의 장으로 전환시키는 힘을 의미한다. 존재란 고정된 실체가 아니라 시간 속에서 끊임없이 흔들리고 재구성되는 흐름이며 박주택은 시를 통해 이 흔들림의 리듬과 구조를 탐색한다. 따라서 그의 시에서 세계는 응고된 실재라기보다는 끊임없이 움직이는 다중적 층위로 형상화된다. 예컨대 초기 시집에서는 '건축'이나 '이동'과 같은 구조적 상징이 자아와 세계의 공간적 관계를 매개하였다면 중기 이후에는 '잠', '시간', '동굴' 등의 심층 이미지가 존재론적 내면 탐구로 이어진다. 후기에는 '지구'나 '우주'와 같은 탈개인적·탈물질적 상징이 등장하면서 시인의 시적 관심은 단순한 자아의 문제를 넘어 세계 전체의 윤리적 재구성을 사유하는 방향으로 확장된다.[12] 이처럼 박주택 시에서 상징은

---

12) 강동호, 「기억의 빛」, 박주택, 『또 하나의 지구가 필요할 때』, 문학과지성사, 2013.

시기의 사유 변화를 복잡하게 구성하여 자신만의 알레고리를 구축한다.

아울러 그의 시적 주체는 초기에는 강한 자의식과 내면의 확장을 추구하는 주체로 출발하지만 이후 점차 타자화된 시선·분열된 주체·멀티플(multiple) 주체로 이행한다. 이 같은 시세계의 확장은 90년대 자유주의적 모험 주체를 내면적 욕망 주체에 국한시키는 것이 아니라 주체와 시와 세계를 현재형으로 재창조하는 2000년대 시적 기획[13]에 기여하였다. 그는 시적 주체를 고정된 자리에 머무르게 하지 않고 시간과 공간·현실과 초현실·윤리와 무의식의 접점에서 유동적으로 위치시킨다. 그 결과 그의 시는 자아의 정체성을 절대화하지 않으면서도 자아와 세계 사이의 조율 가능성을 바탕으로 끊임없이 진동한다. 시 자체에 대한 신념과 언어에 대한 긴장된 성찰을 통해 존재하는 시적 주체는 더 나아가 언어가 구축하는 세계의 형식 자체를 비판하며 인간-삶의 공동 영역이 확장되는 바깥의 사유를 통해 함께 있음(être-ensemble)의 실존적 조건을 완성시킨다.[14] 이처럼 박주택의 시는 단지 세계를 재현하는 수단이 아니라 세계와 주체를 동시에 구성하거나 균열을 일으키는 매개이며 이러한 언어의 힘을 절제와 정념 사이에서 존재의 진정한 향방을 탐구하는 윤리적 힘[15]을 각성시킨다.

---

[13] 김수이, 「자체제작 소리를 내는 상자들, 그리고 : 2010년대 시로 나아가기 위하여」, 『창작과비평』, 창비, 2010.
[14] 강동우, 「사유의 바깥을 사유하는 밤의 시선」, 앞의 글 참조.
[15] 유성호, 「소멸의 시간, 존재론적 고통과 환멸-박주택론」, 박주택, 『감촉』, 뿔, 2011.

3. 중층적 기호와 입체적 윤리

『꿈의 이동건축』(1991)은 물과 태양의 이미지를 상징주의적 상상력을 통한 자아 탐색의 서정으로 전면화하며 90년대 존재론적 자유를 희구한다. 탈영토화된 주체의 감각을 '이동'과 '건축'[16]이라는 메타포를 통해 형상화하며『꿈의 이동건축』이 감지(感知)[17]한 세계는 90년대 초 한국 시단의 미학적 전환기와 긴밀히 연결되어 있다. 시인은 도시적 풍경과 자아의 움직임을 중첩시키면서, 주체의 정체성과 감각적 질서를 상징적 방식으로 드러냄으로써 섬세한 기호적 감각[18]과 탈이념적 자아의 존재 조건을 은유적 방식으로 사유한 대표작[19]이라 할 수 있다.

『방랑은 얼마나 아픈 휴식인가』(1996)와『사막의 별 아래에서』(1999)는 시간과 공간의 경계를 유랑하는 시적 자아의 비극성과 초월 욕망을 교차시킨다. 1인칭의 자의식으로부터 3인칭의 시선과 응시의 구조로 확장된 세계에서 주체는 허무와 진실됨을 획득하기 위한 내적 고행의 길 위에 서게 된다.[20] 두 번째 시집『방랑은 얼마나 아픈 휴식인가』는 불안정한 존재와 정착하시 못하는 자아의 방랑성을 핵심 주제로 삼는다. 여기서 '방랑'은 탈경계적 주체의 표상이자, 근원적 고독과 허무의 은유이며, '휴식'은 정주하지 못하는 삶의 아이러니를 드러낸다.[21] 시인은 감각

---

[16] 김태형, 「공간 인식을 통한 시 분석 방법론 연구 —박주택 시집『꿈의 이동건축』을 중심으로」,『한국문예창작』, 한국문예창작학회, 2025, 67쪽.
[17] 조정권, 「속박과 순례-박주택의 시」, 박주택,『꿈의 이동건축』, 문학세계사, 1991.
[18] 권혁웅, 「숨쉬는 기호들」, 박주택,『꿈의 이동건축』, 천년의 시작, 2011.
[19] 박성준, 「박주택 시 연구의 정립을 위한 試作적 검토」,『국제언어문학』, 국제언어문학회, 2025, 99쪽.
[20] 김원경, 「박주택 시에 나타난 허무의식 연구」,『국제언어문학』, 국제언어문학회, 2024, 29-30쪽.
[21] 이광호, 「세상의 늙은 풍경」, 박주택,『방랑은 얼마나 아픈 휴식인가』, 문학동네, 1996.

적 이미지보다 철학적 성찰과 시적 절제를 통해 시적 긴장감을 조율하며, 자기반성과 자유를 탐색하는 존재론적 의식[22]을 도시 표상에서 찾는다.

『사막의 별 아래에서』는 문명 비판적 시선과 생태적 상상력을 동시에 구현한다. '사막'은 황폐화된 현대 문명을 상징하고, '별'은 그 속에서 소멸하지 않는 정신적 가능성의 상징으로 작동한다. 시인은 생존의 조건으로서의 자연이라는 회복 불가능성을 비판적으로 조망하며 인간 존재의 윤리적 기반을 회복하려는 시적 실천을 시도한다. 이 시집은 사물과 인간·문명과 자연 사이의 관계를 비판적 거리 두기와 응시적 시선을 통해 사유하면서 시 세계를 내면의 상상계를 넘어 윤리적 공동체의 상징계로 확장되는 결정적인 시기로 평가된다.[23]

『카프카와 만나는 잠의 노래』는 실존적 부조리와 무의식의 이중 구조를 중심 주제로 삼는다. '잠'은 현실과 꿈·의식과 무의식의 경계를 흐트러뜨리는 중층적 기호로 '소멸'에 대한 연민과 회한의 정서가 가득한 시적 풍경 속에서 '나' 혹은 '나들'의 기억과 망각을 진자[24]하며 언어의 불확실성이 곧 죽음이 아닌 생성의 테제가 됨을 역설한다. 과 현실의 부조리를 불안의식의 비극으로 구조화하면서도 상징적인 이미지를 통해 시를 인식과 감각의 중첩 구조로 전환시켜 자기 주체성을 견고히 해나간다.[25] 이 작품은 언어의 비재현성과 존재의 탈형식성을 전면화하면서

---

22) 김웅기, 「1990년대 상징주의 시의 자유주의 양상 연구(1) ― 박주택의 초기 시집을 중심으로」, 『현대문학이론연구』, 현대문학이론학회, 2025, 139쪽.
23) 이희중, 「이 별에서, 저 별을 꿈꾸다」, 박주택, 『사막의 별 아래에서』, 세계사, 1999.
24) 고봉준, 「삶을 삼키는 시간들」, 『천년의 시작』 제10호, 2004.
25) 이수빈, 「박주택 시에 나타난 선택적 불행과 시적 불안 의식 연구― 박주택 시집 카프카와 만나는 잠의 노래 를 중심으로」, 『백록어문교육』, 백록어문교육학회, 2025.

시인의 실존적 불안과 형이상학적 질문이 본격화되는 시기로 이해할 수 있다.26)

『시간의 동공』은 박주택 시의 시간성과 응시의 윤리를 집약적으로 드러낸 작품이다. '동공'은 세계를 인식하는 감각 기관이자 내면의 시간을 응축하는 상징적 장치로 작동하며 시인은 이 감각과 인식의 접점을 통해 존재의 불확실성과 언어의 긴장을 정밀하게 구성한다. 이 시집은 특히 기억·상실·정지된 시간·반복되는 리듬과 같은 구조적 장치를 통해 일종의 시적 윤리감을 전개해 나간다. 박주택은 이 시집을 통해 시를 철학적 명상과 윤리적 사유의 교차점으로 확장하며 인간의 본질을 시간성으로 체화하였다.27)

『또 하나의 지구가 필요할 때』(2013)에서는 후기 자본주의적 조건과 생태 위기의 국면에서 도달한 시간의 귀환불능점을 감각하는 과정을 그려내며28), 5차원의 '시적 멀티버스'29)를 창조하며 생성과 소멸·순환과 재구성의 이미지들을 통해 존재의 허무를 넘어서려는 윤리적 전망을 제시한다. 이 시기의 시편들에서는 시적 주체의 고정성이 사라지고 다중적 자아들이 시간의 층위 속에서 상호 교섭하는 탈중심적 구조가 드러난다. 이는 다원화 된 생태 윤리·우주적 상상력·다차원적 존재론을 통합한 작업이라 할 것이다. 이 시집에서 시인은 '또 하나의 지구'를 단순한 물리적 대안이 아닌 윤리적·정신적 재구성의 징으로 제시30)하며 세계의

---

26) 오형엽, 「기억과 망각의 회로」, 박주택, 『카프카와 만나는 잠의 노래』, 문학과지성사, 2004.
27) 정과리, 「눈동자로부터의 모험」, 박주택, 『시간의 동공』, 문학과지성사, 2009.
28) 박슬기, 「시간의 귀환불등점, 지평선에 선 자의 사유」, 『문학과사회』, 문학과지성사, 2013.
29) 박성준, 앞의 글, 99-102쪽.
30) 인수봉, 「박주택 시에 나타난 타자윤리와 환대의 시학 —『또 하나의 지구가 필요

구조와 존재의 조건을 재전유하고 있다.

   박주택의 시 세계는 80년대에서 90년대로 이행되는 과도기적 시기의 시적 주체의 새로운 상상력과 윤리적 주체의 존재론적 사유의 교량적 역할을 하며 집단적 서사와 이념 중심의 시학에서 벗어나 감각과 존재·주체와 타자의 윤리를 내면화하여 2000년대 이후의 시에 폭넓은 영향을 미친다. 존재의 비가시적 층위와 시적 인식의 윤리적 조건을 탐색하는 그의 시적 실천은 한국 시가 철학적 성찰과 미학적 깊이를 추구하는 데 중요한 좌표로 작용한다. 그의 시는 단지 아름다움을 형상화하는 데 머무르지 않고, 존재와 언어의 경계에 대한 윤리적 응시를 지속한다는 점에서 분명한 의의를 지닌다. 한편 형식적으로도 박주택의 시는 상징적 이미지·개념적 사유·감각적 리듬을 정밀하게 배치하여 언어의 서스펜스를 구축한다. 사물과 풍경·감정과 개념 사이의 거리감을 유예하면서 시가 단지 정서적 재현의 수단이 아니라 의미 생성의 장으로 기능할 수 있음을 보여준다. 다시 말해 그의 문명 비판적 태도와 생태에 관한 사유, 자유주의적 존재론 등으로 시의 외연을 확장함에 따라 그의 시가 단일한 문학적 경향으로 환원될 수 없는 복합적이고 유기적인 미학 체계를 구성하였다.

4. 『박주택 시 연구』의 구성과 체제

   『박주택 시 연구』는 그의 시 세계를 단순히 한 시인의 작품군을 넘어 한국 현대시가 추구할 수 있는 사유적 미학의 가능성을 가장 치열하게

할 때』를 중심으로」, 『리터러시 연구』, 한국리터러시학회, 2025, 365쪽.

모색한 장(場)으로서 문학사적 의의를 규명한 책이다. 앞서 살폈듯 이 책에서는 지금까지 출간된 6권의 시집 『꿈의 이동건축』·『방랑은 얼마나 아픈 휴식인가』·『사막의 별 아래에서』·『카프카와 만나는 잠의 노래』·『시간의 동공』·『또 하나의 지구가 필요할 때』와 시선집 『감촉』에 관한 연구와 해설·비평을 함께 선보인다. 이 책은 박주택 시에 대한 연구는 물론 당대 시문학의 핵심 미학을 규명하는 데 기여할 수 있을 것이다.

이 책의 구성은 다음과 같다. 1부에서는 각 시집에 대한 해설을 수록했다. 박주택의 시 세계를 탐구하는 데 기여한 글을 톺아보며 그의 작품에 대한 비평적·학술적 접근 방식을 고찰한다. 2부에서는 재출간 시집 『꿈의 이동건축』(천년의 시작, 2004)·시선집 『감촉』(뿔, 2011)의 해설을 실었으며, 3부에서는 경희대학교 프락시스 연구회의 <박주택 시 연구> 논문을 수록하였다. 박주택 시 연구를 위한 시작(試作)의 총론부터 개별 시집을 주제로 한 작품론과 시인론을 담은 것이다. 수록된 글을 미리 살피면 다음과 같다.

<1부 시집 해설>의 첫 글인 제1시집의 초판본에 실린 「속박과 순례-박주택의 시」(조정권)는 시인이 상실에 대한 시인의 원초적인 회상을 상징적으로 표상함으로써 세계 이전의 본원적이고 시원적인 시세계를 구가하고 있음을 알리는 시론(試論)적 글이다. 이 글은 시인의 특장을 "고독하기까지 한 공상의 세계"이면시도 "내면의 지도를 만들어 보"고사 하는 욕망을 절대적 존재와 시적 주체의 동일성 발견 과정에서 이것이 도피와 피안의 세계가 아닌 순례와 희구의 세계로 전화되고 있음을 밝히는 데 있다고 본다. 그리고 그것이 곧 어떤 것에도 방해받지 않는 내적 세계의 고유성이자 그의 시의 본바탕임을 진단한다.

제2시집 『방랑은 얼마나 아픈 휴식인가』에 대한 해설 「세상의 늙은

풍경」(이광호)은 박주택의 시가 상징주의적 수사학 대신 일상적인 공간에 대한 묘사적 태도로 전환되었음을 발견하고 "늙음 혹은 늙은이에 대한 시인의 관심"이 부각되었다고 분석한다. 3인칭 시점의 도입, 담백하고 건조한 시적 어조, 수사학적 열정 대신 "생의 스산한 뒷모습을 조용히 응시"하는 태도를 통해 박주택 시 세계가 상상력의 비상에서 현실의 질감으로 확장되었음을 살피는 글이다. 필자는 이 같은 변화를 단순한 양식적 변동이 아니라, 시인이 시를 통해 세계와 맺는 방식의 본질적 전환으로 보았다.

제3시집 『사막의 별 아래에서』의 해설 「이 별에서, 저 별을 꿈꾸다」(이희중)는 지금까지 박주택의 시가 보여준 자아와 세계의 모습이 어둡고 처참하다는 사실과 이것이 이별의 삶에 적응하지 못한 채 저 별을 그리워하고 꿈꾸는 국외자의 태도로 드러나 있다는 사실에 착안하여 이와 관련한 <비껴서기>의 태도가 이채로운 시 세계를 지향하고 있음을 진단했다. 필자는 "현실의 간단한 뼈대에 환상의 살갗과 상상의 근육이 더해진 표현의 특징을 살피는 데 대부분의 지면을 쓰고 말았다"는 언급을 통해 박주택은 완고한 형식주의자가 아니라 강렬한 색조와 선명한 심상을 구축하는 데 몰두한 흔적을 보여준다는 점에서 사실주의자보다도 표현주의자의 편에 서 있음을 파악했다.

제4시집 『카프카와 만나는 잠의 노래』를 진단한 「기억과 망각의 회로」(오형엽)는 박주택 시의 근저에 자리잡고 있는 것을 환멸과 폐허 의식으로 규정한다. 그런데 현실에 대한 환멸은 자기 모멸로 이어져 비극적 세계인식을 강화시키고 시의 표면에 여러 겹으로 덧칠된 권태의 풍경을 그려놓는다는 해설을 통해 그의 시 전체에 배태되어 있는 장엄한 어조가 시인의 망각과 잠을 통해 허무까지도 긍정하는 운명애를 획득함으로써 능동적 허무주의로 진입하고 있음을 진술하고 있다. 필자에 따르면 박주택의 시는 2000년대를 접어들면서 "잠의 벌판에서 흰 말을 타고 기억과 망각의 회로 끝까지 질주하기"를 보여준다고 설명한다.

제5시집 『시간의 동공』의 의의를 살핀 「눈동자로부터의 모험」(정과리)은 '눈동자'가 아닌 '동공'이라는 시어에 착안하여 그것이 '공동(空洞)'과의 말놀이를 위해 출현한 것이라는 가설을 전제한다. 그리고 이때 '공동'은 눈동자의 그것, 즉 텅 빔으로서의 눈동자를 가리킨다고 언급하며 그것은 눈동자를 통해 '맹목'으로 지시되었던 다수성의 존재들이 실은 스스로 눈빛을 빛내는 존재들이라는 깨달음으로 이행하는 과정임을 분석하면서. 시에 드러난 시선 주체의 모험의 전 과정에서 포섭되는 요철의 굴곡을 형상으로 그리며 생성과 소멸을 되풀이하는 시적 의지를 모색하고 있음을 진단하였다.

제6시집 『또 하나의 지구가 필요할 때』의 해설 「기억의 빛」(강동호)은 기억을 둘러싼 언어적 파장과 이미지의 생성을 바탕으로 전개되는 일련의 시 세계를 통시적으로 고찰하며 근작인 『또 하나의 지구가 필요할 때』 역시 이러한 기억의 문제를 여전히 사유의 중심에 놓고 있다고 분석한다. 관성화된 지구적 삶의 구조를 구원하기 위해 말할 수 없고 기록할 수 없는 미래의 가능성—즉 예감된 희망의 빛에 대한 사유로서 존재를 윤리적으로 긴장시키는 작용을 수행한다고 보았다. 그러면서 "그 예감이 밤이 다할 때까지 소멸하지 않는 한, 박주택의 시에서 기억의 운동은 언제나 진행형으로 남아 있을 것"이라 규명하고 있다.

<2부 재출간 시집 및 시선집 해설>에서는 2011년 재발간된 『꿈의 이동건축』의 해설 「숨쉬는 기호들」(권혁웅)을 수록하였다. 필자는 『꿈의 이동건축』이 '약속된 땅'에서의 신생과 꿈의 건축을 서사화하고 있음

을 밝히며 서정적 예언 속에 드러난 환상과 예감의 끝에서 꿈과 건축이 결합된 시적 공간에서의 정신적 귀환과 이상 세계의 상징성을 진단하고 있다. 필자에 따르면 이 시집에 수록된 시편들은 지상의 삶에 뿌리내리기 이전, 상징과 신화·꿈의 기호를 통해 내면의 영토를 탐색하는 시적 여정의 출발점을 형성하는 것인데 이는 박주택 시가 지향하는 존재론적 사유와 윤리적 감각의 원천이자 시인의 심층적 기호체계가 살아 숨쉬는 기원이라는 점을 고찰한다.

이 장에서는 시선집 『감촉』의 의의를 구명한 「소멸의 시간, 존재론적 고통과 환멸-박주택론」(유성호)을 함께 싣는다. 필자는 "지금까지 얼마나 많은 말을 했을까? 나는 / 얼마나 많은 느낌에 마음을 빼앗겼을까?"(「작약」)라는 구절을 인용하며 박주택의 시를 일종의 반성적 고백의 기록으로 위치시킨다. 필자는 그의 시가 소멸의 불가피성과 불멸의 불가능성 사이에서 진동하는 것으로 보고 고통과 환멸의 물결 속에서 치열하고 애잔한 미학을 형성한다고 보았다. 무엇보다도 그 중심에는 시 자체에 대한 메타적 열정과 탐색의 의지가 놓여 있음을 밝히며 그의 시 세계는 시인만의 슬픔과 치열함, 그리고 시를 통한 생의 궁극에의 접근을 진지하게 체험하게 한다고 진단한다.

<3부 학술논문>의 첫 번째 글은 「박주택 시의 허무의식 연구」(김원경)이다. 이 글은 박주택의 시에 내재된 특유의 환멸과 폐허 의식을 외적인 요인보다는 생득적인 것에 가까운 것으로 파악하며 상황과 조건에서 느껴지는 외면성이 감정과 해석 같은 내면성과 만나 오랜 시간 지연되다가 언어로 발화되는 과정에서 드러나는 것임을 견지한다. 박주택의 허무의식을 존재론적 본질로서 고립과 유폐의 불안이 엄습할 때 생기는 정서이자 정신적 태도로 보면서 이를 능동적 허무의식으로 명명하여 그

의 허무주의적 세계관을 현실에 대한 비판적 인식과 함께 존재의 근원적 문제에 대한 탐구로 조망한다.

다음으로 「박주택 시 연구의 정립을 위한 試論적 검토」(박성준)는 박주택 시 연구의 토대적 단계에서 검토되어야 할 부분을 종합적으로 제시하고 향후 연구를 견인할 기본 골자를 세움과 동시에 박주택 시 세계의 변모 과정을 고찰한다. 기수별 특징을 포괄적으로 살펴 당대 비평과 더불어 시 세계의 변모 과정을 해명함으로써, 현재 기준 박주택 시 세계를 종합적으로 조망했다는 데 의의를 지닌다. 1기~4기에 걸쳐 진행되는 시적 변모 양상을 토대로 필자는 박주택의 시적 주체가 생성과 소멸을 반복하여 존재의 허무를 넘어선 지점들을 가시화한다고 보았다.

「공간 인식을 통한 시 분석 방법론 연구 —박주택 시집 『꿈의 이동건축』을 중심으로」(김태형)는 『꿈의 이동건축』(박주택, 1991)에 나타난 공간을 ①일상, ②자연, ③경계의 세 공간으로 분류하고, 각 공간이 시적 주체의 위치성과 인식 구조에서 어떠한 의미를 갖는지를 분석한다. 시적 공간은 단순한 대립적 구도로 이루어진 것이 아니라 '경계'라는 개념을 통해 현실과 이상이 중첩되며 변주되는 방식으로 형성됨을 주지하면서 필자가 주목한 공간은 경계 공간이다. 즉 현실과 이상의 경계를 가로지르며 박주택의 시적 주체의 내면적 인식과 세계관을 반영하는 구조적 요소로 공간이 기능함을 규명하고 있다.

「1990년대 상징주의 시의 자유주의 양상 연구-박주택의 초기 시집을 중심으로」(김웅기)는 박주택의 초기 시집을 통해 90년대 시에서 상징주의시가 갖는 존재론적 자유로서의 의미를 탐구한다. 그의 시가 90년대의 현실태에 시의 본질적인 미의식이라 할 수 있는 상징주의를 기투할 수 있는 자유의 원천으로서 주체와 타자 사이를 진자하는 '슬픔'과 '통감'의 동요를 '감지'하고 있다고 본다. 이를 위해 박주택 시에 나타난 '비선형적 시어'와 '슬픔-주체'의 응전을 통해 작품의 맥락을 살핌으로써 90년대 상징주의시의 양상을 살피고 있다.

「박주택 시에 나타난 타자윤리와 환대의 시학 —『또 하나의 지구가 필요할 때』를 중심으로」(인수봉)는 박주택의 제6시집 『또 하나의 지구가 필요할 때』에 수록된 주요 시들을 레비나스의 환대 이론을 중심으로 분석한다. 박주택의 시를 존재론적 불안·타자의 고통·도시와 자연 사이의 경계·죽음과 생의 중간 지대를 탐색하며 그 속에서 타자를 향한 무한 책임의 윤리적 성찰을 촉구하는 육성으로 보았다. 특히 침묵하거나 배제된 존재, 말하지 못하는 자들의 고통을 시적 언어로 복원하고, 시적 주체가 그 얼굴에 응답하며 책임지는 방식을 통해 윤리의 가능성을 모색한다.

「박주택 시에 나타난 선택적 불행과 시적 불안 의식 연구- 박주택 시집 『카프카와 만나는 잠의 노래』를 중심으로-」(이수빈)는 그의 시 세계는 환멸과 자기부정을 통해 역설적으로 자기 성찰을 추구하며 황폐한 현실을 상징적으로 묘사하여 비극을 표출한다고 보았다. 아울러 비극에 대한 상대적 우월성과 영속적 호소력은 인간의 가능성에 대한 믿음과 인간 위엄을 긍정하는 증거라는 사실을 표명한다. 예컨대 그의 시 쓰기는 외부의 경험을 통해 비롯된 삶 속에 내포된 죽음, 불안과 존재의 빛 속에 들어와 있는 어두움을 함께 끌어들여 새로운 것을 창조한다는 사실에 주목하여 그의 시에 드러난 불안 의식이 주체적 태도임을 소명하고 있다.

『박주택 시 연구』는 1부 시집 해설·2부 재출간 시집과 시선집 해설·3부 학술논문을 통해 박주택의 시 세계를 폭넓은 관점에서 분석함과 동시에 사회·문화·역사의 차원과 호흡하는 작품의 맥락들이 개별적 시인론에 그치는 것이 아니라 현대시사를 새롭게 조망하는 하나의 좌표계를 제시하는 데 기여할 것이다. 박주택의 시 세계는 여전히 중단되지 않은 영토를 운위해 나가고 있다. 앞으로 그의 시를 향유하고 연구하는 수많은 독자에게 이 책이 유용한 제반이 되기를 바란다.

    끝으로 책을 구성하고 편집함에 있어 도움을 주신 국학자료원에 감사의 인사를 전한다. 아울러 책의 내용을 내실 있게 채워주신 필자 분들께도 감사를 드린다. 무엇보다도 이 책이 나올 수 있기까지 시인으로서, 학자로서, 그리고 스승으로서 프락시스 연구회와 늘 함께 해주신 박주택 선생님께 깊은 감사와 애정의 마음을 드리며 앞으로의 발걸음에도 응원의 마음을 드린다.

2025년 6월
경희대학교 프락시스연구회

| 차례 |

서문   4

|1부| 시집 해설

속박과 순례 | 조정권   27
  — 박주택의 시

세상의 늙은 풍경 | 이광호   39

이 별에서, 저 별을 꿈꾸다 | 이희중   51

기억과 망각의 회로 | 오형엽   63

눈동자로부터의 모험 | 정과리   79

기억의 빛 | 강동호   99

|2부| 재출간 시집 및 시선집 해설

숨쉬는 기호들 | 권혁웅   123

소멸의 시간, 존재론적 고통과 환멸 | 유성호   133
  — 박주택론

| 3부 | 학술논문

박주택 시에 나타난 허무의식 연구 ｜ 김원경　　　　　　　151

박주택 시 연구의 정립을 위한 試論적 검토 ｜ 박성준　　　179

공간 인식을 통한 시 분석 방법론 연구 ｜ 김태형　　　　217
　　― 박주택 시집 『꿈의 이동건축』을 중심으로

1990년대 상징주의 시의 존재론적 자유 양상 연구 ｜ 김웅기　243
　　― 박주택의 초기 시집을 중심으로

박주택 시에 나타난 타자윤리와 환대의 시학 ｜ 인수봉　　271
　　―『또 하나의 지구가 필요할 때』를 중심으로

박주택 시에 나타난 선택적 불행과 시적 불안 의식 연구
　　　　　　　　　　　　　　　　　　　　　｜ 이수빈　297
　　― 박주택 시집 『카프카와 만나는 잠의 노래』를 중심으로

| 1부 |

시집 해설

속박과 순례
— 박주택의 시

조정권
(시인)

　나에게 있어 박주택은 처음 대하는 시인이 아니다. 처음 대하는 시인이 아니라는 이 말 속에는 상당량의 외포가 숨어 있다. 지금은 고려대학으로 옮겨 갔지만 최동호 교수가 경희대학교 재직 시절에 개설한 <현대시 스터디 그룹>에서 나는 박주택을 만났다. 정확히 말한다면 박주택의 시를 그때 처음 만났다고 해야 하리라. 시를 연구히는 대학원생들이 모여 있던 어두컴컴한 맥주홀의 외딴 방에서 처음 만난 그는 무엇 때문이었는지는 알 수 없으나 당당한 신인으로서 시단에 입성할만한 시들을 쓰고 있으면서도 자신의 시에 스스로 자신을 갖지 못하고 있었고 20여 편의 시를 늘 가방 속에 숨겨놓고 다니고 있었다. 그러나 그곳에서 내가 읽은 20여 편의 시는 80년대의 여러 유형화된 감성과는 다른 감성의 시가 있을 수 있다는 기쁨을 분명히 感知할 수 있는 것들이었다. 감지란 느끼어 안다는 뜻이다. 감지의 과정에서는 반드시 감지방식이라는 것이 작용하기 마련인데, 많은 사람들은 이 감지방식 자체가 어떻게 형성되어 가는지에 대해서는 생각을 돌리지 않고 이미 자기에게 형성되어 있는 특정 감지방식만이 유일한 감지방식이라고 인정한 후, 자기에게 감지된 사실만 중요시하는 고집을 고수하기 마련이다. 감지방식의 형성은 다분히 자신의 경험에 의존하기 마련이다. 그것은 경험적인 것인데 인간은 경험을 자의로도 하고 타의로도 한다. 자의로 경험할 수 있는 이유는 인간에게 환경 초월적 능력이 있기 때문이며 타의로 경험할 수 있는 것은 인간이 환경에 지배받을 수밖에 없기 때문이다. 나는 타의의 환경보다는 자의의 정신적 능력을 믿는다. 더 자세히 밝히진 않겠으나, 내가 본 박주택은 80년대라는 집단화된 시적 환경 —이미 시단에 형성되어 굳어지기까지 한—에 꽤나 주눅이 들어 있었고 그것과 비교할 때 자신의 시는 단절되어 있으며 외롭게 느끼고 있었다. 이미 시단에 내놓아도 손색이 없던 그의 시는 시인의 그러한 자의식의 그림자에 막혀 자신없는 표정으로 스스로의 삶을 매장하고 있었다. 신인이란 무엇인가. 그것은 일단 새로운 개성의 출현을 뜻하고 있다. 그러나 그 새로운 개성은 그를 둘러싼 시의 사회적 환경에 의해 인공적으로 가려져 있을 수가 있다. 그 가리워진 개성이 바로 박주택의 시였다. 그 개성은 발견되어야 할 성질의 것이지, 기존의 시단의 눈길에 걸어들어와 편승하거나 야합할 수 있는 개성이 아니었다. 당연히 그 개성은 그 시대의 집단개성과는 별개로 보호받을 필요가 있었다. 그것은 한 시인이 미지의 한 시인에게 행할 수 있는 시인으로서의 정당한 윤리적 차원을 제기한다.

> 절대의 이름으로 머리 숙인 우리는 우리가 무엇을 하는지
> 누구인지 침묵은 하나의 그 무엇으로 서서
> 우리들의 옷깃을 휘감고 어디론가 절규를 몰고 갔다

창 밖에서 不在의 이름을 불러 빛을 바라보기는
병 속에서 빛을 바라다 보지만 숲 건너로 보이는 빛
땅을 지고 시간을 거슬러 하늘을 오르지 못하는
말들을 그리워하면서 이 하루 나는 울면서 하늘을
날았다. 날면서 울었다. 오, 그리고 상징의 빛을
받으며 피는 아이들 뒤로
끝없이 내 郊外를 깨우치게 할 때
새 한 마리 정적에 깨어 不死의 춤을 추고 있다

―「파행」 뒷부분

　300여 행이 되는 긴 詩 「파행」은 시정신이 추상성으로 인해 상당히 모호한 안개의 숲으로 덮여져 있지만 그의 수사학은―차라리 광활하기까지 하다― 마치 불란서의 초현실주의 후예의 피를 이어받은 르네 샤아르 나 로베르 강조의 수사학을 연상케 하듯 새로운 표현의 가능성을 탐구하는 내면의 정신적 욕구로 차 있으며 상징적이고 신비주의적인 특질을 보이고 있다. 확실치는 않지만 시인은 '절대의 이름으로 머리 숙인' 인간 존재를 감싸는 침묵의 절규 소리를 듣고 있으며 하늘로 올라야 힐 자신의 언어의 추락을 감지하면서 정신의 비상을 계속한다. 비상의 목적은 새로운 말의 땅을 찾기 위한 것이다. 시인은 자신의 상상력을 바탕으로 언어의 지도를 만들고 숲과 강과 성을 찾아가는 여정을 계속한다. 그것은 홀로, 집단 개성의 무리와는 관련 없이 길 찾아 나서기와 다름 아니다.

숲을 건너 그리고 저 들판 위에 뿌려진
神託을 건너 절망은 회복의 지표에서 배회하고 있다.
몇 代의 왕조가 바뀐 이 숲의 왕국에는
이제 길게 비추는 빛이 없다.

이 성채에 쌓인 孤寂이 어디서 비롯되었는지,
알 수 없지만 침묵은 어둠을 걸치고 다니다가
땅 위에 방언을 뿌렸다. 또
(…………)
벽지를 걸어나와 분류 속으로 걸어들어갈 때
깎는 듯한 결핍, 오! 결핍
本有의 화살에 司祭는 죽어가면서 숲 위에 떠도는
사랑을 보았다. 새는 환상으로 울었다.
환상으로 울 수밖에 없어서 내가 그대 앞에
빛으로 피어 시간의 팔에 안긴 말(言)들의 뿌리를
소유할 수 있다면 習俗으로 그 미상의 不死의 빛으로
우리는 이름도 없는 말들의 땅으로 가면서
숲을 「숲?」이라 불렀다.
(…………)
그리고 지금 박명의 시간 끝에 서서 숲속에
어둠이 온통 잠길 때
보라, 우리들 모두는 떨어진다
처음의 어둠이 어둠을 부를 때처럼 하강한다.
그때 어둠은 우리들 이마 위로 떨어지고 있다.

「파행」의 중간부분인데 젊은날의 박주택 시의 특질을 살펴볼 수 있는 부분이다. (사실 이러한 예는「파행」전체에서 나타나고 있다.) 여기서 시인은 숲과 들과 성, 벽지를 찾아가는 순례자의 의식으로 휩싸여져 있다. 그것은 사회적인 환경과는 관계없이 우주적인 자연질서와 인간 존재의 내면적 어둠을 들여다보는, 거의 고독하기까지 한 공상의 세계이다. 그러나 그의 시상은 굉장한 지리학에 의해 구성되어 있다. 시인의 욕구는 내면의 지도를 만들어 보자는 데 있다. 그리고 그것이 자신을 한눈에 볼 수 있는 지도라는 것은 그 자신의 작업의 의미와 꽤 큰 연관이 있을 것이다. 자기가 존재하는 의미를 객관적으로 파악할 수 있는 능력을 가지려 한다는 것은 인간의 삶에 있어서 중요한 것이 되지 않을 수 없다. 그 능력은 지도 밖의 자아와 지도 속의 자아를 구별해 줄 것이기 때문이다. 이 지도 만들기는 시인으로서 앞으로 출발하기 위한 그를 위해서 필요한 사전조건이다. 그리고 그것은 주위의 어떤 것에도 방해받지 않는 내적 세계이므로 그의 시의 본바탕이라고 할 수 있다. 그리고 그 본바탕(땅)에 시인이 집을 지으려 한다는 것은 너무나 자연스러운 일이다. 그의 「꿈의 이동건축」을 보자.

> 목재를 실어나르는 貨車를 타고
> 숲으로 가네
> 수맥을 짚어 한모금의
> 물을 마시는 동안
> 구름이 어둡게 어둡게 몰려오지만
> 풀밭에 제비꽃 몇장 숨기고 있겠지
> 휘어이 휘어이 부는 바람같이만
> 처음인 곳으로 가는 나중의 하늘
> 숲속으로 들어서면 푸른 잎맥의 바다
> 물레를 잣는 어머니처럼 부드럽게
> 하늘이
> 내게로 내려와 물을 주시고
> 마을의 풀밭에 씨앗을 뿌리시고.
> 아하 바람은 한사코 내 머리 위에 머물러 있다.
> 끌로 땅끝을 깎아 나무들 사이의 行蹟을 깎아
> 햇살을 모아 두면서, 바람의 옆모습을 지켜본다.
> 세계는 옆으로 열리고 열린 창문처럼

> 쑥뿌리가 내 겨드랑이털까지 휘감아돈다.
> ─「꿈의 이동건축」 시작부분

　시인이 찾아낸 곳은 푸른 잎맥이 바다처럼 잔잔히 몰려와 있는 숲속이다. 하늘이 자상한 어머니같이 느껴지는 곳이기도 하다. 그 땅은 하늘이 내려와 물을 주고 씨앗을 뿌리는 곳이다. 시인은 그 땅을 깎고 나무를 깎아 햇살을 마음껏 받아들일 수 있는 세계의 창문을 하나 만든다. 겨드랑이까지 휘감아오는 쑥뿌리의 향기는 그 창문에서 바라본 최초의 감동일 것이다. 그는 그 창문에서 밖을 내다보며 자신의 생애를 점치리라고 계획한다. 그리고 별을 보며 넓적다리에 진득거리는 절망을 떼어줄 것을 염원한다.

> 나는 집 구조와 가구들을 이동시킨다.
> 강물 때문에 어느새 현기증이
> 높낮이의 생애를 닮아가도
> 나는 다시는 태양을 찾지 않는다.
> 처음으로 약속받은 땅의 일이며
> 어떠한 경우에도 이것은 바뀌지 않는 것이므로.

　왜 시인은 집의 구조와 가구배치를 바꾸는 것일까. 땅은 어떤 경우에도 시인 스스로 바꾸지 않겠다고 선언되지만 집의 구조는 바뀐다. 강물 때문이라고 시인은 생각한다. 그것은 시인에게 현기증을 일으키는 자연 표상이다. 팽팽한 슬픔을 만드는 곳이기도 하다. 우리는 이 시인에게 왜 강물이 현기증과 슬픔을 주는지에 대해서는 알 수가 없다. 강물이 만드는 슬픔 때문에 가구와 집구조를 이동한다는 것은 분명히 그의 삶의 변화를 예고하는 의미심장한 내용이 아닐 수 없다. 다음 시를 보자.

> 별을 뿌린 듯 산을 옮겨 푸른 별인 듯
> 밝은 표정으로 너는 걸어온다.
> 너의 만발한 손.
>
> 조용히 네 손에서 들려오는 빗소리로
> 나즈막히 내게로 와 가슴 뛰놀게 하더니
> 넘실대는 강물로 나를 기르는구나
>
> 아가야, 그렇다. 나는 너의 적이 아니다
> 내가 비록 먼지에 덮인 길을 뒤집어쓴 채
> 네 앞에 있더라도 언제라도 네게만은
> 풀꽃 핀 들길을 보여주고 싶었다.
> ─「물 위의 노래」부분

여기에서 우리는 왜 강물이 이 시인에게 슬픔을 길러주는 자연표상으로서 나타나는가에 대해 단서를 찾을 수 있다. 먼지에 덮인 길은 시인의 삶일 것이다. 먼지를 뒤집어쓴 채 시인은 살아도 아기에게만은 '풀꽃 핀 들길'을 보여주고 싶었던 마음에 이미 절망감이 자리하기 때문이다. 그래서 시인은 아가를 통해서 슬픔의 근원인 강물이 넘실대는 소리를 듣는 것이다. 시인은 강물과 쉽게 친화되지 못하는 자신을 한탄한다. 그리고 '나는 너의 적이 아니다'라고 말한다. 여기에서 너로 지칭되는 '강물', '아가'는 때묻지 않은 자연의 표상으로서 시인의 시적 자아를 이루는 중요한 포인트가 아닐 수 없다.「다시 물 위의 노래」라는 시를 읽어보자.

새벽창으로 풀잎 냄새가 맑아진다. 열린 영혼에 피는 자욱한 새벽 안개. 아가야 그 잎의 날개를 달고 꿈을 꾸는 달콤한 자의 잠 속으로 침입하고 싶었다. 그 속에 섞여 어느 먼 길을 걸어온 새벽에 깨어 내 몫으로 오는 행복을 나누어 주고 싶었다. 슬피 울어주어야 할 많은 생각들에게 진정으로 말해야 할 시간이온다. 단단한 외피에 싸여 꽃망울을 틔우지 못한 꽃과 굴러 강에 이르는 돌에 대하여. 아가야. 영혼을 앞세워 길에 이르는 나의 길에 새의 깃터는 소리 들리고 먼 길 오는 새벽에 만난 조용한 삶의 발걸음을 만난다. 높은 산으로 와서 뉘우치는 自省. 새벽의 강보다 깊이 침강하여 수면 위에 자욱한 새벽안개. 문 밖의 세계에 너무 오래 서성이며 세계로부터 回信에 가슴 죄며 때때로 불란을 일으켰던 것은 이제 지난 일이다. 광명한 날이 온다. 하늘 푸른 새 생각 속으로 밀려와 인고했던 나날 앞에 고개 숙이고 쑥꽃마저 새벽 창 밖으로 진녹색의 팔을 세운다. 아아 아가야. 네 상처 위에 덧난 상처를 내 가슴에 묻으면 어느 먼 길을 걸어 온 새벽이 열린 영혼에 자욱이 핀다.

이 시는 상실에 대한 시인의 원초적인 회상의 개념을 은유화한 시이다. 시적 상상력의 본질은 서정적 자아에 있는 것이 사실이다. 이 서정적 자아는 세계와 인간과의 원초적인 관계를 회상시킨다. 그 원초적인 관계란 세계와 자연과 인간 사이에 주어져 있던 本質이다. 그것은 세계가 태어나기 이전에 부여되어 왔던 고귀성이다. 인간이 개념화시키고 추상화시킨 것이 아니라 미리부터 부여되어 온 것이라 할만하다. 그것은 그런 의미에서 본원적이고 시원적인 것이며, 그것에 대한 회상은 상실감과 더불어 절망감을 동반할 때 더 강한 그리움으로 작용하기 마련이다. <상실>에 대한 그리움은 인생을 보다 근원적으로 되돌아보게 한다는 점에서 가장 보편적인 시적 주제라고 할 수 있다. 우리는 랭보의 시세계에서, 시원의 의미에서의 상실의 주제를 크게 엿볼 수 있다. 인용이 허락된다면 워즈워드의 시세계는 상실 이후의 인간의 한탄과 안타까움이 주조를 이루고 있고 랭보의 경우는 원초적인 회상을 소유했을 때의 우쭐거림과 그것을 상실했을 때의 침묵이 공존하고 있다. 박주택의 시 쪽으로 옮겨가자.

"열린 영혼에 피는 자욱한 새벽안개. 아가야 그 잎의 날개를 달고 꿈을 꾸는 달콤한 자의 잠 속으로 침입하고 싶었다." 시인의 염원은 여기에서 그 모습을 드러낸다. 자연(순수) 표상으로서의 <아가>는 영혼에 피어오른 새벽안개, 그 '잎의 날개'를 달고 꿈을 꾸는 자와 同格이다. 시인은 그 잠의 세계(淨化의 세계)로 침입하고 싶었다고 말하고 있다. 그러나 그는 늘 그 외양에만 머물 뿐 가까이 가지 못한다. 그 이유는 앞서 살펴본 바대로 시인 스스로 먼지에 덮인 길을 뒤집어쓴 채 살고 있기 때문이다.(먼지를 뒤집어쓴 채 살고 있다고 표현하지 않고 먼지에 덮인 길을 뒤집어쓰고 있다고 표현한 것을 주의해서 보자) 그래서 시인은 늘 자성에 빠지고 괴로워한다. 그러나 시인은 이제 더이상 자성에만 머무를 수는 없다. 다시 읽어보자.

> 문 밖의 세계에 너무 오래 서성이며
> 세계로부터의 回信에 가슴 죄며 때때로 불란을
> 일으켰던 것은 이제 지난 일이다. 광명한 날이 온다

세계와 나 사이에 일어난 불란은 시인 스스로가 일으킨 불란이다. 우리는 그 불란이 왜 일어났는지, 왜 세계로부터 오는 回信을 시인이 가슴 죄며 기다려왔는지 알 수는 없다.

그러나 시적 자아는 다시 충만되어 하늘의 생각에 잠기기도 하고 새벽 창 밖에서 쑥꽃 향기를 맡기도 한다.
즉, 자연 표상과 자신의 영혼과의 융화를 염원하고 있다. 자, 그러면 우리가 처음 읽었던 「꿈의 이동건축」이라는 시 쪽으로 다시 자리이동을 해보자.

> 내 입의 불, 어두운 저녁녘에 그려내는 내 눈의 태양.
> 꿈의 세계로부터 빛나는 아름다운 약속.
> 지평을 밝히는 꿈으로 새는 날아가고
> 머리에 불꽃을 이고 온 아침.
>
> 나는 잠을 깬다. 일찌기
> 내가 貨車를 타고 이주해 온 숲의 아침에
> 맑은 햇살이 거미줄을 투명하게 비춰주고
> 보물과 곡식들이 가득찬 나라에서, 말하리라.
> 깊이를 숨긴 고독 속 새로 남아
> 내 굴레가 무엇이며
> 어떤 속박으로 죄어드는가를.
> 그때, 사과나무에서 꽃이 피고
> 양떼들의 풀밭에 양떼구름이
> 어떻게 순례하는가를.
> ─「꿈의 이동건축」 끝부분

시인은 이제 '입의 불'로서 '보물과 곡식이 가득 찬 나라에서 말하리라'라고 선언하고 있다. 무엇을 말한다는 것인가. 그것은 지상에서의 굴레가 주는 속박과 천상에서 양떼구름이 순례하는 道程으로서 나타나고 있다.

박주택의 첫 시집에는 속박받는 영혼과 그 순례의 길이 아름답게 담겨져 있다. 그의 시는 80년대의 시로부터 자유롭다. 자유로움이란 길가는 사람에게 있어 제일 앞머리에 두어야 할 지향점이다. 그는 그것을 이미 보고 있었다.

처음인 곳으로 가는 나중의 하늘

그의 길가기가 아름답게 보이는 것은 산뜻하고 가벼운 목동차림이기 때문이다.

저 山의 짐승에게 이름을 주었다.
한 주먹의 물방울을 그의 이마 위로 보냈다.
아침이 소나무숲과 살을 섞은 뒤
그의 젖줄을 세차게 빨아대는 것을 느낀다.
머리 위로 잎이 돋는다.

나무가 손바닥을 흔들고 있다.
발굽으로 돌이 모여들고 돌이 열어주는 숨.
나는 나무 위로 손바닥을 얹었다.
숲이 떨리는 것을 본다.

식물들, 그들은 한 마리의 물고기로 헤엄쳐 왔다.
맨발로 반짝여 오는 산과
이슬을 받쳐 들고 서 있는 나무.

나는 내 곁에 앉아 있는 아침의
등거죽을 만진다.
　　　　―「아침나무 그림자가 나의 오른손 부위를 지날 무렵」

어차피 어려운 순례의 길로 들어선 그의 길가기는 햇빛의 길만은 아니다. 그의 지상적인 삶 속에는 많은 어두움이 깔려있고 허덕이는 면조차 없지 않기 때문이다. 나는 그가 그 어두운 쪽을 껴안으면서도 밝음을 지향할 것을 기대한다. 그 길을 진실되게 걷고 있을 때에만 우리는 정말 그를 발견해낸 기쁨을 그에게 되돌려줄 수 있다고 보기 때문이다. 이 첫 시집에 대한 글은 원래 최동호 교수의 몫이겠으나 내 쪽으로 그 짐이 돌아온 것은 그의 시단 입성을 앞장 섰던 인연 때문인 것으로 안다.

세상의 늙은 풍경

이광호
(문학과지성사 대표)

 시인들은 도대체 어디서 시를 만나는 것일까? 박주택은 세상의 늙은 풍경들 속에서 시를 찾는다. 시인의 눈은 세상의 한 단면만을 깊게 응시한다. 그것을 편견이라고 말해야 한다면 그 편견은 아마도 시적 편견이라고 불러야 하리라. 시인의 특정한 시적 대상에 대한 관심은 세계에 대한 시인의 고유한 시선과 관련된다. 그러니까 우리는 그 시선의 내적 필연성을 헤아려야 하고 그 문화적 의미를 살펴야 한다. 왜 시인은 이토록 늙은 풍경에 집착하는 것일까? 거기에는 어떤 실존의 무게가 실려 있고 삶에 대한 어떤 통찰이 개입되어 있는가? 대답하기 위하여, 아니 새롭게 질문하기 위하여, 혹은 시인의 침묵을 배우기 위하여 우리는 읽는다.
 박주택의 첫시집을 기억한다. 『꿈의 이동건축』이라는 제목을 달고 있는 그의 첫시집은 80년대를 관통한 한 젊은 시인의 신화적 상상력이 폭죽처럼 터져나오고 있었다. 상징주의적 수사학의 일단을 보여주고 있는 그의 시들은 '시운동' 그룹의 시가 그러했던 것처럼 80년대적인 상황을 거슬러 올라가는 시적 모험을 보여주었다. 하지만 이러한 시적 비상은 80년대적인 상황 속에서 온전한 평가를 받지 못했다. 80년대는 시적 비상의 가파른 아름다움을 이해해줄 만큼 여유 있고 너그럽지 않았다. 그럼에도 불구하고 그의 등단작인 「꿈의 이동건축」이나 그의 야심작인 「파행」이 보여준 상징주의적 미학은 기억할 만한 것이다. 하지만 이러한 시세계는 생활세계에 깊게 뿌리박고 있기보다는 일정한 상상력의 비상(飛翔)을 의미하는 것이다. 그런 맥락에서 우리는 그러한 시 세계의 추상성을 말할 수 있을지도 모른다.

이제 그는 첫시집 상재 이후 짧지 않는 시간의 공백을 건너와서 세상의 늙은 풍경을 보여주고 있다. 아주 단순한 비교가 허락된다면 그의 시들은 상징주의적 수사학 대신에 일상적인 공간에 대한 묘사적인 태도가 강화되어 있다. 늙음 혹은 늙은이에 대한 시인의 관심도 이러한 태도를 통해 표명된다. 이번 시집에서 그의 많은 시들이 3인칭 시점에 의지하고 있는 것도 이와 연관된다. 그의 첫시집이 표현하지 않고는 견딜 수 없는 한 젊은 영혼의 내면을 드러내는 짙은 주관성을 보여주고 있다면, 그의 시는 무척이나 건조하고 담백해졌다 시인은 수사학적 열정을 드러내는 것 대신에 생의 스산한 뒷모습을 조용히 응시하고 싶어진 것일까?

　　벽에 아득바득 매달려
　　한걸음 한걸음 떼고 있는 저 노인
　　많은 죄업을
　　그가 준 상처를 아예 잊고 있는 듯

　　늙은 개처럼 헉헉거리며

복도 끝
그의 침대로 가려는

　　　　　　　　　　　　　　―「고비 늙다」 중에서

그 쭈글쭈글 늙은 집 지붕 위로
여름의 불꽃들 힘없이 스러져간다

세월의 각다귀에
깎여나간 백일홍의 집
그 하얀 붕대의 집

반들거리는 지팡이를 쥔 노인
굼뜬 동작으로 이부자리를 말린다.

　　　　　　　　　　　　―「하얀 붕대의 집」 중에서

그 공터의 의자 위에 노파
어린 손녀를 앉혀 놓고
지팡이를 하염없이 만지작거리네
떨어진 잎사귀
어디론가 불리지 않은 채 비틀어져
추모비도 없건만
집속에 집을 짓는
아늑한 황혼의 시간

　　　　　　　　　　　　―「섞여 있는 모래들」 중에서

　노인은 죽음의 예정을 나타내는 사람이다. 늙은 인간에 대한 시인의 관심은 삶의 소멸에 관한 관심과 닿아 있다. 노인들은 과거의 무게를 살고 있는 사람이거나 소멸을 목전에 둔 사람이다. 그래서 노인들의 주름은 시간의 주름이다. 노인들은 시간의 의인화된 존재이다. 그러나 박주택의 시들은 결코 늙음에 대한 예찬을 보여주는 것이 아니다. 그의 시에서 노인들은 많은 지혜를 소유한 자, 혹은 신비로운 삶의 원리를 보여주는 자로서 부각되지 않는다. 노인들은 그저 불결하고 허약하고 왜소하고 쓸쓸할 뿐이다. 늙은 대상에 대한 시인의 미적 반응은 지나치도록 담담하고 절제되어 있다. 시적 자아는 그냥 그 늙은 풍경들을 바라보고 드러낸다. 시인은 노파의 느린 동작과 그 행위가 일어나는 공간에 대해 말하고 있다. 노인이 있는 공간은 노인을 닮아있다. 「병원의 복도」·「늙은 집」·「공터의 의자」와 같은 공간들은 노인과 일정한 미적 상동성(相同性)을 갖는다. 이러한 늙음의 무대는 일상적인 공간의 일부이면서 동시에 그 공간과는 다른 시간이 흐르는 장소이다. 그곳은 일상적인 공간들보다 시간이 느리게 흐르는 공간이거나, 혹은 시간의 흔적들이 켜켜이 쌓여 있는 공간이다. 거기서 우리가 보는 것은 손에 잡힐 듯한 시간의 현재성이 아니라 시간의 헤아릴 수 없는 잔주름들이다. "집 속에 집을 짓는/아득한 황혼의 시간"이란 시간의 나이테 속에 집을 짓는 시간이다. 그 '시간-공간'은 현재의 속도전에서 발을 빼고 시간의 주름진 얼굴을 보게 만드는 자리이다. 그 자리에서 들리는 것은 삶의 끝은 그럴 수밖에 없다고 말하는 목소리뿐이다. 그 모든 것은 예정되어 있는 것이었고, 아무도 저 시간을 거슬러거나 부정할 수 없다. 젊어지고자 하는 욕망은 그러므로 부질없는 것일 뿐이다.

    삶 또한, 야위어
    불결한 먼지로만 가라 앉아
    책 위에서 어룽어룽거릴 때

> 진주홍 저 목단화 같은 알약을 먹으면
> 진짜로 젊어질 수 있는 것일까
> 　　　　　　　　　　―「아로나민골드」 중에서

　'아로나민 골드'로 상징되는 회춘의 꿈은 그러나 불가능한 꿈이거나, 의미 없는 꿈이다. 그 꿈은 자본과 기술의 힘만 있다면 인위적으로 시간을 되돌릴 수도 있다는 자본주의적 신화와 연계되어 있지만, 시인이 보는 것은 "내부는 말라 있고/쭈글쭈글한 젖 위로/고적이 스멀스멀 피어오"르는 풍경일 뿐이다. 적어도 이 시집 안에서는 누구도 늙음-죽음을 향해가는 그 시간의 궤도를 멈출 수 없다. 늙은 대상 혹은 공간은 이 시집의 도처에서 산견된다. 가령 노인이 직접 등장하지는 않지만 아래의 풍경 역시 세상의 늙은 풍경의 일부이다.

> 저 집의 초라한 눈빛
> 늙은 개처럼 꼬리를 늘어뜨리고
> 게저분하게 웅크리고 있네
>
> 삭정이 삐져 나와
> 눅눅한 햇볕을 쬘 때까지
>
> 사연 많은 사람들
> 초라한 집 뱃속에 누워
> 일어나질 않네
>
> 순대국처럼 모락모락
> 김이 성기는 굴뚝 위로

> 곰삭은 바람
> 길을 잃고 머뭇거리네
>
> —「보성 여인숙」 전문

    정태적인 묘사이긴 하지만, 간명하고도 절제된 소묘는 그 늙은 풍경의 인상을 선명한 미학으로 드러낸다. '초라한'·'늙은'·'게저분하게'·'눅눅한'·'곰삭은' 등의 수식어들은 '보성여인숙'을 시간이 마모된 공간으로 만들어주고 있다. 그 공간이 집이 아니라 여인숙인 것은 당연할지도 모른다. 여인숙은 '길을 잃고 머뭇거리는' 바람들이 무수히 스쳐 지나가면서 닳아버린 공간일 것이기 때문이다. 그 공간은 또한 발전과 풍요와는 상관없는 소외되고 뒤처진 변두리 공간이다. 시인은 세상에서 가장 누추하고 뒤처진 것에서 시의 계기를 발견한다. 변두리의 구질구질하고 스산한 풍경이나 보잘것없이 버려진 사물들에서 그는 시를 읽는다. 낡은 건물들과 초라한 밥집과 삶에 지칠 대로 지쳐버린 노인 등이 그의 시선이 포착한 시적인 대상, 사물들이다. 그것들은 하나같이 죽어가고 있거나 죽어 있는 존재들이다. 죽어간다는 것은 무엇인가? 또 다른 시에서 시인은 그것을 가벼워지는 것으로 표현한다.

> 칠이 벗겨진 근골 위로 비둘기가 앉아 있다
> 똥을 눌 자세다
> 오히려 죽지 않아서 욕되는구나
> 그래, 너무 무거워 가벼워졌구나
> 한때는 사람들이
> 그를 우러러보기도 했었지
> 어떤 이는 충정을 다지는 듯
> 입을 앙다문 채 돌아서고

아이들은 아이들대로
팬레터를 썼었지

흘러간 은막의 스타어
                              —「동사」중에서

떠가며 가볍게 터지는 시간의
겨드랑이 냄새
스스로에게
약속했던 신념들의 구린내 나는 입냄새

그 많던 산소는 다 어디로 사라져
바람난 풍선처럼 떠 있는 것일까
하염없이 모든 것을 받아들이며
단단하게 내려앉던
무게들은 다 어디로 가
가벼운 것이 되었을까
                              —「가벼운 것들」중에서

  박주택의 시에서의 가벼움이란 어떤 문맥에 놓이는가? 그는 세상의 모든 단단한 결의와 믿음과 권위와 우상이 무너지고 흩어져버린 상황을 가벼움이라는 어사로 표현한다. 강건한 모든 것들이 녹아내리고 부시지는 것은 시간의 필연이다. 그 필연에 저항할 만큼 강인한 것은 없다. 남는 것은 닳고 닳은 시간의 흔적과 지상에 내려앉지 못하고 가볍게 떠다니는 존재들이다. 어떤 뿌듯한 무게도 갖지 못한 하찮고 부질없는 존재들만이 부유하는 것이다. 그것은 일종의 환멸과 권태의 풍경이다. 그 풍경 안에는 어떤 사람들이 살까?

관리인은 몸 안에서 잠을 잔다
몸 안에서 몸을 포개고 살찐 코를 곤다
나는 쓸모없는 놈이다

나는 견딜 수 있는 한
모독을 참아 왔다

관리인의 주의를 잔뜩 담은
잔소리에 주눅이 들어

나 자신으로
살아오지 못했다

—「代役」중에서

그래서 그런지
손놀림은 한없이 불안하다
턱을 씰룩거리며 밥을 베물어 먹지만
여전히 밥알이 떨어진다

그때마다 객지인, 비밀이 들킨 것처럼
눈을 힐끔거린다

……예전에 무덤 안이었을지도 모를
식당에서조차
그는 한없이 밀려나 있었다

—「객지인」중에서

그의 시에 등장하는 인물들은 존재의 근거를 잃어버린 사람들이다.

세상의 중심에 있지 못하고 자신의 중심을 갖지 못한 인간. 스스로 '나'를 주장하지 못하고 뿌리내리지 못한다. 그들은 철저히 '代役'과 '객지인'의 운명을 산다. 그러나 그건 운명의 범주라기 보다는 실존의 범주이다. 이런 실존주의적 규정은 그 자체로 의미 있는 것이기보다는 삶에 대한 미적·반성적 문맥에서 시적 의미를 생성한다.

중요한 것은 삶이 그렇다고 말하는 것이 아니라 그것을 시적 실감으로 드러내는 일이기 때문이다.

> 이것저것 채워오면서
> 배부른 자의 불룩한 배를
> 닮아오지 않았던가
> 머리를 천정 위로 세우고
> 아가리를 벌린 채
> 대체 어쩌자는 것일까
> 어쩌자고
> 부끄러운 표정도 짓지 않고
> 이빨만 세우고 있는 것일까
> 고름이 터져
> 노란 냄새가
> 하느작 하느작
> 피어 오르건만
>
> ―「가방」 중에서

가방은 추악한 욕망으로 벌어져 있다. 가방의 불룩함과 벌린 입구는 욕망의 형상으로 묘사된다. 그것은 철저히 인간의 욕망의 구조와 존재 방식을 닮아 있다. 그러나 그 욕망은 부질없고 슬픈 것이다. 가방은 무언가 채우지 않으면 견디지 못하지만 그 끊임없는 탐욕과 채움 뒤에는 언제나 죽음이 도사리고 있다. 그리고 그 도사린 죽음을 보는 시적 자아에게 남는 것은 부끄러움이다.

> 나, 너무 오랫동안 도심의 식탁에 앉아
> 어느덧 사랑도 함부로 하는 나이가 되었네
> 거만했던 젊은 기록들이
> 나쁜 추억만 남기고 극장의 어둠 속으로
> 빨려 들어가 버린 지금
> ―「모반의 사랑 2」 중에서

 사랑은 더 이상 진지한 진실 위에서 만들어지지 않는다. "사랑도 함부로 하는 나이"는 그러므로 어떤 사랑의 윤리도 바래져버린 나이이며, 동시에 "함부로"를 부끄러워하는 나이이다. 그 나이는 이미 늙어버린 나이가 아니라, 늙음을 응시하는 나이, 늙음에 대한 자의식을 갖는 나이이다. 그래서 시인은 이토록 잔인한 생의 끝을 표현할 수 있다.

> 몸 트는 혼절 밀려드네
> 다리마다 소름이 돋고
> 아파 누운 복어 옆에서
> 살 썩는 냄새가 나네
> 안에 깃든 꿈들 사랑들 다 버리네
> 어떤 죽음에도 책임지지 않으려는
> 불순한 시간 앞에서

> ……정말로…… 공포까지 다 버리네
> ―「꽃게」중에서

> 어느 날 눈을 뜨니
> 텅텅 빈 몸이 되었다
>
> 파리가 몸 안을 들어와
> 하얀 알들을 까 놓았다
>
> 구더기가
> 바글바글거렸다
> ―「세상에 누워」중에서

 박주택의 시에서 우리가 만나는 것은 어떤 단단하고 무거운 존재들도 시간 앞에 녹아내리고 바스러져 버릴 수밖에 없다는 낯익은 진실일 것이다. 생에 대한 어떠한 규범적인 의지나 가슴 벅찬 열망은 그의 시 어느 구석에도 없는 것처럼 보인다. 어떤 존재도 시간과 싸워 이길 수 없고 아무도 스스로의 육체 속에 덕지덕지 붙어 있는 그 시간을 털어낼 수 없다. 남는 것은 시간의 주름이 가져다준 쭈글쭈글한 환멸뿐이다. 삶이 그렇다고 말하는 것은 쓸쓸한 일에 속하겠다. 하지만 시인은 단지 그 쓸쓸함을 위해 노래하는 것이 아니라, 쓸쓸함을 마주하기 위해, 그 속에서 겨우 숨 쉬고 있는 아름다움을 위해 노래한다. 시인이 노래하는 것은 소멸 자체가 아니라 소멸을 살고 있는 존재들에 대한 지독한 사랑이다. 우리들의 일상적 삶이란 죽음에 대한 은폐 혹은 죽음에 대한 다시―죽임에 의해 건설된다. 삶이 시들어간다는 것, 우주 전체가 시들어간다는 것을 일깨워줌으로써 그는 생의 한 부정할 수 없는 기초를 보게 만든다. 새로운 것, 깨끗한 것, 편리한 것의 신화로 건설된 동시대의 문화공간에서 그의 시를 읽는다는 것은 그래서, 우리 삶에 대한 반성적인 의미를 포함한다. 우리는 이제 시인처럼 저 휘황한 세상이 감추고 있는 늙음과 죽음의 뒷풍경을 볼 수 있을 것이다. 그래서 우리는 시인의 조로를 용서할 수밖에 없다.

이 별에서, 저 별을 꿈꾸다

이희중
(전주대학교 교수)

　박주택이 쓴 시를 읽는 재미는, 길이 잘 든, 털이 잘 손질된 강아지를 구경하는 재미와 다르다. 오히려 야생 짐승을 살피는 재미에 가깝다. 바꾸어 말해 이 재미는, 쪽 빠진, 맵시 있는, 목소리가 고른, 고전적인 의미에서 시의 수사적 요건들이 적절히 충족된, 주제까지 퍽 좋은 시의 그것다운 시를 읽는 재미와 멀다. 그가 고른 말들은, 그릇에 차분히 담겨 고요하게 수평을 유지하고 있는 것이 아니라 쉼없이 출렁인다. 이 물결들은 조금씩 모양이 달라서, 어떤 놈은 이 별의 견딜 수 없는 삶의 조건에서 말미암은 비명 또는 신음이고, 다른 놈은 이럴 수밖에 없는 자신의 처지와 양친에 대한, 계획된 그래서 우회적인 공격들이고, 또 다른 놈은 그럼에도 불구하고 삶을 지탱하는 데 요긴한 최소한의 말뚝 같은 무엇이다. 그러므로 박주택이 쓴 시를 제대로 즐기기 위해서는 이 물결을 오래 들여다보아 그 사이에 숨은 질서를 분별해보아야 할 것 같다.
　그림으로 치면 박주택의 시는 추상화에 가깝다. 그는 자초지종을 가지런한 말로 하기보다는 색깔과 형상으로 전하려 한다. 퍽 현란한 수사 뒤에 가려진 묵직한 전언을 찾으려는 시도는 그러므로 필요할 수도, 않을 수도 있다. 이 선택은 순전히 독자의 취향을 따른다. 박주택이 쓴 시가 비구상적이라고 말하면서 실물과 동떨어진 기하학적 형상을 추구하고 있다고까지 주장하려는 것은 내 뜻이 아니다. 박주택의 시에 자주 등장하는, 적은 수의 구상물들은 삼라만상에서 섬세하게 필연적으로 선택되었다. 이는 만화 속 풍경처럼, 생략되고 과장된 축소모형처럼 선택되고 가공되어 대부분의 시에 뒷그림이 된다. 구름, 별, 달, 물고기, 집, 방, 거울 등이 그 목록이다. 이들이 배치되는 공간은 대개 어둡고 퀴퀴한데, 이는 시인의 속마음이 꼭 그렇기 때문이다. 이를테면, <팔랑나비가 나는데도, 너는, /호랑나비가 나는데도, 너는 // 네 여린 촉수를 잘리운 채 차가운 물 속 네 고치 속에 두 눈만 홉뜨고 있었다지>(「풀흰줄나비」)와 같은 그림은 그 속마음의 색깔을 고스란히 담고 있다. 다른 나비의 애벌레는 고치를 빠져나와 꽃세상을 자유롭게 날아다니는데, 시인이 <너>라고 부르는 풀흰줄나비의 애벌레는 고치에서 나오지 못한다. 이미 더듬이가 잘리고 고치 속은 차가운 물로 차 있기 때문이다. 이 상태라면 아무리 기다려도 나비가 되지 못할 것이다. 이 불쌍한 벌레는 <두 눈만 홉뜨>고 있다고 한다. 이는 무엇보다도 시인의 자화상이다. 동시에 살아있는 것들의 선천적 장애에 대한 상징적 그림이기도 하다. 그는 다른 시에서 <내 죄의 검은 피를 한없이 비웃으리라>(「포도나무 꽃이 피었네」)라고도 썼는데, 이때 <내 죄의 검은 피>란 자신의 불행이 선천적이며 혈통적인 내력을 가지고 있다는 뜻이다. 그래서 다시, <내 목숨도 저같이 보얗게 서러워 /빗장 걸린 문 앞에 차갑게 서 있네>(「佳鶴里 밤의 詩帖」)와 같은 구절에서 보는 <차갑고 서러운> 삶의 인식은 박주택이 쓴 시들의 중심으로 독자를 안내한다. 나아가 부모의 삶도, <아버지 세월의 불화와 /어머니의 금세 눈이 올 것 같은 풍경과>(「유성 지나, 산 옆 폐가」)나, <내 시무룩한 혈통>(「望洋亭」)에서 보듯 똑같이 어둡다. 적지 않은 시에서 <집>과 <방>이 나오는데 이들 또한 실재하는 풍경이든 마음속 풍경이든 상관없이 어둡고 음산하다. 찾아보면, 속마음의 풍경은 「유성 지나, 산 옆 폐가」)나, 「가을의 옛집」 등에 있으며, 실재하는 풍경은, <누가 나를 부르는가?/둔덕을 걸으며, 하얗게 말라버린 祖父宅을 바라본다, 무수히 떠오르려다/숨겨가는 방들, 수척한 방안의 거울들/저 집, 내 유전의 슬픈 불빛, 폐허의 수정란/말하지 마라, 죽은 자의 흉상들이 길가에 버려져 있다/하얀 목화다, 韓紙 냄새다, 독한 멀미다>(「석불을 찾아서」)와 같은 구절에 있다. <할아버지의 집>, 곧 큰집이 <하얗게 말라버>렸다고 한다. 그 부속물인 방들은 <숨겨가>고 있고, 그 방안의 <거울들>은 수척하다. 또 그 집에는 <유전의 슬픈 불빛>과 <폐허의 수정란>과 <죽은 자의 흉상>이 버려져 있다. 이렇게 말하는 시인의 의중은 자신에까지 이른 한 가계의 참담한 실패를 선언하려는 것일 텐데, 이 실패의 명확한 증거는 바로 자신이다. 이처럼 어두운 <방>의 묘사는 시인의 속마음과 가계에 두루 걸쳐 있고, <방이 있다 그 방은 물에 젖어 / 시간에 떠 있다//늙은 어머니가 중풍으로 누워 /수족을 움직이지 못하고 //삼십을 넘게 간시해 온 징애 아들은 /못에 노끈을 매고 있다>(「하늘로 가는 단칸방」)와 같은 그림에 이르러 세계 일반, 삶의 조건 일반에 걸친 상징으로 확대된다. 위에 인용한 구절은 시의 머리이다. 이후 아들은 의자를 넘어뜨리고 컥컥대는데, 어머니는 고통스럽게 이를 지켜볼 뿐이다. 도리 없이 참혹한 일이 벌어지는 <방>은 박주택 시의 약도 읽기에서 곧 이 별 전체를 지시한다. 시인은 묘사를 마감하면서 그들이 살았던 <단칸방> 전부가 하늘로 올라가고 있다고 하였다. 그렇다면 이 모자가 살았던 세상은 지옥일 것이다. 또한 그들의 고단한 삶을 지켜보는, 정반대의 세상이 따로 있다면 그곳은 하늘일 것이다. 똑같이 비참한, 사람의 이야기는 「주름 속 지느러미」에서도 볼 수 있다. 이 시에서 화자는 산길을 내려오다가 멈춰서서, 계곡의 물안개와 함께 나물을 캐는 노파를 보고 <뼈만 앙상하게 남긴 채 홀쭉한 주름으로만 덮여 있는 //저 여인의 삶을 무엇이 파먹을까?>라고 생각한다. 노파가 늙은 몸을 부려 나물을 캐고 있는 장면은 보기에 따라서는 아름다울 수 있다. 우리 문학사는 이미 동족상잔의 전쟁통에 꽃씨를 받고 있는 할머니의 감동적인 이미지를 간직하고 있지 않은가.

꽃씨와 나물이 그 함의부터 다르기는 할 테지만, 박주택이 한사코 퀴퀴한 죽음의 냄새만을 맡는다는 사실은 예사롭지 않다.

박주택이 쓴 시에서 <하늘>은 그 자체보다는, <별><구름><달>의 모습으로 자주 등장한다. <옷깃을 여미는 달//소나무 위로 속을 씻으며 차갑게 떠가고 있네>(「佳鶴里 밤의 詩帖」)나, <별은 숨 없는 곳에서도/스스럼없이 빛난다>(「사막의 별 아래에서 자라」)나, <구름 흘러가는 저쪽, 별이/물컹한 꽃잎을 깔고 있다〉(「녹슨 碑」)에서처럼 이 별의 일을 말없이 지켜보기도 하고, <까끌까끌한 희망이 / 수척한 별과 함께 깜빡거렸다>(「대추나무에게로 가는 법」)와, <연못에는 고인 눈물처럼 별이 지나간다>(「추억 저편의 묘지」)에서처럼 이 별에서 벌어지는 상서롭지 않은 일에 잘 어울리는 배경이 되기도 하며, <누가 별을 노래하던가 별의 손을, 누가/잡으려 뻗던가, 우리들 지붕 위의 별>(「한없이, 반짝이는」), <누워 별을 본다>(「누떼」), <사람들이 돌아간 자리 //사람들의 눈깔만 남아//푸른 허공을 향해, 수없이 치뜨고 있다>(「홍도」), <어

떤 숨결도 별들에게는 이를 수 없다고/격자무늬 밤이 오고>(「수덕사」) 에서와 같이 그리움의 대상이 되기도 한다. 이렇게 박주택이 쓴 시에서 <하늘>은 세상의 끝없는 불행과 어둠에서 어느 만큼 분리된 채, 지켜보기도 하고 위로를 주기도 하는 딴 세상의 무엇이다.

   <별을 노래하는 것>과 <별을 그리워하는 것>은 다르다. 그 다름은 우리가 딛고 있는 이 별에 관한 인식에서 말미암는다. 박주택은 주로 별을 그리워하는 쪽이다. 이는 이 별에 정착하지 못했다는 사실의 반증이다. 그렇다면 그는 이 별에서 이방인 또는 외계인이 된다. 그는 고향을 생각하는 걸까. 아무튼 그는 이 별의 삶을 <즐거운 소풍>에 견줄 사람이 아니다. 별을 그리워하는 화자를 설정한 시인의 세계관과 인생관이 어둡고 칙칙한 것은 당연하다. 그에게 삶은 불행과 죽음이 예고된 가공할 과정일 뿐이다. <음산한 구름, 까욱거리고 있었네>(「붉가시나무」) 에서 보듯이 세상은 항상 <음산한 구름>의 그림자 안쪽에 있다. 이 별 위의 삶은, <관을 닫으며 누군가가 운다>(「이 비릿한 저녁의 물고기」) 와 같은 상징적인 구절로 간명하게 표현된다. 과연 지금 이 순간에도 이 별 어디에서는 장례식이 벌어지고 그 가족과 친지들은 오열하고 있을 것이다. 그래서 이따위 별 위에서 시를 쓰는 일은 <곳곳에 말의 입술틈 사이로/흐르는 피! 누가 시를 쓴다/말의 목에 올가미를 씌운다//저녁이다,/말이 공동묘지에서 누가 시를 쓴다>(「서시」)에서 보듯이, <피>와 관련되는 일이며, <말의 목에 올가미를 씌우>는 나쁜 일이 되고, 시를 쓰는 땅은 <공동묘지>가 된다. 박주택식으로 말하자면 이 지구는 어디나 공동묘지이다. 자신의 삶, 가계, 세상을 온통 어둡게 보는 사람이 남들 보기 좋게 살아가기는 어렵다. 그래서 시인의 눈길과 발길은 세상사와 웬만큼 비껴 있기 십상이다.

저게 바다야? 승용차 속 아이가
우산을 받쳐들고 나오며 웃는다
눈이 퍼붓고 人家의 마루가 자꾸 바다로
미끄러질 때 나는, 스무 번도 더 와본 이곳
공터에 차를 세워놓고 손톱을 깎는다

─「간월도」부분

위의 구절은 시인 또는 화자의 특이한 행동 성향을 알린다. 인용한 부분만 보아서는 또렷하지 않지만, <저게 바다야?>라고 말하는, 태어나서 생전 처음 바다를 보는, 말을 배우기 전에는 바다를 본 적이 없는 것 같은 아이는 시의 화자와 아무 관계도 아닌 듯하다. 그저 우연히 같은 바닷가에 있게 되었던 모양이고, 그 아이는 다른 차를 타고 와서 자신을 데려온 가족들과 함께 차를 내리며 이렇게 물었다. 반면 화자는 이 바닷가를 자주 찾아오는 사람이다. 지금 그는 혼자 차를 몰고 와 무얼 하고 있는 모양인데, 남들은 특별히 전망이 좋거나 풍광이 좋다고 생각해 먼길을 일부러 오는 곳에서 그는 괴이하게도 <손톱을 깎>고 있다. 이런 엇나가는 짓은 다른 시에도 많다.

  ⅰ) 내 오랜 침묵을 힘없이 기웃거리던 그녀를
    캄캄한 바닷속으로 밀어버리고
    나는 소나무 아래에서
    노랗게 핀 추억의 버즘을 긁어대고 있다

─「저편의 묘지」부분

  ⅱ) 그 손으로 밤을 지휘하는 나무들이
    궁둥이를 높이 쳐들고 씰룩거리는 동안

민박집 파라솔에 앉아 아주 오랜만에
우표를 붙였네, 안경을 피아노 건반 위에
올려놓고 잠이 들었네,

　　　　　　　　　　　―「강화에서 한 순간」 부분

iii) 나는 폐렴으로 입원한 外叔의 입원실에서
　　구름이 흘러가는 것을 보며
　　께르스름한 귤을 까먹는다

　　　　　　　　　　　―「저 구름 흘러가는 곳」 부분

iv) 나는 구운 오징어를 들고
　　언덕 아래로 내려간다
　　배우의 슬픈 노래 가득하고
　　추억의 노란 젖 흐르는
　　유폐의 나라로

　　　　　　　　　　　―「북한강」 부분

　현실과 상상의 틈새에 끼여 몽롱하기는 하지만 이들 구절에서 박주택의 화자가 벌이는 행동은 요상하다. 왠지 기력이 없어보이는 곁의 여인을 <제거>하고 <추억의 버즘을 긁어대>며(i), 나무들이 심상치 않은 일을 수행하는 동안 자신은 우표를 붙이거나 천연덕스럽게 나른한 일상을 이어가고(ii), 친척을 문병한 자리에서 짐짓 먼 곳을 보며 열심히 과일을 먹고 (iii), 구운 오징어를 들고 비극의 한 가운데로 걸어 들어가기도 한다(iv). 말하자면 <나>와 <남>의 무의식적 소격 또는 단절이라고 부를, 이 <비껴서기> 또는 <외면>의 몸짓은, 어떤 심리적 전략 때문에 벌어지는 일임이 틀림없다. 화자는 변화무쌍하고 다루기 어려운 현실의 사안에 개입하고 싶지 않은 의도를 이렇게 드러내고 있는 것이다.

이럼으로써 그는 선택과 반응을 강요하는 현실의 짐을 방법적으로 벗을 수 있다. 이는 일종의 <회피>이며 <불개입 선언>과도 같다.

한편, 박주택이 부리는 말들은 임무를 나누어 맡은 두 집단으로 나뉜다. 하나는 수사적 발랄을 자랑하는 말들로, 시의 중심 분위기를 확산시켜 경계를 불분명하게 하는 역할을 맡은, 비본질적 용도의 표현들이다. 다른 하나는 주제를 명료하게 하기 위해 쓰이는, 한 편의 시에 필요한 최소한으로 제한되는, 본질적이고 핵심적인 용도의 표현들이다. 독자는 취향에 따라 이른바 비본질적 용도의 표현들이 선사하는 발랄한 야합의 맛을 즐기는 데 그쳐도 좋다. 사실 이것이 더 효과적인 방법인지도 모른다. 그러나 주제와 내용이 무엇인지 못내 궁금한 독자는 이른바 비본질적 용도의 표현들을 하나씩 지워가며 읽어볼 필요가 있다. 이는 어느 스승이 김수영의 시를 읽는 방법으로 제안한 요령과 비슷하다. 즉,

가다, 지푸라기 쓸려 다니다
한 노인 홀로 버스를 기다리며 끔벅, 앉아 조는
망각 속 30000년 전, 희미한 연필 속으로 스미다
멀리 팔봉산을 가리키며 아버지가 장갑을 벗는다
밑동이다, 녹슨 종루 아래 바람은 불고
산이 우뚝, 서풍의 노래를 듣고 있다
기억나냐, 다방의 문을 열며 말한다. 너무 오래된 벽화다
주전자의 끓는 기포를 보다 창밖을 바라다본다
그때, 그러니까, 차 마셔라, 말하자면, 산이 곧 집이었던 시절이었다
네 몸을 봐라, 노인이 차에 오른다
탁자의 물방울이 머리만 큰 얼굴을 비춘다, 구도 나루
배 몇 척, 바다에 부려져 있다. 툭툭 돌멩이를 차
바다에 빠뜨린다, 30000년 전, 어떤 유인원이 이 바다에서

서풍의 노래를 불렀을까, 물 속을 본다.
―「팔봉」 부분(고딕체: 인용자 강조)

　에서 강조 구절이 마지막까지 지워지지 않고 남을 부분이다. 이들은 확실히 행해지거나 발화된 내용을 표시한다. 그 사이에 있는 훨씬 더 많은 말들은 시인 또는 화자가 이야기 중 딴청을 피며 구경하거나 생각한 내용이다. 이 중에는 <아버지>의 말씀 앞뒤에 주석으로 복잡하게 덧붙인 것도 있다. 인용하지 않은 후반부에서는 <아버지 탓이 아닙니다> <기운 내라> <점심이나 먹자> 등의 구절이 끝까지 남을 것이다. 아들은 아마 일생에 한두 번 만날까말까하는 심대한 <좌초>를 겪고 그 일로 고향의 아버지를 찾아뵌 모양이다. 평범한 아버지의, 말을 아낀 위로가 고딕체로 처리한 부분이다. 「음암에서 서쪽」에서도 정황은 비슷하다.
　요컨대 지금까지 나는 박주택이 쓴 시가 보여주는 자아와 세계의 모습은 어둡고 처참하다는 사실, 이것이 이별의 삶에 적응하지 못한 채, 저 별을 그리워하고 꿈꾸는 국외사의 태노로 재미있게 드러나 있다는 사실, 특히 이와 관련한 <비껴서기>의 태도가 이채롭다는 사실, 그리고 현실의 간단한 뼈대에 환상의 살갗과 상상의 근육이 더해진 표현의 특징을 살피는 데 대부분의 지면을 쓰고 말았다. 박주택은 매편의 시들이 저 나름의 구조로 완결되게 짜여야 한다고 믿는 완고한 형식주의자가 아니다. 오히려 이 시집에 실린 많은 작품들은 구성적 완결미보다는 강렬한 색조와 선명한 심상을 구축하는 데 몰두한 흔적을 보여준다. 이 점에서 그는 사실주의자와도 멀찌감치 떨어진 표현주의자의 편에 서 있다. 그래서 그가 쓴 시는 저 나름의 독법을 독자들에게 요청한다. 다소

황당하거나 어색하게 엮인 비유에 현혹되어 어지러워하지 말고, 더러 횡설수설의 기미를 보이는 수사적 요설에 짜증을 내지 않아야 그가 마련한 거침없는 몽상과 외면의 미학에 접근할 수 있다. 바로 앞에서 나는 다른 장점을 강조하다가, 박주택이 쓴 시에서 구성적 완결미를 아우른 작품이 없다는 말로 오해를 살 만한 문장을 쓴 것이 마음에 걸린다. 어찌 그런 뜻이었겠는가. 이제 그 증거로 아름다운 몇 편의 작품을 소개하고 이 두서없는 글을 마무리해야겠다.

> 이층 까페에 앉아 시집을 읽는다
> 주인은 주방의 그릇들을 정리하고
> 창밖은 봄날,
> 그녀가 김을 부스러 먹는다
> 그녀는 말이 없다, 등을 벽에 기대고
> 꽃잎이 술잔 위에 떠 있는 것을
> 조심스럽게 만지고 있다,
> 밤구름 가는 저쪽, 강이 흐르고
> 나는 말없는 그녀 앞에서 박용래 시집을
> 읽는다, 여관의 불빛이 굴절되어
> 시집에 푸르게 비친다,
> 나는 그녀처럼 얇은 꽃잎을 만진다
> 누룩에서 피어나는 꽃잎
> 바람이 불어 김이, 펄럭 바닥 위로
> 떨어져 내렸다,
> 우리는, 바람이 시키는 대로 여기까지 왔다,
> 그녀가 시집 위로 손을 얹고 나를 바라본다,
> 그녀가 땀 흘리는 것을 본다,
> 시간의 목을 꺾어

> 그녀가 말없이 눈물을 뻗어 내 얼굴을 감쌌다,
> ―「부여에서 시집 읽기」 전문

문면은, 간식 또는 안주로 김을 먹고 있던, 까페의 주인인 듯한 <그녀>가 바람에 날린 김을 주우러, 시집을 읽고 있는 시인 또는 화자 가까이에 오게 되었고 눈물을 흘리며 그와 가까워진다는 내용을 전한다. <그녀>와 <나>는 이미 어떤 인연을 맺고 있었는지, 과연 무엇이 <나>의 얼굴을 감쌌는지는 여기서 덜 중요하다. 더 중요한 것은 <내>가 부여의 까페에서 그 고장 출신인 박용래의 시집을 읽고 있었고, <그녀>는 그 까페에 그냥 있었을 뿐인데, 우연인지 필연인지 그 둘이 가까워졌다는 사실이다. 그 가까움이 주관적인지, 육체적인 의미인지, 이 모두가 몽상인지는 덜 중요하다. 더 중요한 것은 시인 또는 화자가 그렇게 느꼈다는 사실이다. 그 유대와 위로는 어둡고 침울한 박주택 시에서 특별히 귀한 온기와 빛을 아울러 뿜는다. 또 이런 소품은 어떤가.

> 아버지의 입에서는 구린내가 나지
> 말의 상자 속에는 하얀 알들이 고물거리고
> 상자의 상자 속에는 악어의 이빨
> 가는귀가 먹었는지 칼을 꽃이라 하지
> 개코같은 코로도 자기외 입내는 맡지 못하지
> 아버지 사랑은 소녀의 음부
> 보슬보슬한 털 속에서 쩝쩝 깨어나
> 내게는 다리를 모으라고 가르친다네
> ―「아이들이 부르는 노래」 전문

박주택이 많은 말을 동원하여 많은 시들로 에둘러 말하고자 한 것이

이 짧은 작품에 어지간히 다 스며 있다고 나는 생각한다. 결국 그는 이런 노래를 부르고 싶은 것이다. 아울러 이 시는 궁극적으로 우리가 박주택의 시를 읽으며 무엇에 기뻐해야 할지를 알려준다. 나는 이 시를 읽으면 아주 기분이 좋아진다.

기억과 망각의 회로

오형엽
(고려대학교 교수)

박주택 시의 근저에 자리잡고 있는 것은 환멸과 폐허 의식이다. 현실에 대한 환멸은 자기 모멸로 이어져 비극적 세계인식을 강화시키고, 시의 표면에 여러 겹으로 덧칠된 권태의 풍경을 그려놓는다. 시세계를 도저한 허무주의로 물들이고 있는 이 환멸과 폐허 의식이 어디서 유래하는지, 그것이 낳은 권태의 풍경이 어떤 이미지로 형상화되는지, 그리고 이 이미지들이 어떻게 변모되어가는지를 묻는 것은 박주택 시의 비밀을 감지하는 유용한 질문 방식이 될 것이다. 어쩌면 활달한 어조로 신화적 상상력의 비상(飛翔)을 보여주었던 첫 시집 『꿈의 이동건축』에서부터 환멸과 폐허 의식은 배태되고 있었는지 모른다.

> 僻地를 걸어나와 奔流 속으로 걸어 들어갈 때
> 깎는 듯한 결핍, 오! 결핍
> 本有의 화살에 司祭는 죽어가면서 숲 위에 떠도는
> 사랑을 보았다. 새는 환상으로 울었다.

> 환상으로 올 수밖에 없어서 내가 그대 앞에
> 빛으로 피어 시간의 팔에 안긴 말(言)들의 뿌리를
> 소유할 수 있다면 褶俗으로 그 미상의 不死의 빛으로
> 우리는 이름도 없는 말들의 땅으로 가면서
> 숲을 '숲?'이라 불렀다.
> ―「爬行」 부분, 『꿈의 이동건축』

　상징주의 미학의 본질에 대한 탐색은 상상력의 비상을 통해 하늘의 빛에 도달하려 한다. 그러나 상상력의 고공비행은 현실의 벽에 부딪혀 좌절될 수밖에 없으며, 그 결과 "깎는 듯한 결핍"이 생겨난다. 박주택에게 있어 이러한 결핍은 생득적인 것으로서 보들레르가 보여준 '저주받은 시인'의 자화상을 보여준다. "환상으로 올 수밖에 없"는 "새"의 모습은, 본질을 추구하는 의식의 날개가 부러질 때 언어의 뿌리를 소유함으로써 그것을 대신하는 동시에 상실의 아픔을 안는 시인의 운명을 암시한다. 따라서 시인은 "새"처럼 "숲"으로 귀환하여 그 상처와 결핍을 위로하고 치료하려 한다. 여기서 '숲'은 "숲속으로 들어서면 푸른 잎맥의 바다/물레를 잣는 어머니처럼 부드럽게/하늘이/내게로 내려와 물을 주시고"(「꿈의 이동건축」)에서 보듯, 하늘과 자연과 시적 자아가 상호 교감하는 조응의 세계인 동시에, 상징의 숲이기도 하다. "휘어이 휘어이 부는 바람 같이만/처음인 곳으로 가는 나중의 하늘"을 함께 읽으면, '물'과 '바람'의 동력이 '하늘'과 '숲'을 '어머니'의 모티프로 이어주는 연결고리임을 알게 된다. 그러나 하늘이 내려주는 물은 땅 위에서 강물로 흐르고, "산이 되는 바람에 의해 숲을 건너온 강물은 팽팽한 슬픔을 만"든다. 이처럼 하늘과 숲을 연결시키며 "비"를 몰아오는 수직의 '바람'은 대지의 "강물"을 흐르게 하는 수평의 '바람'으로 변형되면서 슬픔을 잉태한

다. 이러한 시의식의 진행 과정에서 "먼지"로 뒤덮인 현실의 땅 위에 서게 된 박주택은 환멸과 상실의 자의식을 체득하게 되는 것으로 보인다. 그리하여 시인은 하늘과 숲 대신에 집의 구조와 가구들을 이동시키는 시적 방식을 선택하게 된다.

> 나는 집 구조와 가구들을 이동시킨다.
> 강물 때문에 어느새 현기증이
> 높낮이의 생애를 닮아가도
> 나는 다시는 태양을 찾지 않는다.
> 처음으로 약속받은 땅의 일이며
> 어떠한 경우에도 이것은 바꿔지지 않는 것이므로.
> 다만, 나무들이 지평 위에서 나를 지켜보기 위하여
> 날마다 까마귀알을 받아낼 뿐이므로.
> ―「꿈의 이동건축」 부분, 『꿈의 이동건축』

하늘의 별을 지향하던 시인은 땅으로의 추락을 경험하면서 "강물"의 "현기증"을 느낀다. 숲과 들과 성을 찾아가는 영혼의 순례는 이처럼 "약속 받은 땅"의 "현기증"을 감수하면서 진행되는 것이다. 집의 구조와 가구들을 이동시키는 작업은 현실 속에 꿈, 즉 환상을 개입시키는 것이며, 동시에 약속 받은 땅에서 언어의 건축물을 짓는 것이다. 첫 시집에서 보여준 박주택의 상징주의적 수사학은 이러한 내면적 필연성에 의해 구축된다.

역사 사회적 상상력이 지배하던 80년대에 이러한 시적 개성을 보여주었던 박주택은, 탈정치성의 문학이 전개되는 90년대에 들어 오히려 상상력의 비행을 멈추고 일상적 현실로 내려온다. 두번째 시집 『방랑은 얼마나 아픈 휴식인가』에서 시인은, 폐허의 풍경을 정태적으로 묘사하면서 황폐한 현실에 대한 환멸과 자기모멸을 집요하게 그려낸다. 비린내 나고 초라한 존재들이 본래적 생명력과 삶의 동력을 상실하고 퇴락하는 모습에는 시간의 흐름이 그 원인으로 작용하고 있다. 시인은 풍요로운 90년대적 삶의 외양 속에서 폐허와 소멸의 징후를 발견하고, 그 누추하고 불결한 현실의 리얼리티를 적나라하게 보여준다. 여기서 시적 자아의 감정과 사유를 최대한 절제하고 대상을 한 순간에 정적으로 묘사하는 시적 기법에는, 현실을 직시하고 그것을 견디려는 저항 의지와 치열한 자기 반성의 자세가 내장되어 있다.

세번째 시집『사막의 별 아래에서』는 현실의 폐허와 그것에 대한 환멸이 더 입체적으로 묘사된다. 이 입체성을 가능케 하는 것은 그로테스크한 이미지와 시간의 모티프이다. 박주택은 무의식 내부의 환상과 심연의 불협화음을 적나라하게 드러내기 위한 방법적 위반의 표현으로써 그로테스크한 이미지를 형상화한다. 그리고 박주택 시의 풍경에는 시간이 잠복해 있다. 즉 박주택 시가 보여주는 적막과 상처의 풍경화는 현실의 구체적 상황과 그것이 촉발하는 기억이 삼투하며 몇 겹으로 뒤섞여 있는 것이다. 일상의 풍경과 기억의 장면, 의식과 무의식, 현실과 환상이 교차하며 무수한 무늬의 결을 형성한다. 이때 과거의 아픈 상처를 뼈저리게 반추하며 어둠의 자화상을 그리는 기억이 '몸'의 회로를 통해 이루어진다는 점을 주목할 수 있다. 몸속에 난 길을 따라 무의식의 실핏줄을 거슬러 올라가며 침전되어 있는 과거의 흔적과 만나는 것은 이번 시집까지 이어지는 중요한 특징이다.

그런데 이번 시집『카프카와 만나는 잠의 노래』에서 이 기억의 풍경화는 새로운 목소리로 표현되고 있다. 유장하고 장엄한 독백의 목소리가 그것인데, 이 독백의 진술은 강한 파토스적 에너지가 유폐된 내면 공간에서 공명을 일으키며 번져 나오는 듯한 느낌을 준다. 이러한 어조는 첫시집의 활달한 신화적 상상력과 두번째 시집 이후의 정태적 묘사가 몸의 내면적 회로 속에서 융합되고 변형되어 생겨나는 것으로 보인다. 그것은 묘사와 진술, 대상의 관찰과 내면적 상념, 사유와 감각, 이미지와 상상력이 교차하고 교직하는 복잡한 주름의 문체를 만들어낸다. 두번째 시집 이후 보여준 메마른 정태적 묘사의 내면 심층부에서, 몸의 회로를 따라가는 기억이 강렬한 정념적 에너지를 축적해왔음이 분명하다.

> 입을 열지 않아 어금니가 아픈 하루
> 다시는 가지 말자던 술집에 앉아 기우는 저녁해를 바라본다
> 저 해의 상형문자, 저곳에는 어떤 망령의 책들이 있길래
> 기다림의 문장들이 실명한 채 바람에 나부낄까
> 얼룩진 의자 위로 먼지가 귀순을 꿈꾸며 부유하고 있다
> 먼지에는 울음소리가 박혀 있다
>
> 다시 태어나리라는 그 모든 것들은
> 이제, 남은 생애를 저 서녘의 남은 빛에 맡기리라
> 바람을 읽으며 누군가는 잘못 씌어진 기록에
> 세상과 맞서 싸운 길 위에서 어이없는 웃음을 지을 것이며
> 또 누군가는 잠이 들다 깨어
> 스스로 독이 되는 긴 편지를 쓰리라
>
> 해가 진다, 진다 저녁해야, 바람이 부냐
> 너 지는 곳, 붉은 핏물로 하늘을 곱게 물들이며
> 운명을 하나씩 네 속에 가두고 이별을 피워 올리는 곳
> 네가 길이라고 타이른 수많은 기다림이 좀이 슨 채 울음을 터뜨
> 린다

창에 수의가 어른거린다

그것이 우리가 만나는 사랑의 모습이다
—「판에 박힌 그림」 전문

1연은 시적 상황과 대상에 대한 묘사 및 해석의 관점을 보여준다. 권태와 비루함을 확인하는 일상 속에서, 시인은 술집에 앉아 기우는 저녁해와 얼룩진 의자 위의 먼지를 바라본다. 여기서 "저녁해"를 "상형문자"와 "책"으로 비유하는 것은 어떤 이유일까? 그리고 "얼룩"과 "먼지"의 의미는 무엇일까? 박주택의 최근 시는 '저녁 어스름의 시'라고 부를 수 있을 정도로 저녁과 밤의 시간대에 시선을 고정시키고 있다. "기우는 저녁해"는 시간의 흐름이 소멸을 향해 가고 있음을 의미하며, "문자"와 "책"은 시간의 누적, 즉 시간의 두께를 함축하고 있다. "얼룩"과 "먼지"는 시간이 남겨놓은 상속물로서, 사물의 원형이 퇴색되고 마모되었음을 암시한다. 결국 시인은 "먼지에는 울음소리가 박혀 있다"라는 구절을 통해, 존재하는 모든 것이 시간의 흐름 속에서 훼손되고 소멸한다는 비극적 인식을 드러내고 있는 것이다.

2~4연은 이러한 풍경 속에서 울려나오는 비장한 내적 독백이다. "잘못 씌어진 기록"과 "어이없는 웃음"과 "독이되는 긴 편지"에는 현생에 대한 자조와 비탄이 뼛속 깊이 스며들어 있다. 생애에 대한 이러한 허무주의는 운명에 대한 저주처럼 들리기도 한다. 그러나 "또 누군가는 잠이 들다 깨어"에서 '잠'의 모티프는 운명에 대한 저주를 다른 얼굴로 조금씩 바꾸어놓을지도 모른다. "다시 태어나리라는 그 모든 것들"이 보여주는 환생(還生)의 의미 때문일까, "운명"과 "이별"이 만나는 장엄한 최후의 의식 때문일까. 시인은 "수의"로 대변되는 죽음까지도 우리가 만나는 사

랑이라고 부른다. 이것은 무슨 의미일까? 이러한 질문들에 대답하기 위해 우리는 박주택 시의 미로를 따라 긴 우회로를 걸어가야 한다.

> 시절들은 머리털처럼 흘러갔다
> 저녁에 바친 흘러가는 뼈들은 자주 놀라 두근거렸다
> 비가 오고 마음의 帝國에는 오래고 푸른 房이 높이 떠
> 그 살아 있음으로 글자들을 퍼뜨리고
> 고양이 울음 끝에 풍겨오는 그림자는 비루에 감긴다
>
> 상점들이 흘러드는 불을 모아 잠잠함을 두려워한다
> 문은 밖을 향해 반짝이고 우산은 길을 찾는 자들의 머리 위에
> 머물다 시간의 벌어진 틈으로 들어간다
> ―「오래고 푸른 房」 부분

인용 시는 시간의 지속성을 제시하고, 흘러가는 시간 속에서 불안에 갇혀 있는 시적 자아의 모습을 "흘러가는 뼈"의 이미지로 형상화한다. "마음의 帝國"은 시인의 시의식이 유폐된 내면 공간에서 독자적인 생애를 형성해 왔음을 선명히 보여주고 있다. 유폐된 내면 공간에서 생득적으로 생겨난 환멸과 폐허 의식은 사물에 얼룩을 만들고 책과 문자에 먼지를 덮어씌운다. 시간은 그 벌어진 틈으로 회상과 회한을 번갈아 교직하며 복잡한 주름을 형성한다. 여기서 "비"는 유한한 존재의 비루함과 불완전성을 부추긴다. "고독은/나를 물의 노예로 만들었다, 또한 나의 동쪽은/기다림이 완성된 후에도 다시 기다림을 계속하고/먼 곳으로 달아난 강은 바람에 숨을 보태온다"(「물의 긴 今生의 골짜기」에서) 보듯, '물'의 이미지는 생애의 고독과 기다림을 내포한 채 빗물로 내리고 강물로 흘러간다. 그러므로 '구름'과 '비'와 '강물'은 "제 몸을 출렁거리며 흘

러가는 시간"(「봄비의 저녁」)이다. 그런데 한편으로 이 '비'를 통해서만 존재는 그리움들을 불러 모아 '하늘'로 높이 떠오를 수 있게 된다. 어떻게 그것이 가능할까?

> 시절은 흘러가고 뼈들도 마음이 긁혀
> 저 어둠만이 사는 이유를 비웃듯이 물어올 때
> 흰말들은 빗속을 가로지르다 하늘의
> 오래고 푸른 房으로 떠 올라간다
> ―「오래고 푸른 房」 부분

> 제 몸을 출렁거리며 흘러가는 시간은
> 물을 맑히며 정원으로 간다
> 구름이 있고, 비가 있고 흰말처럼
> 저녁이 있다 보라, 일찍이 나의 것이었던
> 수많은 것들은 떠나간 마음만큼
> 돌아오는 마음들에 불멸을 빼앗기고
> 배후가 어둠인 저녁은 제 몸에
> 노래의 봄비를 세운다
> ―「봄비의 저녁」 부분

시간의 흐름 속에서 존재는 상처와 상실을 겪지만, 수많은 그리움들이 흘러가 "물"이 되고 "흰말들"은 빗속을 가로지르다 하늘의 푸른 방으로 떠 오른다. 또한 "구름"과 "비"가 있고 "흰말"처럼 저녁이 있다. "흰말"처럼 저녁이 어둠을 가로질러 봄비의 노래를 수직으로 세우는 것은 하늘과의 통로를 만드는 것이다. 그것은 "떠나간 마음만큼/돌아오는 마음들에" 빼앗긴 "불멸의 노래"인지 모른다. 저녁을 배경으로 "구름" "비"

와 더불어 느닷없이 등장하는 "흰말"은 어떻게 하늘로 떠오를 수 있을까? 그리고 이것은 시간과 어떤 연관을 가지고 있는가? 다음 시를 통해 시간의 모티프가 형성하고 있는 복잡한 의미망을 살펴보기로 하자.

> 트럭 행상에게 오징어 10마리를 사서
> 내장을 빼내 다듬었다, 빼낸 내장을 복도의 쓰레기 봉투에
> 담아 한켠에 치워 두었다, 이튿날 여름빛이
> 침묵하는 봉투 속으로 들어가 핏기 없는 육체와 섞이는 동안
> 오징어 내장들은 냄새로 항거하고 있었다
> 그리고는 장마가 져 나는 지붕 위에 망각을 내리지 못하고
> 가까운 곳에서 들려오는 헛된 녹음에 방문을 걸고 있을 때
> 살 썩는 냄새만이 문틈을 타고 스며들고 있었다
> 복도에는 고약한 냄새만이 가득 차 있었다
> 나는 방 안 가득 풍겨오는 냄새를 맡으며 냄새에도 어떤 갈피가
> 있을 것이라는 생각, 더 정확히는 더러운 쓰레기를 힘겹게 내다
> 버려야 할 것이라는 생각과 싸우고 있었다
> ―「시간의 육체에는 벌레가 산다」 부분

이 시에서 여름빛이 육체와 섞이는 동안은 시간의 진행을 의미하지만, 오징어 내장들이 풍기는 냄새가 그것에 항거한다는 표현은 역설적인 의미를 가진다. 썩어서 나는 냄새가 그 부패의 진행에 저항하는 것은 박주택의 시에서 시간에 대한 저항이 그 복종과 한 몸을 이루고 있음을 암시한다. 시간적 사유로 대상을 투시하는 것은 사물을 시간의 육체로 파악하는 태도이다. 박주택은 시간과의 대결과 화해라는 주제를 시간의 육체가 지닌 복잡한 주름을 통해 형상화함으로써 의식과 무의식, 현실과 환상이 융합되는 내면 풍경을 절실히 묘사한다. 시간에 대한 저항과

복속이라는 박주택 시의 테마는 기억과 망각의 모티프로 그 시적 표현을 얻게 된다.

> 관절이 꺾인 구름 바람과 싸운다
> 거리에는 열매가 썩어 기억을 지배한다
> 시간은 망각을 가르치고 망각은 평안을 가르쳤다
>
> 육체를 감싸는 위대한 스승들을 보라
> 한결같이 혓바닥을 말며 죄의 시간 속에서
> 덜그럭거리고 있는 창고와 만나
> 저주 받은 먼지로 씌어진 책들을 읽는다
> ―「소금의 포도」부분

시간의 흐름 속에서 과거를 회상하는 것을 '기억'이라고 한다면, 썩음은 기억을 무화시키고 '망각'을 가르친다. 박주택에게 있어 과거로부터 지속되는 현재는 "죄의 시간속"에 있다. 그래서 이러한 시간의 두께가 쌓인 책은 "저주받은 먼지로 씌어진 책"일 수밖에 없다. 이 비극적 얼굴을 읽으며 시인은 망각이 가져다주는 평안을 고대한다.

그런데 어떻게 "망각은 고요하고/둔한 것이어서 이토록 가로질러 가는 것"(「立夏附近」)일까? 보르헤스는 「기억의천재 푸네스」에서 망각이 각 순간의 차이를 동질화시키고 추상화된 사유를 가능케 한다는 사실을 보여주었다. 유한한 존재인 인간이 자신을 지탱할 수 있는 이유는 잠을 통해 삶과 죽음의 사이클을 일상적으로 체험하며 죽음에 대한 인식을 연기할 수 있기 때문이다. 보르헤스는 잠이 죽음에 대한 연기 수단일 뿐만 아니라 망각의 필요 조건임을 암시한다. 기억에 저항하는 망각이야말로 능동적인 능력이며 추상화된 사유의 원동력인 것이다. 결국 참된 기억은 망각에 의존하는 기억이다.

　이처럼 박주택 시에서 '망각'은 시간의 육체 속에 저장된 저주와 망령을 무화시킴으로써 기억으로부터 벗어나려는 시도이다. 시를 쓰는 것이 기억의 재생이 아니라 기억의 무화이며 기억으로부터의 해방이라면, 박주택이 추구하는 망각의 수사학은 한국 현대시에 있어서 새로운 시적 영역에 진입하는 것이 된다. 그런데 이 망각은 끊임없이 기억을 동반하며 진행되는 것이어서, 박주택 시에서 망각의 수사학은 기억의 수사학과 하나의 회로에서 만나 복잡한 주름을 형성하게 된다.

> 별이 떨어지는 소리까지 가슴에 흘러들어
> 쓴맛에서 귀감을 배운 시간이
> 과실을 씻어내려 한다, 책을 들춰
> 어두운 문자로 씌어진 기록을 지우고자 한다
> 그러나, 회상의 자리에 남은 것들은
> 남은 것대로의 눈동자들이 있어 시간에 저항하고
> 돌이키는 사람들의 가슴팍에서 눈을 떼지 않는다
> 　　　　　　　　　　　　　　　　─「자리」 부분

　인용 시는 기억과 망각, 기록과 지움이 하나의 몸속에서 서로 길항하는 모습을 보여준다. "어두운 문자로 씌어진 기록을 지우"는 행위는 망각을 의미하지만, "회상의 자리에 남은" "눈동자들"은 시간의 흐름에 저항한다. 박주택이 추구하는 능동적 행위로서의 '망각'은 '잠'과 '몽혼'의 형식을 통해 그 육체를 얻는다.

사닥다리가 내려오는데 눈이 부셨다
십 년을 가까이 산 집엔, 잠으로 가득 찼는데
숨기둥 밖에서 잠이 담뱃내가 밴 벽지와 비애를 이기고
긴긴 지옥의 창고를 부수어버렸다, 지붕에는 다시
망초꽃이 피고 밤에는 자작나무 가지들이
지쳐 있는 창문을 향해 바람을 빨아들이고 있었다
가장 깊은 잠이 이 세상에는 있어
죽음조차도 몸을 빼앗긴다, 서해까지, 무덤까지
고요히 길을 내며 비자나무 숲을 만든다
저 깊은 마음에서 뛰쳐나와 기쁨의 꿈을 꾸며
구름의 서식지에 가서 지식으로 구름의 파수꾼이
되는 창문들, 강의 목숨을 끊고 바닥을 기어
하구로 몰려가는 모래들처럼 서걱거리며 흩어진다
보라! 내려온다, 금빛, 허무의, 햇빛이 다디단 열매를 달고
中天에서, 기도하는 망초꽃 뒤에 숨어 흙먼지를 일으키며
지붕 위로 고요하게 내려앉는다
—「잠」 전문

　인용 시에서 '잠'은 시간의 누적이 만든 비애를 이기고 긴 지옥의 창고를 부순다. 그리하여 가장 깊은 잠은 죽음조차 이겨내고 고요히 길을 내며 "숲"을 만든다. 여기서 잠을 "사닥다리가 내려오는" 것으로 비유하는 것은 의미심장하다. '사닥다리'는 수직적 이미지로서 하늘과 땅을 연결시키며 상승과 하강의 운동을 돕기 때문이다. 하늘로부터 내려오는 것은 "금빛, 허무의, 햇빛"인데, 금빛과 허무가 결합된 이 햇빛은 박주택이 첫 시집에서 보여주었던 신화적 상상력과 두번째 시집 이후 보여주었던 현실의 폐허가 하나의 몸에 결합된 것으로 간주할 수 있다. 시인은 '잠'이라는 망각의 회로 속에서 기억의 무게와 누추한 현실의 먼지로 인해 밀폐되었던

내면 공간에 하늘로 통하는 사닥다리 하나를 걸쳐놓는 것이다. 그리하여 박주택 시의 전개 과정에서 망각의 회로인 '잠'은 신화적 상상력과 냉혹한 현실 인식을 결합하는 새로운 시적 영역을 개척하게 된다. 세번째 시집까지 박주택의 시는 현재와 과거, 의식과 무의식, 현실과 환상 등 상반되는 요소가 충돌하면서 이원화된 양상을 띤 반면, 이번 시집에서 그것들이 하나의 스펙트럼 속에 융합되어 나타나는 것도 이와 무관하지 않을 것이다. 망각의 회로인 '잠'은 '몽혼'의 형식으로 변형되어 나타나기도 한다.

저문 산 너머 바다로 열린 발자취마다에
눈동자는 반짝이고 달은 살아서 백사장을 비춘다

자는 이들이 살아 있음에 꿈에서 먹이를 더듬고
또 죽은 자들은 말의 무덤인 소문에게로 가서
잔을 높이 치켜든다, 봄밤 푸르러 진저리 봄밤 푸르러
용서할 듯 사람들이 大路 패스트푸드店에 앉아
꽃 핀 가지가 흔드는 소란들을 내려다볼 때

밤은 부두도 없이 염문들을 받아들인다
한순간 夢魂이여, 불온이 꿈속에서
새벽 숲에 닿을 때까지, 꽃이란 꽃 천지에 맑아
운명에게서 針을 뽑아낼 때까지

술집은 푸르고 또한 그 경계에 있는 객기도 푸르러서
살아 있음이 죽은 자의 오만보다 절절하도록
저 저문 산 쪽에 별을 박아다오
희미하게 사라진 그 한쪽에, 잃어버려 헤매는
그 한쪽에 밤낮 없이 그리워한 그 흔적으로

눈물 어디쯤에 생생한 눈동자를 반짝여다오
—「夢魂에게」 전문

  이 시는 시적 화자가 몽혼에게 말하는 형식으로 되어 있지만, 그 자체가 몽혼의 내적 독백이기도 하다. 1연과 2연에는 현실적 배경과 몽상의 공간이 동거한다. "大路 패스트푸드店에 앉아/꽃 핀 가지가 흔드는 소란들을 내려다"보는 시인은, 푸른 봄밤의 정취에 취해 "저문 산 너머 바다로 열린 발자취"를 따라 달이 비추는 "백사장"으로 몽상의 나래를 펼친다. 이처럼 "낡아 있는 벽지에서 푸른 안개 같은것이 새어 나"(「일요일날 협죽도 생각」)오는 듯한 몽상, 혹은 몽환적인 분위기는 기억과 망각이 교직하는 복잡한 시간의 주름이 만들어내는 것이다.
  한편 "봄밤 푸르러 진저리 봄밤 푸르러"와 "꽃이란 꽃천지에 맑아"는 박주택 시의 내면적 파토스가 정념으로 넘쳐남을 보여준다. 정념(passion)은 열정에 수난과 고난을 동반한다. 박주택의 시는 몸소 겪음에서 얻어지는 내면적 에너지가 필연성을 얻어 표현될 때, "정신에 깃든 힘. 고뇌 끝에 반짝이는 짙푸른 풀싹들. 보이지 않게 만발한 그 어떤 힘!"(뒤표지)을 발산하는 것이다.
  밤이 염문을 받아들이는 순간, 시적 자아는 몽혼을 불러내어 불온을 권장하고 운명에게서 침을 뽑아내고자 한다. "저 저문 산 쪽에 별을 박아다오"라고 간청하는 목소리는 푸른 객기이기도 하겠지만, 죽은 자의 오만보다 절절한 내면적 파토스를 담고 있다. 박주택의 시에서 '잠'과 '몽혼'은 현실로부터의 탈출이기도 하지만 구원의 통로이기도 하다. 시간의 직선적 흐름을 따라 늙어가고 소멸해가는 과정에서, 시간을 거스르며 그것을 무화시키는 '시간의 압축'이 잠과 몽혼의 형식을 통해 시도

되는 것이다.

> 나 다시 잠에 드네, 잠의 벌판에는 말이 있고
> 나는 말의 등에 올라타 쏜살같이 초원을 달리네
> 전율을 가르며 갈기털이 다 빠져나가도록
> 폐와 팔다리가 모두 떨어져나가
> 마침내 말도 없고 나도 없어져 정적만 남을 때까지
> ―「카프카와 만나는 잠의 노래」 부분

  시인이 잠에서 배운 것은 기적과 복록의 불가능성이지만, 잠의 벌판에서 말을 타고 초원을 달릴 때 그가 얻는 것은 소멸과 죽음에 이르러 그것을 무화시키는 시간의 압축이다. 이 시는 전율하는 에너지가 속도와 만나 시간이 압축되면서 주체의 소멸과 죽음까지도 초월하는 탈주의 한 방식을 극적으로 보여준다. 「오래고 푸른 房」과 「봄비의저녁」에 등장한, 빗속을 가로지르며 하늘에 닿는 "흰말"의 의미도 힘과 속도를 통한 시간의 압축이라고 볼 수 있을 것이다.

  그런데 제목이 왜 「카프카와 만나는 잠의 노래」일까? 카프카는 글쓰기를 통해 자기 정체성을 정립하는 기억의 굴레를 벗어나 망각을 욕망한다. 카프카의 텍스트에 나타나는 기법 중에 하나는 동일 문화의 정체성을 확립하는 기억을 무효화시키고 망각의 메커니즘을 통해 그 구성에 변화를 야기하는 것이라고 볼 수 있다. 그러나 이것이 고통스러운 기억의 반복을 통해 이루어짐으로써, 카프카의 글쓰기는 망각의 욕망에서 비롯된 기억의 산물이라는 역설이 성립한다. 이러한 역설은 박주택의 시에도 적용될 수 있을 것이다. 시인은 이러한 역설을 다음과 같이 장엄한 어조로 노래한다.

이윽고 잠잠하리라, 망각은 當代를 다스리고
시간의 저편 대지 위에 따로이 모든 회억은 잠을 자리니
다시 長江의 바람이 불어오면 뉘우침도 없이
저녁의 그대로를 맞이할 수 있으리라, 우리 있는 이곳
생명의 춥고 뜨거운 육체는 미치도록 여기 머물러 죄를 남기고
크게 자란 그림자만이 當代를 떠돈다, 들어보라
제 몸을 구부려 자신 속에 드는 고요한 밤
이렇게 발자국 소리조차 바람을 읽는 밤이면
자근자근 생의 부름에 떨떠름한 혀도 웅대하리니
마지못하던 태양도 육체의 구석구석을 비추어주리
밥의 불편, 꽉 찬 감옥의 불편, 진흙 속에 뒹굴어
젖은 옷의 불편 다시 江에서 바람이 불어오고
마침내 가라앉을 것들이 눈을 홉뜬 채로 머릿속에
붐비는 동안 노래는 여기서도 멀고
견딜 수 없는 것들은 발이 시리도록 몽상에 젖는다

―「장엄한 近日」 전문

  망각이 당대를 다스리고 모든 회억은 잠을 자지만, 육체는 죄를 남기고 그림자만이 당대를 떠돈다. 그래서 "노래는 여기서도 멀고/견딜 수 없는 것들은 발이 시리도록 몽상에 젖는다." 그러나 이 시가 보여주는 장엄한 어조는 시인이 망각과 잠을 통해 허무까지도 긍정하는 운명애를 획득함으로써 능동적 허무주의로 진입하고 있음을 보여준다.
  박주택은 기억과 망각이 충돌하며 휘감기는 복잡한 몸의 회로를 잠과 환몽의 어법으로 진술함으로써 2000년대 한국시의 새로운 흐름을 열어가고 있다. 나는 그가 "몸이 노래가 될 때까지" "器官 안의 강과 나무와 새/그리고 풀잎까지를 일으켜 세우며"(「물고기 인간」), 잠의 벌판에서 흰 말을 타고 기억과 망각의 회로 끝까지 질주하기를 기대한다.

눈동자로부터의 모험

정과리
(연세대학교 교수)

> 허름한 책을 비집고 나온 한 올 연기는
> 전생을 감아올리다 흰 문장으로 가라앉는다
> ―「독신자들」 부분

운동성과 눈동자

독자가 박주택의 시를 읽을 때 그의 귀에 가장 먼저 울리는 것은 말의 운동성이다. 그 움직임은 운동량이 풍부한 활달한 움직임은 아니다. 그러나 그 움직임은 움식임 외의 어떤 것이 아니라서, 그의 언어는 이미 움직임을 말하고 있고 움직임을 말함으로써 스스로 움직이고 있다. 다만 순간적으로 스치고 지나가는 이상하다는 느낌을 자아내는 첫 시를 제외하고는.

> 문을 닫은 지 오랜 상점 본다

자정 지나 인적 뜸할 때 어둠 속에 갇혀 있는 인형
—「폐점」 부분

으로 시작하고 있는 첫번째 시는 처연한 정적과 답답한 여운만이 남아있는 듯이 보인다. 그러나 여기에서도 실은 이미 운동이 일어나고 있다. 이 두 행을 기술하고는 시인은 이어서 곧바로

한때는 옷을 걸치고 있기도 했으리라
그러나 불현듯 귀기(鬼氣)가 서려오고
등에 서늘함이 밀려오는 순간

이라고 적음으로써, 이 정적의 배경에 감추어진 모종의 격렬한 운동을 짐작하게끔 한다. 그리고 이어서,

이 거리, 노래가 되다만 빛들이
갈 곳을 잠시 잃어 가야 할 곳을 찾지 못한 사람과 섞인다
—「문득 나무 그늘 아래 저녁 눈 내릴 때」 부분

로 시작하는 두번째 시에서부터

밤은 저토록 천천히 오는가
창문 밖으로 들판이 끝없이 펼쳐진 교회에서
음악을 듣는다. 밤은 저렇게 더디 오고 촛불 아래
백발은 음을 불러일으키는가
—「저녁의 음악회」 부분

로 시작하는 마지막 시편에 이르기까지, 그의 시는 매우 육중히, 다시 말해 독자로 하여금 운동하는 육체의 전 질량을 느끼게 하면서, 움직인다. 이 움직임은 선험적이다. 즉 관찰에 앞서고 정의에 앞선다. 그것은 움직인다고 말하기 전에 이미 있으며 동시에 움직인다고 말한 이후에도 말의 제어권 바깥에 놓여 있다. 그래서 그것은 관찰하는 자에게 돌발적으로 닥친다. '불현듯' '문득' 등의 부사가 그 움직임 앞을 빈번히 가로지르는 것은 그 때문이다.

왜 이런 운동성이 두드러지게 나타나는가? 다시 말해, 이 운동성, 느리고 무거운 이 움직임은 우리의 실제적 삶과 무슨 연관을 가지는가? 다시 살필 기회를 곧 만나게 되려니와, 이것은 시인이 삶을 근본적으로 길의 형식으로 이해하고 있다는 사실과 조응한다. 첫 행의 적막한 부동성 마저도 "작은 이면 도로 작은 생의 고샅길"(「폐점」)의 그것이고, 사람들은 대체로 "거리에서/바람이 어느 쪽으로 부는가를 가늠하"(「우리는 네거리에 있었다」)며, "생의 중심으로 차오르는 것들[을]/북부간선도로에서"(「건물들」) 본다. 그리고 시의 화자는 "천천히 대로를 걸으며 생각한다"(「그러므로 바람의 수기를 짓는다」). 이 길 안에서는 모든 것이 길을 따라 움직인다. 길 안에서라고 했지만 그 범위는 실상 주변으로 넘쳐난다. 그 길과 관계된 모든 것들은 길 바깥에 있을지라도 길 안에서처럼 움직인다. 보라, 산다는 것은 "<u>자신으로 돌아가</u>"거나 "<u>돌아기지</u> 못한 것들만 바다를 그리워"하는 일인데, "아주 먼 곳으로부터 <u>걸어온</u> 별들이 그 위를 비추"고 있고, "곧이어 어디선가 제집을 찾아가는 개 한 마리/[……]/어슬렁어슬렁 떫은 잠 속을 걸어 들어간다"(「시간의 동공」, 이상 밑줄은 인용자)에서 일어난 일이다.

그런데 다른 한편으로 독자는 이 운동과 성질이 아주 다른 또 하나의

'태도'가 시집의 처음부터 그를 압박하고 있음을 느낀다. 그 느낌은 제목에서부터 몰려온다. 시간의 "동공(瞳孔)"이라는 꽤 의도적인 어휘를 읽었던 것이다. 이것이 왜 의도적인가? '눈동자'로 바꾸어도 충분할 것 같기 때문이다. 실제의 시편들을 보아도 '눈동자'라는 어사는 시집 전체에서 아홉 번의 빈도수를 가지지만 '동공'은 표제 시가 된 시편에서 단 한 번 나온다. 이러한 사실은 '동공'이라는 어휘가 특별히 선택되었음을 암시하는 한편, 동시에, 그 암시에 의해 역으로 부추겨져 '눈동자'라는 기표가 이 시집에서 중요한 기능을 가지고 있음을 암시한다. 실로 '눈동자'는 매우 특이한 방식으로 출현한다.

> (1) 뿌리를 만질 때 굴뚝 연기가 나오는 것을 본다
> 　　푸른 눈동자였다 그때는 무엇이 숲 사이로 오는가
> 　　　　　　　　　　　　　　　　　―「저수지에 비친 시」 부분

> (2) 한 사람의 배경을 보라
> 　　나무의 배경과 겹쳐 황금빛 항아리를 만드는
> 　　저 결곡한 눈동자를 보아라
> 　　　　　　　　　　　　　　　　　―「배경들」 부분

> (3) 스치는 사람들 눈을 바라보는 짧은 순간
> 　　그의 눈에 감긴다, 열렸다 닫히는 눈에 감겨
> 　　아득하게 소용돌이 속 비명에 닿은 채 또한 눈이 내리는
> 　　거리를 걷는다 잎이 채 사라지지 못한 채 거리에 뒹구는 것은
> 　　불멸의 탓, 눈동자 속의 허기진 날개 탓
> 　　이쯤해서 저지른 광기와 수치를 고백하련다
> 　　　　　　　　　　　　　　　　　―「저녁 눈」 부분

(4) 위기의 기관으로 뻗은 저 길 저녁이면 불빛들이 모여
　　눈동자를 삼키고 점점 몸이 불어난 사람들은
　　날아오르는 새들을 본다
　　　　　　　　　　　　　　　　　　　―「강남역 사거리」 부분

(5) 너 잠들면 네가 흘린 눈물에 들어 펄럭인다
　　펄럭거리며 네가 구하고 싶은 약을 찾아다니다 밤에 바친다
　　너의 검은 눈동자와 너의 맹세와 고른 치아들이
　　새벽을 응시하며 비를 의역하면서 내는 소리에
　　영산홍 그늘 사이로 꽃잎이 진다
　　　　　　　　　　　　　　　　　　　―「영산홍」 부분

(6) 스스로 존중해야만 광폭함을 막을 수 있었던
　　시절들은 실감 없이 사라져가고 트럭에 실리는
　　짐들만이 영혼이 얼마나 먼 길을 걸어왔는지를 아는 듯
　　생을 마친 사람처럼 자신의 집에 눈동자를 묻는다
　　　　　　　　　　　　　　　　　　　―「문틈에 바침」 부분

(7) 눈 안에 눈동자를 파묻고 휘장을 나부끼는 육체들 그러나, 모두
　　가 손아귀를 빠져나간 침묵들 길에서 만난 불안의 지느러미들로
　　서 잎새를 갖지 못한 지팡이와 같이 해쓱하다 운명에 긁힌 존재
　　하는 것들의 마른 생애에 돋는 점들, 그 위를 더듬거리는 어스름
　　한 눈동자들
　　　　　　　　　　　　　　　　　　　―「점자」 부분

(8) 얼마나 많은 생각들을 강물 속에 던졌을까? 물의 혼이 그것을 말
　　해주려는 듯 파닥거린다 의자를 덮은 그늘, 제 몸속에 품고 있는
　　것을 잊으라는 듯이 매어 있는 것들을 끊어버리라는 듯이 개를
　　끌고 가는 노인을 바라본다. 의자의 눈동자 시계의 바늘을 세우

며 강물에 주름진 눈망울을 닦는다
—「그림자들의 도시」 부분

(9) 나뭇잎 떨어지는 날에는 집에 있겠습니다
쓸쓸히 집에 남아 도저히 밤이라면
허공에 눈동자를 박겠습니다
하여 밤을 노래할 것 아니겠습니까
—「가을 기도문」 부분

(1)과 (2)는 제1부에, (3), (4), (5), (6)는 제2부에, (7), (8)은 제3부에, 그리고 (9)는 마지막 제4부에 배치되어 있는 시편들이다. 독자는 '눈동자'가 시집 전체에 산포되어 있는 '끈질긴' 기표임을 알아챌 수 있으리라. 또한 동시에, '눈동자'가 아마도 이 시집의 서사적 구조에 깊게 관계하고 있다는 암시도 받았으리라. 이 암시는 (1)의 구절을 재독하는 순간 거의 확신으로 바뀐다. 왜냐하면, '눈동자'는 "뿌리를 만질 때"(「저수지에 바친 시」) 튀어나오는 것이기 때문이다. 다시 말해, '근본'을 되새기는 순간, '눈동자'는 출현하는 것이다. 아니, 시인이 바로 그 순간 눈동자를 요청한다고 말하는 것이 타당하리라. 뿌리로 향하는 의지가 모종의 절박감을 수반하고 있다고 생각하지 않을 수 없기 때문이다. 즉 '눈동자'가 출현하는 이 사태는 근본적으로 시인의 업무에 속하는 것이지 뿌리의 본성에 속하는 것이 아닌 것이다. 그리고 시인의 업무란 생의 전복으로서의 언어적 실천, 즉 지나온 삶을 근본적으로 다시 살아보고자 하는 의도의 실행인 것이다.

불행의 계약

물론 그런 실천이 있으려면, 다시 살아야만 하는 까닭이 주어져야 하리라. 첫번째 시편 「폐점」은 그 실행에 절실한 까닭을 부여하는 매우 인상적인 사례를 보여준다. 제목이 전하는 불길한 암시에 눈길이 깊어진 독자는, 시의 본문 안에서 가게의 여주인에게 돌연한 사고가 있었고, 그로 인해 그때까지 오밀조밀 자족하였던 "작은 생"이 부서지고 말았음을 읽고 마는 것이다. 이 어처구니없는 사태, 어이가 없어서 한없이 부당하게만 느껴지는 이런 재앙과 그 재앙으로 인한 생의 방치는 곧바로 안타까움의 심연 속으로 사람들을 몰아놓고, 산다는 것 자체에 대한 근본적인 물음의 자물쇠 앞에 직면케 한다.

그러나 이 사건은 한 여인의 사건이다. 만일 눈동자가 시집의 도처에 편재해 있는 것이라면 한 여인의 사건이, 화자의 사건을 포함하는 다중의 사건과 같은 집합 속에 놓여, 일종의 보편적 현상임을 느낄 수 있게 해야 할 것이다. 삶은 그렇게 어처구니없는 재앙 속에 사로잡히고야 마는 것인가? 첫 시를 떠나면, 삶의 파국의 실세 상황을 선연히 '묘사'하고 있는 시는 잘 보이지 않는다. 다만 첫 시가 자아낸 것과 같은 느낌들이 '진술'의 형식으로 곳곳에 출몰해 있음을 알 수가 있다. 요컨대 삶의 부정성의 실상은 모호하게 가려져 있으나 그 양태는 명료하게 지적되어 있다. 우선 그 부정성의 근본 꼴은 "여기가 감옥 [……] 지옥보다 더한 곳"(「이별가 2」)이라고 지시된 그대로이며, 그 감옥의 근본 형식은, 앞에서 살폈듯 시인이 삶을 언제나 길의 형식으로 이해하고 있기 때문에, 사람들이 잘못된 길을 가고 있다는 인식이다. 사람들이 간 길, 가는 길은 "가지 말아야 할 길"이다: "비는 천천히 구르고 흔들리며 사라지는/거리의 간판들도 몸도 없이/가지 말아야 할 길을 향해 천천히 흘러간다"(「물방울들의 후예」). 왜 가지 말아야 할 길을 가는가? "오늘도 수많은 것들이 모여 다른 길로 흘러가게 하였다"(「강남역 사거리」)와 같은 구절을 보면, 가지 말아야 할 길을 가게 하는 원인이자 가지 말아야 할 길을 가는 원본적 주체는 "수많은 것들," 즉 다수성의 방식으로 파악된 인간군이다.

박주택 시의 주제적 핵심은 바로 이 집단으로서의 인간과 실존적 개체로서의 인간 사이의 불행한 얽힘이다. 후자는 전자의 소속이 된다. 그래서 "저 싱싱한 다리는 아주 기분 나쁜 팔자를 만나" "편성된 계급"으로 살아간다. "유리창 너머로 들리는 꿈의 찰각거리는 소리에/ 혹독한 운명이 자신의 것이 아니라고 부인하지만/평화가, 평화가, 나의 국가에서 울려 퍼지는 것이라고/저 시간은 벽 속에 도는 피에 빗대 저녁을 침묵시킨다."(「강남역」) 따라서 삶은, 아니 그에게는 모든 삶이 걷는 것이므로, 걷는 것은 모욕이다.

> 이것이 걷는 것이라면 발자국은 모욕쯤 되겠지
> ―「망각을 위한 물의 헌사」부분

그러나 박주택 시의 결정적인 부정성은 '산다는 것'의 모욕을 넘어, 삶에 대한 어떤 종류의 의미화도 무의미한 짓으로 간주한다는 데에서 폭발한다. 현생 인류의 출현 이후 긴 시간 동안, 인간은 치욕의 극단에서 축복의 극단까지 별의별 삶을 다 살아왔다. 치욕의 극단에 놓일 때 인간을, '그럼에도 불구하고,' 살아가게 한 것은, 삶은 치욕일지라도 그 치욕의 삶을 살아내는 것은 아름다운 일이라는 생각이었다. 그 순간은 인간이 신에 가장 가까이 다가가는 순간이 되곤 하였다. 그러나 박주택 시의 화자는 그렇게 생각하지 않는다. 그에게 모욕의 삶은 절실할 때조차도 모욕이다. 그는 "솔숲으로 걸어간 눈과 싸움에서 돌아온/젖은 머리칼 [……] 이 모두는/기억하고 싶지 않은 것이다." 왜? "저 산 아래에 능선처럼 굽은/눈빛과 싸우다 묻힌 사람의 혼령이/부질없"(「가을 말 사전」)다고 판단하기 때문이다. 이런 시구는 또 어떤가?

   자욱하게 명치끝을 울리면 진한 생이 있었다고
   있을 것이라고 풍경은 쿨룩거리는데
   자신이 만든 모든 것들이
   자신에게 돌아오는 이 거리에서
   남은 힘을 모아 나의 것이 아니라고
   가로수 기둥에 기억을 묶는 밤
                —「밤」 부분

그렇기 때문에 시의 화자는 단호히 말한다:

   길을 노래하는 자 불행했다
      —「문득 나무 그늘 아래 저녁 눈 내릴 때」 부분

 그가 그렇게 생각하는 한 그럴 수밖에 없을 것이다. 그러나 길을 노래하는 사람은 불행했다지만, "길을 노래하는 자 불행했다"고 '발성하는' 자는, 그 말이 노래인지 절규인지 단순한 진술인지 알 수 없어도, 어떨 것인가? 그 또한 불행할 것인가? 그 또한 불행이라면 왜 그는 입을 여는가?
 이 질문에 답을 구하기 위해서 약간의 풀이가 필요할 것이다. 여기에는 일종의 인식론적 함정이 숨어 있다. 그 함정을 건너뛸 때 우리는 시적 화자의 발화의 필연성을 딛고 다시 모두에 제기했던 '눈동자'의 문제로 돌아갈 것이다.

우선, 첫번째 초점은 이 시집의 화자가 삶과 길을 동일화시키고 있다는 사실에 있다. 이 동일화의 기본적인 의미는 삶의 명사적 국면과 동사적 국면이, 다시 말해, 삶의 상황과 삶의 형성이 같다는 것이다. 이 인식은 박주택의 시에서 역설적으로 작용한다. 통상적으로 상황과 구성의 일치는 삶의 역동성을 강화한다. 삶은 어떤 확정된 상태라기보다는 부단히 움직이고 변화하는 과정으로서 존재하게 된다. 바로 그 점에서 박주택의 시 역시 끊임없이 움직인다. 그러나 그 움직임은 그 변화에 대한 본능적인 기대와 정반대의 방향을 가지고 있다. 즉 그의 시적 움직임은 안락과 풍요와 기쁨을 향해 있지 않고, 고통과 가난과 환멸을 향해 있다. 그 방향은 근본적으로 시간에 대한 박주택의 인식이 재앙적이라는 것을 가리킨다. "시간의 젖은 늘어지고 시간으로부터 걸어나온 환멸만이/거리를 메운다"(「독신자들」).

시간의 재앙성, 그것은 모든 '이후'가 '이미'에 의해 포박된다는 것을 가리킨다. 산다는 것 일체는 재앙의 검은 구멍 속으로 빨려 들어간다. 그 '이후'에는 단순히 삶의 연장선상에 있는 미래만이 있는 것이 아니다. '이후'는 언제나 차원의 이동을 포함한다. 차원의 이동이라는 의미에서 '이후'에는 시간의 연장만이 있는 게 아니라 과거에 대한 분석과 해석을 포함한 모든 재구성의 절차들도 들어 있다. 과거의 해석은 이미 '다른 삶'이라는 뜻으로서의 미래이다. 그런데 시간의 재앙성은 바로 그 모든 '이후'를 빨아들여 '이미'로 만들어버린다. 모든 해석은, 다시 말해 삶을 위한 모든 노래는, 미래라는 뜻을 잃고, 무화된다. 그것이 삶의 명사와 동사의 일치를 역설적으로 구성한 박주택 시의 첫번째 비밀이다.

두번째 표지는 "길을 노래하는 자 불행했다"는 언술 자체에 숨어 있다. 독자는 앞에서 이 시구를 두고, 길을 노래하는 자 불행했다고 말하는 자는 불행한가, 아닌가를 물었다. 그런데 그 물음이 중첩될수록 더욱 확실해지는 사실이 있는데, 시집의 장 내에서 어쨌든, 불행이라는 결과와 무관하게 길을 노래하는 자가 있었고, 그렇게 노래하는 자에 대해 또한 진술하는 자가 있다는 사실이 그것이다. 물음이 지속되려면 그 사실들은 사실들로서 남아야 한다. 그렇다는 것은 바로 독자의 물음이 또한 저 마지막 진술에 중첩되는 또 하나의 진술, 불행의 보탬이라는 것을 가리킨다. 다시 말해, 우리는 길을 노래하는 자가 불행했다고 진술하는 자도 불행하지 않은가,라고 말하는 우리의 물음이, 궁극적으로 '불행했다'라는 결론을 향해 나아가는 한, 그 역시 불행의 회로에 갇힐 수밖에 없게 됨을 깨닫는다. 그것이 '불행했다'라는 진술에 책임을 지는 일이기 때문이다. 불행은 실존적 사건으로 이행될 수밖에 없는 것이다.

길을 노래하는 자 불행했다고 말하는 자도, 불행했다고 읽는 자도 불행하다! 이것은 불행의 계약이다. 왜 계약이냐 하면, 불행하지 않을 수도 있었기 때문이다. 전 시편들에 걸쳐서 불행의 필연성을 '증거'하는 다수의 물증은 없다. 다수의 물증은 없는 대신, 시인은 다수성의 존재 자체를 불행의 원인으로 지목한다. 그 원인을 수긍하는 자는, 다시 말해, 개별성의 주체가 되는 데 내기를 건 존재는, 그 불행의 운명에 자발적으로 자신을 구속시키면서, '진술'하고 '불행'해야 한다. 그렇다면 누군가 물을 것이다. 다수의 증거에 의해서 뒷받침되지 않는다면, 이 불행의 운명에 어떻게 동의할 수 있으며, 더욱이 이 불행의 계약에 수결을 하는 게 어떻게 정당하다고 할 수 있는가?

이 질문은 근본적이다. 이것은 시적 행위 자체를 문제 삼는다. 독자는 앞에서 '서시'의 역할을 하는 「폐점」이 이 질문에 대한 하나의 예증을 제시했음을 보았다. 한 여인의 불행은 다수의 무시 혹은 무지 속에서 점차로 잊혀가고 그녀가 남긴 흔적들은 썩고 폐허화되었다. 시가 그것을 외면할 수 있는가? 그러나 동시에 독자는 이 하나의 사례를 다른 증거들이 지원하지 않는다는 점도 확인했다. 묘사 대신 사태를 이미 판단한 진술이 편재했음을 확인했다. 만일 「폐점」에 집중한다면 우리는 이렇게 말할 수 있다. 시는 그 무엇이든 모든 부당하고 불행한 사태를 '애도'하거나 '고발'한다. 아니, 그뿐만이 아니다. 시에서 그 모든 사태들은 언제나 유일무이한 사태들이다. 그런데 시의 입장에서는 그것들이 유일무이한 사태이니까 외면할 게 아니라, 오히려 유일무이한 사태이기 때문에 그것들 각각에 전심전력해야 한다. 왜냐하면 유일무이한 사태야말로 가장 실존적인, 다시 말해 어떤 일반적 해석으로도 환원되지 않는, 삶의 진면목을 보여주기 때문이다. 시의 화자가, 이어서, 시의 독자가 선택하지 않을 수도 있는 불행의 계약에 서명을 하는 건 그 때문이다. 그때 서시의 존재이유는 시의 존재이유이다. 시는 희귀성과 유일성과 결코 해석되지 않는 것에 헌신한다. 그러나 만일 우리가 다른 시들로 눈길을 돌린다면, 「폐점」의 존재증명은 위태로워진다. 박주택 시집의 또 다른 묘미는 이 첫머리의 위태로움을 시집의 전개가 어떻게 견뎌내는가의 문제에도 있다. 이점에 대해서는 곧 다시 말해지리라.

저이들의 눈빛으로

여하튼 불행의 계약에 수결한 자는 '불행'해야 하며, '진술'해야 한다.

이 '불행'하고 '진술'해야 하는 존재는, 모순된 이중의 행동강령을 쥐게 된다. 한편으로 그는 불행의 고리 속에 뛰어들어야 한다. 불행을 읽는 자로부터 읽는 자의 불행으로 이동해야 한다. 그런데 불행을 노래하고 불행을 말하고 불행을 읽는 것은 불행을 이겨내기 위해서이지 불행을 즐기기 위해서가 아니다. 이 모순된 이중적 행동강령은 각자 폐쇄된 채로 서로에게 끼어 있는 고리와 같다. 그 둘은 장력으로 긴장하지 소통하지 않는다. 장력으로 긴장할 때 그 둘은 서로를 해소하지 않는다. 불행을 이기려는 의지로 불행을 감소시키지 않고 불행으로 의지를 감퇴시키지 않는다. 바로 그렇기 때문에 두 개의 행동강령은 팽팽히, 다시 말해, 실존적으로 팽창한다. 불행은 실감을 지속하고 이기려는 의지는 점점 꿈틀거린다. 그러나 팽창의 끝에서 폭발하지 않으려면 팽창은 어느 순간 정지해야 한다. 아니 좀더 정확하게 말해 팽창의 운동을 다른 운동으로, 혹은 에너지로 변환시켜야 한다.

'눈동자'가 바로 이 자리에 요청된 것은 틀림없어 보인다. 왜냐하면 바로 이렇게 기술되어 있기 때문이다.

잘 가라고 시간을 얼러 잘 가라고
바람 부는 쪽을 향해 불어터진 울음이 가고
숲으로나 갔을까 그때 한번쯤은 눈빛을 불렀어야 했다
이토록 겨우 똑같은 말투에다 상상에 멀지 않은
발자국들 때문이라면 때때로 네거리에 서 있는
그림자를 불러 옷깃을 세워주었어도 좋았을 것을

그러나 어떠했는가
어두운 말에서 자란 머리카락이 길고 긴 계단과 부닥칠 때

> 여름은 주름에 섞여 발자국이 흐리고
> 여자들은 서둘러 화장을 지우며 늙은 잠 속으로 내려가고
> 거리들은
> 몸을 바꿔 추억들을 씻는다
> ―「우리는 네거리에 있었다」 부분

이 장면은 잘못 간 길과 잘못 간 길에 대한 불행한 노래와 그 불행한 노래에 대한 불우한 추억을 고스란히 재현하고 있다. 이 불행의 중첩 맨 앞에, 시의 화자는, 하나의 조건 구문을 붙인다. "한번쯤은 눈빛을 불렀어야 했다"고. 만일 그랬더라면 아주 작게라도 무언가 달라졌을 것이다. 그러나 "어떠했는가?" 운명처럼 기술한 나날이 그대로 진행되었다.

독자는 이미 앞에서 '눈동자'가 뿌리를 더듬을 때 출현한다는 걸 보았다. 앞의 시구와 저 기억을 맞추어보면, '눈동자'는 잘못된 길로서의 삶에 대한 근본적인 돌이킴을 요구하는 장치로서 출현한 것이라고 짐작할 수 있다. 독자가 바로 이어서, 그렇다면 '눈동자'는 일종의 초자아의 역할을 하는 것인가?라고 묻는 것은 아주 자연스럽다. 그리고 다시 이어서, 만일 그렇다면, 이미 사태가 저질러지고 난 이후에 뒤늦게 출몰한 초자아가 무슨 역할을 할 수 있을 것인가?라는 의혹을 품는 것도 자연스러운 일이다.

이 질문은 핵심을 짚었기도 하면서 동시에 핵심의 핵심을 놓치고 있다. 우선 핵심을 짚었다는 것은 '눈동자'의 출현이 거의 무의식적인 반응이며, 따라서 이것은 뒤늦은 탄식 같은 역할을 한다는 것이다. 뒤늦은 탄식이 무슨 소용이란 말인가? 소 잃고 외양간 고치면 소가 돌아오는가? 그러나 핵심의 핵심을 놓치고 있다는 것은, 저 눈동자가 단순히 눈을 부릅뜨기 위해서 출현한 게 아니라는 점을 읽지 못했기 때문이다. 실로 눈

동자는 출현할 때 이미 무언가를 만들어내고 있다. 지금 당장 몇 쪽을 거꾸로 넘겨 (1)과 (2)의 시구를 보라. 눈동자가 출현하면, 무언가가 "숲 사이로 오"고 있고, "한 사람의 배경"에서 돌출한 눈동자는 "나무의 배경과 겹쳐 황금빛 항아리를 만"들지 않는가? 눈동자는 저질러진 과거를 심판하기 위해 나타나는 게 아니라, 무언가를 생성시키기 위해 온다. 그런데 도대체 무엇을?

이 눈동자가 어떤 특별한 무엇을 만들어내는 마술을 부리지는 못한다. 따라서 언뜻 보면, 눈동자와 더불어 출현한 것은, 잘못 간 길의 실제적인 양태들처럼 보인다. 그것들은 "아득하게 소용돌이 속 비명에 닿은 채 또 한 눈이 내리는/거리"이거나 "산중에 도사리고 있는 뱀과 같이 [저무는] 노을"(「저수지에 비친 시」), 혹은 "눈동자를 삼키고 점점 몸이 불어난 사람들"(「강남역 사거리」)에 불과한 것처럼 보인다. 그러나 아니다. 그 양태들은 물론 사라지지 않는다. 눈동자의 출현은 그러한 잘못 간 길의 상황에 대한 응시를 "현재의 자신과 과거의 자신이 싸우며 나지막하게 떠는"(「저수지에 비친 시」) 사태로 만든다. 앞에서 독자는 잘못 간 길의 원인을 '다수성' '다중' 집단으로서의 삶에서 찾았다. 그것은 단수성과 유일무이한 실존을 바깥에서 위협하여 파괴시킨다. 그러나 눈동자가 출현하면 그게 아니다. 그 다수성은 바로 단수성과 유일무이한 실존성으로서 간주된 자기 자신으로부터 솟아난 것이다. 때문에 눈동자는 불행을 증기하는 게 아니라 "저지른 광기와 수치를 고백"(「저녁 눈」)케 한다.

그때 눈동자는 "황금빛 항아리"이다. 이 반짝이는 이미지가 암시하는 것은 잘못 간 길을 "광기와 수치"로 변환하면서 그 흔적들과 파편들을 자신의 가슴 안에 모둔 화자의 모습이다. 그렇게 잘못된 생의 자취들은 화자 안에 간직된다. 간직되면서 고백되고, 정화되고, 정화되면서 화자의 변화를 유발한다.
 박주택 시의 아름다움은 우선 바로 이 잘못된 생애가 정화되는 광경 속에서 솟아난다. 보라,

> 모두가 손아귀를 빠져나간 침묵들 길에서 만난 불안의 지느러미
> 들로서 잎새를 갖지 못한 지팡이와 같이 해쓱하다 운명에 긁힌 존재
> 하는 것들의 마른 생애에 돋는 점들
> ─「점자」부분

 이 "불안의 지느러미들"로부터 "마른 생애에 돋는 점들"로 변신하는 과정에서 돋아나는 저 애쓰는 몸짓들을. 점들은 결과로서 돋아난 게 아니라 변신의 과정 자체인 것이다. 혹은

> 비련을 받아들이고 있는 술집처럼
> 차라리 뼈에 새겨지는 고적을 홀로 울게 하리라
> ─「수염」부분

 에서처럼 비련의 사랑이 홀로 우는 고적으로 바뀔 때, 그것을 감당해야 할 이의 마음은 '비련'의 음가 그대로 떨 것이다.
 그런데 잘못된 생을 내 안에 모두어가는 이 정화와 회개의 과정은, 단순히 시적 화자로서의 '자아'의 변모만을 유도하는 게 아니다. 만일 잘못된 생이 나의 광기로부터 유래된 것이라면, 저 다수성의 관념이 내 안에서 태어난 것이라면, 실제의 다수성은 바로 소중히 보듬고 재생시켜야 할 "마른 생애에 돋는 점들" 바로 그것이 아닐 것인가? 과연, '나'는 말한다.

> 이토록 생을 그르친 까닭은 흙을 딛고 올라서는 것들에게서
> 꿈을 볼 수 없었고 가지 않은 길에 날개가 있었다고
> 믿었기 때문이다. 그러나 부리나케 달려온 마음의 자취에는
> 앞질러 온 길만이 노곤한 육체를 다독거릴 뿐
> ―「주름의 수기」 부분

참된 생은 "가지 않은 길"에 있지 않고 바로 '이곳'에 있다는 것, 따라서, "흙을 딛고 올라서는 것들에게서/꿈을" 보아야 한다는 것이다. 그때 저 폐허화된 삶은 "깨달음을 가르쳐준 낮은 물들"로서 재인식되고, "오직 깨달음을 가르쳐준 낮은 물들은/이제 그 눈빛을 거둬 별에 저장을 시작"(「주름의 수기」)한다. 비로소 존재와 의미가 그들 안에 깃들기 시작한다. 그로부터 이런 수일한 이미지가 태어난다.

> 봄은 어금니를 느리게 움직여
> 잎사귀를 갉는다 사람들 사이로 글자들이 떠다닌다
> ―「그림자」 부분

여기까지 오면, '서시'의 유일무이한 사건은, 이제 그에 대해 침묵한 존재들에게로 전파되어야 한다. 그들이 침묵한 것은 외면해서가 아니다. 오히려 그들의 침묵을 비난하는 눈이 그들로 하여금 그 외로운 사건에 눈길을 돌릴 통로를 열지 않았기 때문이다. 그들에게서 꿈을 보아야 한다면, 꿈을 보고자 하는 자가 꿈을 발동시킬 의무가 있는 것이다.

여기가 마지막일까? 아니다. 독자는 방금 "그들의 침묵을 비난하는 눈"이라고 말했다. 이 말은 시집의 문턱에 놓인 '눈동자' 자체를 문제 삼는다. 즉 이 말은, 시적 모험의 첫머리에서 눈동자가 나름의 필연적인 요

청에 의해 출현하였으나, 그 직무를 이행하는 가운데, 어떤 왜곡을 자행하고 말았다는 점을 가리키고 있다. 그 왜곡은 방금 보았던 대로, 이승의 길과 가지 않은 길의 나눔이며, 다수성과 유일성의 분할이었다. 눈동자가 그 왜곡의 근원이라고 한다면, 그러나 동시에, 그 왜곡이 각성되어온 과정 역시 눈동자의 기능이 발동된 동안이었으며, 그 기능의 발동이 없었다면 그 각성 역시 없었을 것이다. 즉, 눈동자는 왜곡의 근원이자 동시에 각성의 실질적인 실행자이다. 그리고 그렇다면, 이 눈동자는 자신의 기능을 행사하는 가운데, 스스로 변형되어감으로써만 그렇게 할 수 있었던 게 아닐까?

과연, "의자의 눈동자 시계의 바늘을 세우며 강물에 주름진 눈망울"(「그림자들의 도시」)이라고 한 시는 말한다. 의자에 앉아 잘못된 생을 뚫어지게 바라보던 눈동자는 "시계의 바늘"을 세우는 가운데, "강물에 주름진 눈망울"을 발견한다. 그러니까 이중의 변화가 여기에도 있다. 눈동자와 눈망울 사이에 주체가 달라졌다는 것이 첫번째 변화이다. 즉 최초의 눈동자는 오직 '나'의 그것이었으나, 이제 다수성의 존재, 즉 "흙을 딛고 올라선"(「주름의 수기」) 것들을 인정한 뒤, '나'의 눈동자는 '그들'의 눈망울로 바뀌어간다는 것이다. 다음, 눈동자는 눈망울로 변한다는 것. 다시 말해, 사태를 굽어보는 눈으로부터 사태 내부의 존재들이 서로를 지켜보는 눈, 즉 사태 그 자체의 눈으로 바뀐다는 것이다. 그러니, 그 눈망울은 이어서 다수성의 존재들의 삶 그 자체로부터 피어나오는 '빛'으로 더 변한다.

> 숨통에서 작디작은 숨을 고르기도
> 할 것입니다 저 서 있는 나무들의

> <u>현기</u>를 보십시오 왜 흐르거나
> 걷고 싶지 않았겠습니까?
>
> ―「강과 나무」 부분

에서처럼 말이다. 이제는 상황 자체가 눈빛이다. 때는 "공기가 금빛 즙을 흘리는 저녁"(「그림자」)이다.

독자가 시집의 문을 열면서 화자의 '눈동자'라는 핵자를 만난 이후, 시집의 시청에까지 다다랐을 때 마침내 그가 만나게 되는 것은 상황 혹은 대상들의 눈빛이었던 것이다. 눈동자의 모험은 그렇게 자기를 열어 세상의 어둠을 보고, 다시 자기를 부수어 세상이 스스로 빛을 다는 행위에 제 힘을 보태는 것이다.

왜 동공인가

글을 마치며, 독자는 줄곧 손안에 감추어두고 있었던 퍼즐 조각을 꺼낸다. 지금까지 독자는 '눈동자'의 모험을 보았다. 그런데 시집의 제목은 『시간의 동공』이다. 왜 '눈동자'가 아니라 "동공(瞳孔)"이란 말인가? 이 수수께끼는 풀기가 어려운 듯하다. '눈동자'가 발성하기 힘든 발음인 것도 아니고 게다가 본문에서 '눈동자'는 열 번이나 나오는데, '동공'은 딱 한 번밖에 나오지 않는다는 점을 고려한다면 말이다. 그러나 수수께끼의 진정한 멋은 정확한 해답을 찾아내는 데에 있다기보다 불가능한 해를 맴도는 가능한 대답으로서의 공안(公案)들을 던지는 놀이에 있다고 한다면, 독자는 기꺼이 다음과 같은 제안을 풀이로서 제시할 것이다. 즉 '동공'은 '공동(空洞)'과의 말놀이를 위해 출현한 것이라고. 그리고 이때 공동은 눈동자의 그것, 즉 텅 빔으로서의 눈동자를 가리키는 것이라고. 이러한 풀이는 역시 이중적으로 이 시집에 관여한다. 우선, 그것은 최초의 눈동자가 눈멂의 사태에 이르게 되는 과정을 암시한다. 다음, 그것은 처음에 '맹목'으로 지시되었던 다수성의 존재들이 실은 스스로 눈빛을 빛내는 존재들이라는 깨달음으로 이행하는 과정을 암시한다. 그러니 '공동'과 '동공'은, 이 시집의 눈동자가 겪은 모든 모험의 전 과정에 요철의 굴곡을 형상으로 그리며 생성과 소멸을 번갈아 되풀이하고 있다고 말할 수도 있는 것이다.

기억의 빛

강동호
(인하대학교 교수)

박주택의 시 세계에서 기억이 핵심적인 위상을 차지하고 있다는 사실은 그리 새삼스러운 지적은 아닐 것이다. 그의 시가 "기억과 망각이 충돌하며 휘감기는 복잡한 몸의 회로"(오형엽)로 구성되어 있다는 진단이나 "손에 잡힐 듯한 시간의 현재성이 아니라 시간의 헤아릴 수 없는 잔주름들"(이광호)을 응시하고 있다는 분서은 그의 시가 기본적으로 기억이라는 어두운 공동을 둘러싼 언어적 움직임의 파장에서 산출되는 이미지들에 의해 쓰어지고 있다는 사실을 공통적으로 암시하고 있다. 이번 새 시집 『또 하나의 지구가 필요할 때』역시 언뜻 읽기에는 이러한 기억의 문제를 포기하지 않고 있다는 인상을 주는데, 그런 의미에서 일단 그의 시집을 읽는 시간은 도처에 놓인 기억의 문을 여는 과정에 대응된다고도 말할 수 있을 것 같다. 우선 첫 시를 보라.

    나는 온다, 안개의 계단을 내려와 홀로 남은 빵처럼, 팔리지 않는 침울처럼

나는 내 발자국을 따라와 가느다란 빛이 이어주고 있는 기억 사
이에 서 있다

나는 사람들이 그리워하는 것을 그리워하며 살았다
그러나 어느 곳에 서 있었는지 작은 것조차 어두웠다

나는 온다, 밤이 다할 때까지
기억에서는 또 잠귀가 태어나리라
—「언제나 기억의 한가운데」 전문

   제목이 암시하고 있듯 이번에도 그의 시는 어김없이 "기억의 한가운
데"에 서 있는 것처럼 보인다. 그렇다면 시인은 언제나 추억의 풍경에
매여 있는 삶, 일종의 과거지향적인 일상에서 벗어날 수 없다는 뜻일
까? 그런데, 그렇게 단정 짓기에는 어딘가 석연치 않은 구석이 있다. 그
의 시집 전체를 찬찬히 읽어본 독자라면 금방 의문을 품어볼 수 있겠지
만, 시인이 기억에서 헤어 나오지 못한다고 여기기에는 무엇보다 이 시
집 전체를 통틀어 구체적인 기억을 주조하는 사건을 발견하는 것이 어
렵다는 사실을 그냥 지나칠 수 없으니 말이다. 그렇다고 해서 그의 기억
이 일종의 숨겨진 비밀로 기능한다고도 말할 수 없다. 어쩌면 박주택에
게 기억은 사전적인 정의대로 과거에 실재했던 분명한 사건에 대한 반
추 과정이라고 보기에는 충분하지 않은 것인지도 모를 일이다. 어떻게
된 일인가?
   우리의 가설을 미리 누설하자면, 박주택에게 있어 기억이라는 낱말은
통상적으로 시에서 기억이 차지하고 있던 역할과 정반대의 일, 다시 말
해 그 자신도 기억하지 못하는 미지의 기억과 만나는 일에 가깝다. 미지

의 기억을 기억한다고? 이것은 불가능한 형용모순이 아닌가? 그러나, 단순히 그렇지만은 않은 것 같다. "자궁은 말한다 말할 수 없는 것을 말하고 기억하지 못하는 것을 기억하라"(「강변산부인과—부재만이 아름답고 모든 사라짐만이 충만한 환영」). 이것은 박주택 시집의 전언을 요약한 말이기도 하거니와, 시인의 기억술은 기억할 수 없는 것을 기어이 기억하게 만들어야 한다는 어떤 불가능한 욕망과 무관해 보이지 않는다.

일단 이러한 사실을 염두에 두고, 다시 첫 시를 읽어보자. 첫 행에서 시인은 "나는 온다"고 다소 선언하듯 말하고 있으나, 이 진술은 이상한 시제로 이루어져 있다고 해도 과언이 아니다. 나의 현존('나는 온다')은 이미 달성된 사건이라기보다는 현재형으로 계속되는 일종의 상황이자 동시에 "밤이 다할 때까지" 끝날 수 없는 사태에 가깝기 때문이다. 이것은 영원히 닫힐 수 없는 현재, 즉 영원한 현재의 지속이지만 이 말은 역설적이게도 시인에게 최소한 나의 현존이라는 차원에서는 현재형의 시제가 허용될 수 없다는 의미이기도 하다. 과연 "안개의 계단을 내려와 홀로 남은 빵처럼, 팔리지 않는 침울처럼/나는 내 발자국을 따라와 가느다란 빛이 이어주고 있는 기억 사이에 서 있다"라는 미묘한 문장은 현존의 차원에서 그것의 현재적 완성을 이루어낼 수 없는 시인의 처지를 말해준다. 여기서부터 시인의 현존은 일반적인 기억의 메커니즘과 이상하게 불화하기 시작한다. 왜? 본래 기억이란 현재회된 과거이니까. 그러나, 그의 기억은 팔릴 수 없는 침울처럼 영원히 어떤 감정으로 현재화되는 것을 끝내 저항하고야 만다.

그의 이번 시집에서 기억은 시를 통해 편안하고 안정적인 정념을 실어 나르기 위한 구체적인 재료로 동원되는 법이 없는데, 이러한 사실은 그의 회고담이 일종의 낭만적 치장과는 전혀 무관하다는 사실을 환기한다. 그러므로 첫 시에서 시인이 "언제나"라고 썼을 때, 그것은 자신이 그저 추억에 머물러 있을 수밖에 없다는 처지를 알리기 위한 것이라는 편견과 우리는 단호히 결별할 필요가 있다. 때문에 시인은 자신이 기억의 한가운데에 있는 것은 비록 확신할지언정 한편으로 "어느 곳에 서 있었는지 작은 것조차 어두웠다"고 실토하는 것이다. 이러한 어둠이야말로 박주택 시의 태생적 색조라고 할 수 있을 것인데, 그 어두운 기억에서는 매번 잡귀가 태어나는 중이다. 분명히 말하자. 이때의 잡귀는 기억 속에 머물고 있던 어떤 것, 정신분석학에서 말하는 억압된 것의 불길한 회귀와는 아무런 관련이 없다. 잡귀는 그의 기억이 포박하고 있던 과거의 사건과 연관되는 것이 아니라 매순간 현재의 시간으로 개입해 들어오는 어떤 외부의 흔적을 가리키는 것에 가깝다. 가령, 다음 시는 그러한 면모를 조금은 더 분명한 상황을 통해 적시하는 것 같다.

새로 문을 연 카페에서 교토를 떠올린 것은 어제였다

나는 교토에 가본 적이 없다
그러나 내가 사라져버리면 묻힐 곳이 있듯이
아이가 첫걸음을 뗄 때만큼
기쁨이 순간적으로 몰려왔던 때는 드물 것이다

창밖을 보며
물끄러미 흘러나오는 노래에 귀를 기울이고 있는 사람들
마치 밀양에 가보지도 않고 밀양에 간 것처럼 말이다

벚꽃이 피어 있는 교토, 깊은 봄을 재촉하는 고양이가
골목을 휘젓고 다니면 막 나인 것처럼 나를 부르겠지

그때 유끼오 씨는 두꺼운 창문을 열고
4월의 그날 밤에 충고를 거절하겠지

아무래도 나는 너무 많은 상상을 보아온 것 같다
기둥들 사이 이제껏…… 정말이지 이해할 수 없는 일들까지
나무는 산 아래 언덕 위에 있었다
그곳에는 꽃이 피어 있었다
아무 의미도 없이
삼류 여관과도 같이 주위를 지배하고 있었다

나는 교토를 가본 적이 없다
첫걸음을 뗀 아이는
이제 제 방에 남자를 끌어들일 정도로 눈도 녹고 마른 날
저녁에는 태어나지 않은 것들이 흔드는
커피에서 풀리는 노란 코트
모든 길들이 모여들고, 모든 감정이 퍼져 있는
빛 속으로 흰빛을 움켜쥔다,
날씨는 모든 것을 향해 있다 이렇게 말이다
창으로 떨어지는 빛…… 아무것도 알 수 없는
모든 것이 가르쳐주지 않는 장소에서
스스로를 들여다보기 위해
흔적이 다시 돋아날 때까지 물들이는 빛
빛에 시워지고 빛 속을 설어오는 사람들
그때까지 숨을 들이켜며 커피에 물드는 예감은
두 눈에 어떤 느낌을 고정한 채
이윽고 자신이 되기를 기다린다,
나는 교토에 가본 적이 없다

오후 4시, 카페 밖에는

> 작은 새처럼 커다란 가로수가 서 있다
> ─「교토에 가본 적이 없다」 전문

　새로 개장한 카페에서 화자는 창밖을 바라보다 문득 교토를 떠올리는 중이다. 묘한 상황이 아닐 수 없다. 창밖 풍경과 교토라는 도시의 공간적 유사성이 벚꽃이 피어 있다는 사실 외에는 현저히 부족한 것은 물론이거니와 "교토에 가본 적이 없다"는 화자의 고백대로 그는 자신이 전혀 경험해본 적 없는 어떤 장소의 풍경을 기억해내고 있기 때문이다. 그렇다면 이러한 기억은 일종의 간접적인 유사 경험에서 촉발된 우발적인 상념에 불과할까? 그러나 그렇다고 단정 짓기 전에 이러한 상기의 메커니즘이 지니고 있는 복잡성을 조금 더 음미할 필요가 있다. 시인의 기억이 어딘지 근본적인 데가 있는 것처럼 읽히기 때문이다.
　이 근본적인 기억의 메커니즘을 이해하기 위해서는 다소 뜬금없어 보이는 전혀 다른 두 사태가 벌이는 특유의 상응 관계에 주목할 필요가 있다. 그러니까 위 시에는 두 가지 서로 다른 시간축 사이의 대립적인 긴장이 있는데, 이것은 내가 현재 살아가고 있는 시간과 전혀 무관해 보이는 어떤 다른 시간이 지금 내 삶 속으로 침범해 들어오고 있다는 예감 속에서 발생하고 있다. 이를테면 교토에 가본 적이 없는 나와 교토를 떠올리고 있는 나, 첫걸음을 뗀 아이와 제 방에 남자를 끌어들일 만큼 성장한 아이, 그리고 마지막 행에 진술되고 있는 것처럼 "작은 새처럼" 서 있는 "커다란 가로수" 사이의 비약적인 비유의 대응에 의해 조성된다. 흥미로운 것은 이러한 연결을 가능케 하는 "예감"이 이번 시집에서의 기억의 근본적인 존재론적 성격과 무관하지 않다는 점이다. 즉, 박주택의 기억은 주체가 경험했던 사건의 전모를 복원하는 행위가 아니라, 서로 만날 수 없는 평행 우주의 세계가 서로 일순간에 교통할 수 있으리라는 어떤 시적 상상력에 더욱 가깝다. 그러므로 그가 기억이라는 단어를 입에 올릴 때 그가 겨냥하고 있는 것은 기억의 구체적인 전모라기보다는 기억이라는 인간적 행위의 형식 그 자체이다. 그러니 박주택의 시가 감행하고 있듯, 그야말로 기억을 기억하기 위해서는 우선 기억을 잘게 부수어 흩어놓는 선행 작업이 필요하다. 이를 감안해야만 우리는 박주택이 말하는 기억의 실상에 조금 더 가까이 다가갈 수 있을 것이다.

>지평선을 만든다 그것은 지금 눈 아래, 발밑에 깔려 있다
>당신은 지평선을 향해 걷는다 터질듯한 바람을, 초록빛을, 자멸을 아주 가볍게 부딪치며 당신은 자신의 모든 것과 보이는 모든 것을 지평선으로 만든다 다리를 건너 앙상한 나무 사이를 지나
>당신은 당신 속에서 춥다 다시, 당신은 당신 속에서 춥다
>
>**낡은 저녁 속으로, 서쪽으로**
>**그리고 육체의 뒤를 따르는 머리카락은 기억을 기억한다**
>
>당신은 지평선을 만든다 바람으로 작은 집으로 비명으로
>당신은 지평선을 걷는다 아득히 빛으로 남는다
>―「명치 끝」 전문(강조는 인용자)

"당신은 자신의 모든 것과 보이는 모든 것을 지평선으로 만든다"라고 했거니와, 이때 지평선이 지닌 존재론적 위상에 주목하는 것은 박주택 시에서 기억이 차지하는 위치를 이해하는 데 적지 않은 도움을 준다. 알다시피 지평선은 실재하는 대상이 아니라, 감각으로 실체화할 수 없는 저 너머의 세계가 주관의 감각적 한계를 통해 표상되는 것에 가깝다. 그

러나, 한편 지평선은 한계의 결과이기도 하면서 결국 주관으로 하여금 그 자신의 한계 자체를 표상하게 만드는 현상학적 경계 체험의 한 형식이기도 하다. 모든 것을 지평선으로 만든다는 것은 모든 세계를 지평선이라는 경험 구조로 파악한다는 말과 다르지 않으며, 나아가 객관적 사태 속에서 주관의 한계를 발견한다는 뜻과 같다. 그리고 그것은 시인이 고집스럽게 시인의 한계 안에서 시적인 것을 발견한다는 말로도 읽힐 수 있을 것이다.

그런 맥락에서 시인이 "육체의 뒤를 따르는 머리카락은 기억을 기억한다"고 고백한 것은 각별히 되새겨볼 필요가 있다. 기억 역시 위에서 제시되어 있는 지평선의 경험 구조와 정확히 일치할 수 있기 때문이다. 가령 이렇게 물어보자. 기억을 기억한다는 것은 무슨 뜻인가? 기억을 기억하는 일이란 끝도 없이 펼쳐진 지평선 저 너머의 세계를 상상하는 일이면서 동시에 그것을 초월적인 이상향으로 남겨두는 대신 내재적인 주관성의 지평으로 받아들인다는 주체의 의지를 함축한다. 그리하여 기억을 기억한다는 것은 기억할 수 없는 것을 기억하는 것, 아니 기억할 수 없는 것을 일종의 기억의 한계이자 동시에 기억을 낳게 하는 어떤 존재론적 배후로 드리운다는 뜻이다. 지평선이 실재하는 것이 아니듯, 기억을 태동하게 만드는 그 조건 역시 눈에 보이지 않은 상태에서 철저히 우리 삶의 배후로 남을 뿐이다. 그러므로 그것은 어떤 의미에서는 어둠이 지니는 의미와도 크게 다르지 않을 것이다. 왜 어둠인가? 어둠이 단순히 빛의 부재가 아니라 빛을 태동하게 만드는 잠재적인 근원일 수 있듯, 시적 상상력의 가장 잠재적인 근원이자 배경으로서의 어둠을 바라보는 것이야말로 박주택이 말하는 기억을 응시하는 일과 대응될 수 있기 때문이다. 이렇게.

어둠을 뚫어지게 바라보니 어둠도 뚫어지게 바라본다
별이 빛으로 반짝이기까지 낮은 무엇의 배경이 되었을까
어둠이, 어둠이 되었을 때
그 배경으로 잠이 들고 말도 잠을 잔다
말이 잠들지 않았다면 붉은 말들은 무엇을 만들어낼 것인가
어둠 속으로 한 발자국 걸어가는 동안
어둠이 한 발자국 걸어온다
어둠은 낮에게 어둠에 가깝게 보일 때까지
자신을 말하지 않고도 낮의 것을 받아들인다
그러지 않고서야 어떻게 검을 수가 있단 말인가
그래서 어둠이 키우는 것은 대개 마른 것들
벌어진 살에 쓸리는 것들
어둠 속에서 어둠의 숨을 듣는다
어둠에게 서서 어깨에 얹는 손을 본다
어둠이 깊은 것으로 자신을 만들어
모든 것의 배경이 되는 것을 본다

수많은 별이 빛날 때까지

수많은 말이 잠들 때까지

수많은 마음이 잠들 때까지

―「어둠의 산문」 전문

 위 시에서 우리는 더욱 깊은 어둠으로 변모하면서 모든 것의 배경이 되는 어떤 장엄하고도 광활한 어둠의 장막을 목도할 수 있다. 모든 것이 잠들면서 어둠의 배후로 물러날 때, 비로소 대낮의 광휘에 의해 가려져

있던 별의 자취가 드러나기에 이른다. 이때 어둠은 그저 빛이 부재하는 순간에 불과한 것이 아니라, 어떤 충만한 채워짐일 수 있다. 어둠을 그 자체로 하나의 대상으로 간주하는 시인의 상상력은 바로 이 배후의 전경화가 새로운 현실의 각성을 가능케 하는 조건이 될 수 있다는 믿음 위에서 발동될 수 있는 것이다. 세속의 말이 잠들고, 현실의 마음이 의식 아래의 수면으로 잠길 때에만 우리는 비로소 "어둠의 숨을" 숨죽여 듣는다.

　이러한 사정은 기억에 있어서도 마찬가지다. 우리가 기억할 수 있는 것을 기억하는 것은 최소한 시에서 말하는 의미 있는 기억은 아니다. 시가 감행하는 기억은 기억할 수 없는 것의 심연 속으로 들어가, 그 망각의 숨을 듣는 작업이다. 그런 의미에서 망각은 기억의 부재가 아니라, 기억을 의미 있는 시적 기억으로 만들기 위한 충만한 부재의 다른 이름이다. 현실의 언어에서 망각이라는 사태는 어떤 기억할 만한 사건이 마음에 각인된 이후 비로소 발생하는 것으로 생각되기 쉽지만, 어떤 의미에서 망각은 사건이 발생하기 이전에 선재할 수 있는 사태의 총칭이기도 하다. 이 충만한 부재의 공조가 없다면, 망각은 깊이를 얻지 못하며 기억 역시 별다른 의미를 지니지 못한 그저 억지로 복원된 죽은 사실의 모뉴망에 불과할 뿐이다. 그런 의미에서 망각과 한몸이라 할 수 있는 시의 기억은 경험의 대상이기 전에 경험을 이루는 조건이자 경험을 유의미한 시적경험으로 만들어내는 형식이기도 한 셈이다. 박주택은 기억을 기억함으로써 기억을 과거에 속박된 어떤 것으로 재구성하지 않고, 대신 지금 여기의 현실을 알려지지 않은 어두운 빛의 기억을 통해 일상의 속박으로부터 해방시킨다. 즉 시인의 기억은 구체화할 수 있는 경험이 아니라, 그 경험을 비로소 경험으로 만들 수 있도록 도모하는 상상력의 존재론적 토대와 같은 것이기도 하다.

그런 맥락에서 박주택이야말로 기억의 형식주의자라는 이름에 어울리는 시인인지도 모르겠다. 물론 이때의 형식이 내용과 이분법적으로 분리된 어떤 외관이라고 오해해서는 안 될 것이다. 빛과 어둠이 서로 분리될 수 있는 것이 아니라 서로를 가능케 하는 부재의 조건으로 정의될 수 있는 것처럼, 형식으로서의 기억은 내용으로서의 기억이 비로소 의미 있는 경험으로 조성되기 위한 어떤 조건으로서의 부재이니 말이다. 예를 들면 이런 식이다.

> 예를 들면
> 이런 식 형상은 존재를 만들고 존재는 마음을 만든다 존재의 형식인 저 보관소는 원인을 낳는다 지구는 얼음의 행성과 부딪쳐 물이 생겨났다는 것도 바로 같은 식,
>
> 이를테면
> 지구의 형식이 얼음인 셈 인형이 아름다운 것, 십자가가 능력을 유지하는 것, 조국이 불행을 요구하는 것, 이 모두는 형상의 유머들이다
>
> 습기를 참으며 소란을 응시하는 저 수하물 보관소
> 입을 다물고 유령의 눈동자처럼 혹은 권리를 존중하는 의무처럼 자신을 중심으로 앉힌 뒤 살아 있는 수풀처럼 밀약으로 가는 계약서처럼,
>
> 이것은
> 예전부터 흐르던 깊은 골짜기로 파닥거리는 검은 종족 오직 그 자신의 것으로 들어 올리려 불만을 허락하는 덫 속의 하늘 즉 또 다

른 전체성의 형식

　그리하여
　저녁의 형상은 저녁의 허무를 낳고 정적의 형상은 지저귐을 낳는다
　빛이 있을 때까지 아무것도 바뀌지 않는다는 것을 알면서도 발걸음 소리가 들릴 때까지 가르랑거리는 길에 다시 나타나 새로운 형식으로 끝이 죽음인 사랑을 시작하기를

　차례차례
　부드러운 울음을 서둘러 되풀이하기를 전부가 아니더라도 중심으로 정원과 강과 하늘을 파종하기 위해서!
　　　　　　　　　　　　　　　　　　　　—「덫」 전문

"지구의 형식이 얼음"이라는 말에 기묘한 형태의 역전이 개입하고 있음을 눈치채기란 그리 어려운 일이 아니다. 얼음의 행성과 충돌하여 탄생한 지구의 입장에서 보자면 얼음은 지구를 존재하게 만드는 기원이거나 혹은 그 기원의 흔적을 보여주는 기미 같은 것이다. 그러나 시인은 단언하듯 얼음이야말로 지구라는 존재의 형식이라고 말하는 중이다. 시인이 얼음을 일종의 형식으로 삼는 것은 기억할 수 없는 것을 기억하는 형식으로서의 시적 상상력이 "또 다른 전체성의 형식"으로 변모하는 일과 같다. 우리는 보통 존재의 기원이라고 할 수 있는 것이 일종의 원인이라고 간주하는 선형적인 사고에서 벗어나지 못하지만, 경험이 기억에 의해 조형되는 바를 가만히 따져보면 원인 역시 존재의 형상이 만들어지고 나서 사후적으로 탄생할 수도 있는 것이다. 마치 우리는 우리를 존재하도록 만든 그 최초의 사건에 대한 기억을 가질 수 없지만, 그 불가능한 기억을 현재의 형상을 통해 반추하는 것은 가능하듯이. 아니, 더 정확히

말하면 현재의 형상을 통해 그 기억의 불가능성을 내면화하고 오히려 적극적으로 그 기억을 상상하는 것은 분명 매력적인 일이다. 기억할 수 없는 태초의 순간을 부재와 어둠의 형식으로 기억한다는 것은 우리의 기억에 깊이를 부여하는 초석이 되기 때문이다. 사정은 시인의 마음 또한 크게 다르지 않은 것 같다.

> 마음은 불타오르다 그 불로 먼 곳을 비출 것이다
> 그 불로 기억의 동굴 속을 비출 것이다
>
> 마음이 그 자신으로
> 소리를 이루는 곳, 언제나 그곳에서
> 마음에서 멀어진 것들만이 우두커니 흰말을 기다린다
> ―「마음의 거처」부분
>
> 마음이 숨어 있는 곳, 너무 먼 곳
> 알 수 없는 말들로 이루어져 겹겹의 통역이 필요한 곳
>
> [……]
>
> 마음이 있는 곳,
> 소리 없는 곳에 소리가 있고 나무가 뽑힌 웅덩이는
> 나무를 기억하기 위해 비어 있네
> 일찍이 마음을 찾아 헤매다 지쳐 앉은 자리에는
> 수도승 몇이 순례에 지쳐 물을 나누어 마셨지만 돌아오고 돌아온 발자국에는
> 풀잎들 몇 돋아 있을 뿐
> ―「혹은 은둔의 제국」부분

이번 시집에서 우리가 시인의 마음이 직접적으로 누설되는 장면을 보기가 힘든 것도 그와 관련이 있다. 오히려 상황은 정반대인 것처럼 읽힌다. 상투적인 시는 시인의 마음을 왜곡 없이 언어로 복원하여 더욱 절실하게 전달하는 것이 목표일 수 있겠으나 박주택에게 마음은 오히려 불태워야 할 대상이다. 왜냐하면 마음을 소각한 이후에야 비로소 "마음에서 멀어진 것들"과 시가 만날 수 있는 계기를 얻을 수 있으며, 이 계기를 매개로 부재와 현존의 변증법적 언어의 운동이 발생하기 때문이다. 은둔해 있는 마음이 펼쳐내는 알 수 없는 말을 현실의 언어로 번안하는 대신, 마치 "나무가 뽑힌 웅덩이는/나무를 기억하기 위해 비어있"듯이 그 알 수 없는 마음의 빈 곳을 응시함으로써 거꾸로 "기억의 동굴 속을" 환하게 비추는 어떤 상상이 가능해진다는 것이다. 말하자면 그것은 부재로서 현존을 밝히는 일과 같다. 그러나 그것 역시 마음의 온전한 재건축을 뜻하지는 않는다. 박주택의 시가 비극적인 분위기와 느낌으로 미만해 있음에도 불구하고 시인의 정념이라고 할 만한 것을 표현해주는 객관적 상관물을 좀처럼 드러내지 않는 것은 시인 스스로가 자신의 마음을 토해내는 데 인색하기 때문이 아니라, 늘 그렇게 마음을 불태움으로써 타자의 기미를 받아내고 마침내 그가 기억하지 못한 기억의 말들을 불러내려 하기 때문이다.

 이처럼 박주택의 시는 기억 속에서 끊임없이 갱신되는 경험의 계기들을 포착해나가는 중이다. 그의 기억이 구체적인 사건을 지시하기에 앞서 많은 경우 어떤 선험적인 관념의 지위를 구가하는 듯한 뉘앙스를 풍기는 까닭도 같은 맥락에서 이해할 수 있다. 오해를 피하자는 차원에서 덧붙이면, 이 짙은 선험성이 그저 기억이라는 관념어를 매개로 시인이 일종의 정신주의로의 비약을 감행함을 의미하는 것은 분명 아니다. "생은 육체로 요약되지"(「옷 짜는 대합실」)라는 구절에서 명시적으로 드러나듯, 박주택이 관념과 정신, 그리고 기억을 노래하는 것은 현실로부터 벗어나기 위해서가 아니라 오히려 이 비참하고도 너절한 현실로서의 '육체'를 망각하지 않기 위해서다. 더 정확히 말하면, 현실로서의 육체로 흐르기 위해 시인은 무의식의 강물로 흐르는 잠을 향해 계속해서 기억을 가라앉히는 중이라 할 수 있을 것이다.

> 강물이 흩어지지 않으려 바닥으로 가라앉는다는 것을 기억해
> 훌륭한 밤 보내, 바닥처럼, 혼자
> ―「겨울의 장례」 부분

이 매력적인 문장을 각별히 기억해둘 필요가 있을 것 같다. 그의 끝없는 언어적 운동성의 비밀이 바닥으로의 침잠과 관련 있다는 것을 직접적으로 밝힘은 물론이거니와, 이 침잠이야말로 "아무것도 알 수 없는/모든 것이 가르쳐주지 않는 장소에서/스스로를 들여다보기 위해/흔적이 다시 돌아날 때까지 물들이는 빛"(「교토에 가본 적이 없다」)에 대한 예감이 태동하게 만드는 상상력의 원천이니 말이다. 그러므로 이 예감은 (이미 그 단어에서 환기하고 있듯) 그의 시가 과거지향적인 것에 붙잡혀 있는 것이 아니라, 오히려 미래에 정향하고 있다는 사실을 보여준다. 요컨대 그의 시에서 기억은 수동적으로 떠올려지는 것이 아니라, 매번 적극적으로 탄생하는 것이다. 박주택의 시 도처에서 기억과 더불어 탄생이라는 단어가 동등한 수준에서 언급되는 까닭도 그와 무관하지 않다. 다음의 사례들처럼.

당신은 육체이기 전에 먹먹한 귀를 가진 푸른 공기로부터 나오는
구름의 물방울로 태어난 사람처럼 짓눌려 있다 모두가 당신을 바라
보고 있는 사이, 빛이 반질거리는 것을 이빨 아래 드러내고 있는 사
이 당신은 태어나는 기억의 눈동자를 내려다보고 있었다
—「저수지」 부분

죽음만이, 새로 태어날 수 있다는 표지판이 보이고
어디서 나타났는지 나비 한 마리 날아가고 있어요
—「뮤지컬 타임캡슐」 부분

그러니 당신이 있는 곳에 위안이 있으라

1
당신은 일찍이 누구를 죽이려고 한 적도 없고 십자가 아래에 아
이를 버린 적도 없으니 당신의 봉변은 유래가 없는 것이다 아무리
힘들어도 견딜 수 있는 것은 태어나기도 전의 기억이 없는 곳으로
데려가는 기억 때문만은 아니다
—「불타는 육체」 부분

이상한 빛이 하늘로부터 내려오고 있었으니 오래된 세기의 빛이
거나 알에서 태어날 징조였다
—「무연고 사망자 공고」 부분

이토록 박주택의 시에는 기억이라는 형식 속에서 탄생의 조짐이 엿보이는 순간들을 포착해내는 장면들로 충만하다. "태어나는 기억의 눈동자"라고 했거니와, 다른 말로 바꾸자면 이는 모든 죽음과 소멸의 도정에서 번뜩이는 또 다른 현실의 태어남 자체에 대한 기억이라고 할 수 있다. 누차 강조하는 것이지만 태어남을 기억할 수는 없는 법이다. 그러니 시

인의 태어남은 새로운 사건과의 대면을 통해 발견되거나 반대로 부재의 무덤에서 소환된 과거의 갱신을 통해 발굴되는 것이라기보다는 부재 그 자체와의 직면에서 비로소 환기되는 어떤 불가능성에 대한 욕망에 가깝다고 할 수 있을 것이다. 이 욕망을 유지하고 영원히 다가갈 수 없는 존재의 심연으로 뛰어드는 것이야말로 시인의 기억이 담당하는 일이리라. 그러니 시인의 기억이 어둠, 밤, 그리고 잠에 특별한 애정을 피력하는 것은 불가피하다. 그것을 경유해야만 평안하고도 안정되어 보이는 현실의 죽은 언어들이 살아 움직이면서 비로소 또 다른 현실을 일깨우는 언어들을 탄생하도록 도모할 수 있기 때문이다. 시인이 자주 잠을 청하는 것은 이 너절한 현실을 잊기 위해서가 아니라 그 현실을 새로운 가능성의 기운으로 충전시키기 위해서다. 그 충전의 기미는 박주택의 시 곳곳에서 화려한 이미지들을 거느리면서 어떤 긴장의 운동을 발생시키는 장면으로 극단화되기도 한다. 이러한 긴장의 운동이 빼어난 풍경으로 형상화된 대표적인 시 한 편을 인용해보자.

  이제 길고 가는 열매들의 시월
  차디찬 바람과 섞이며 햇볕은 구부러지고 큰 물혹들이 잡히는 어깨뼈 아래 두려움은 서툰 변명을 시작한다

  그것은 마치 우울한 근대사 같기도 하고 망령들의 목청 같기도 하다 해머는 빙빙 돌며 하늘을 요동친다 해머는 뼈를 뚫고 나온 길들로 산 적이 없는 공간을 향해, 더는 듣기 싫은 욱하는 마음으로 공중을 반복하여 흔든다

  공중은 윙윙 돌아가는 해머에 부서지며 입을 닫기 위해 악다구니로 소리친다 그러나 지금은 보여주는 입을 대신하기 위해 해머는 줄

끝을 팽팽히 당겨, 더욱 공중을 넘어서려 한다

시월이고 알이고 중심인 줄 끝에 매달려 육중하게 돌아가는 떨림
이 가득한 순간은 치밀어 오르는 분노의 연장 같은 것
죽은 도시를 일깨우는 새로운 말 같은 것, 시체 같기도, 악령 같기
도 한 인간의 깊은 양심을 향해 날아가고자 하는 총알과 같은 것

해머 선수, 다리 근육을 당겨 창세기를 펼치는 혼돈으로 부터 끊
임없이 태어나고 있는 눈을 부라리며 얼굴 전체를 일그러뜨리며 해
머를 던진다

허공의 두개골을 깨려는 듯
무의 중심으로 알을 가라앉히려는 듯

—「해머 선수」 전문

바람에 흔들리는 시월의 열매는 지금 "공중을 반복하며 흔"드는 중이다. 인용된 시는 이 시집 전체를 통해 박주택의 시가 보여주고 있는 언어적 운동 양태를 요약해서 보여주는 일종의 조감도로 읽힐 수 있다. "빙빙 돌며 하늘을 요동"치는 시월의 열매는 완숙과 성숙의 경지를 거부하고 바람에 몸을 맡긴 채 스스로를 "팽팽히 당겨, 더욱 공중을 넘어서려" 하고 있다. 이 역동적이고 화려한 장면에는 우울과 분노가 서려 있으며 아울러 바람에 스스로를 맡긴 채 흔들리고자 하는 시적 주체의 희열이 가득하다. 이전 시집 『시간의 동공』(문학과지성사, 2009)의 해설에서 정과리는 박주택의 언어가 어떤 선험적인 움직임을 보이고 있다고 말하며 "그것은 움직인다고 말하기 전에 이미 있으며 동시에 움직인다고 말한 이후에도 말의 제어권 바깥에 놓여 있다"(「눈동자로부터의 모험」, p.

131)라고 정확하게 지적한 바 있는데, "근육을 당겨 창세기를 펼치는 혼돈으로부터 끊임없이 태어나"는 듯한 그의 끝없는 언어의 운동성은 이번 시집에서도 변함이 없다. 다만 한 가지를 더 지적하자면, 이처럼 방향을 예측할 수 없는 언어들의 진폭이 "무의 중심으로 알을 가라 앉히려는" 움직임 속에서 비로소 탄생한다는 것은 거듭 강조할 필요가 있을 것이다. 즉, 정체를 결코 드러내지 않는 기억의 중심에는 아무런 내용도 없는 무가 자리하고 있을지 모르지만, 이는 우리의 육체가 실은 그 어떤 의미로도 완벽하게 장악될 수 없다는 것을 암시하는지도 모른다. 그것은 달리 말하면, 박주택의 시가 끝없이 운동하는 것은 그 무엇으로도 그의 사유가 현재의 지평에서 안정화될 수 없다는 뜻이기도 하다. 그러므로 그의 기억은 과거와는 관련이 없으며, 급기야는 이 글의 서두에서 밝혔듯이 영원히 닫힐 수 없는 현재의 지속, 즉 현재의 무화를 기도하는 데에까지 이르는 것이다. 과거도 현재도 없다면, 남는 것은 무엇일까? 바로 이 지점에서 우리는 박주택의 시가 분명하게 의도하고 있는 시간성과 만날 수 있으며, 완벽한 무이자 공백인 저 알의 중심에서 우리는 비로소 어떤 미래에 대한 예감이 탄생하는 장관을 목격할 수 있다. 그러니까, 박주택이 잠의 세계로 걸어가는 것은 초현실주의적인 시인들이 자주 그러하듯 그 무의식의 세계에서 미래라는 이름의 다른 시간이 탄생한 어떤 기미의 섭생을 돕는다는 말과도 같다.

  '시선'에 의해 추방된 자들 부활을 고안하며 후회를 은폐하는 밤
 이 오면 자신을 데리고 영원을 바라본다, 그때
  먼 곳이 어두워졌다가 밝아지고
  발자국을 변호해온 잠은 생과 저항하며 지구의 한쪽에 가엽고 부
 드러운 긴 꿈을 이끌고 온다.

> 잠은, 머릿속 깊은 곳으로부터 와서
> 또 다른 세상의 문을 연다 잠은, 젖을 빨아대며 양육된다
> 별은 씨앗을 받고
> 과거는 미래에게 눈썹을 달아준다
> 이것이야말로 대지에서 나온 것
> 대지는 아무도 알지 못하는 곳을 열어 허공을 듣는다 **현재에 도달하는 순간 현재는 사라지고,**
>
> [······]
>
> 지구 위로 지구 위로 별자리 옮기네 계절은 바뀌고 바뀌어 태양과 도네 우리는 우리는 울 줄을 모르고 답할 줄도 모르네 비가 내릴 때까지 꽃이 필 때까지 날짜는 우리를 찍어내고 지구의 이쪽이 아프고 지구의 저쪽이 아파 또 하나의 지구가 필요할 때 우리는 날마다 전시되고 날마다 비육되네
>
> ―「도플갱어」 부분

 과연, 잠이 현재를 탐식하는 한에서, 비로소 기억은 "미래에게 눈썹을 달아"줄 수 있는 법이다. 이것은 오욕과 비참함으로 가득한 현실의 과거를 넘어설 수 있는 시적 기억의 또 다른 가능성을 나타내주기도 한다. 그런 의미에서 시인이 감행하는 잠으로의 순례는 진정한 나를 찾아 나서는 과정이 아니라 내 안에 있는 가장 낯선 나를 현실의 나로부터 해방시키는 작업에 가깝다. "발자국을 변호해온 잠은 생과 저항하며 지구의 한쪽에 가엽고 부드러운 긴 꿈을 이끌고 온다." 이 아름다운 문장의 말대로, 박주택의 운동하는 언어는 과거의 현재화가 도저히 이루어질 수 없는 기억의 밑바닥에서 다시 기억을 구제하는 형식을 끊임없이 창조하는 중이다. 시인의 기억은 매번 저 기미를 태어나게 하는 순간 자체가 그의

시간성의 전부임을 선언한다. 그렇게 태어남으로서의 기억은 시인의 과거이자, 현재이며 또한 미래이기도 한 것이다.

비록 시인이 직접 고백하는 장면은 드물지만, 이 모든 기미들의 요동이 실은 미래와 더불어 어떤 희망의 징조를 잉태하려는 작업과 무관하지 않을 것이다. 요컨대 "두 현실, 사는 것과 싸우는 것 그래서 아이러니는 끝난 문제가 아닌 것, 말의 요지는 희망에 대한 기술이 너무 부족하다는 것"(「국가의 형식」)이 우리의 시인이 목도하고 있는 이 세계의 실상인 셈이다. 반복해서 말하거니와, 기억이 단순히 그저 과거에 있었던 사건의 추인에 불과하다면 우리는 참혹한 비극적 일상을 계속해서 목도하는 것 외에는 희망과 관련하여 할 수 있는 말이 그닥 많지 않을지도 모른다. 역사를 기억하는 일은 분명 정치적으로나 윤리적으로 올바른 방향으로 상황을 이끌어가기 위한 전제 조건일 수 있다. 그러나 이러한 기억과 애도의 작업에도 불구하고 여지없이 비극으로 수렴되어가는 인류의 역사로부터 눈을 돌리지 않는다면, 실제적인 기억을 기념하는 일이 임시방편으로 세계를 보수하는 길이 될 수는 있으나 근본적으로 역사에 대한 희망을 구원하는 데까지는 나아갈 수 없다는 사실을 인정하기란 어렵지 않다. 그러나 이것은 역설적이게도 기억과 더불어 희망이라는 것이 지니고 있는 존재론적 형식을 암시하기도 한다. 기억할 수 있는 것을 기억하는 것이 진정한 시의 기억이 아니듯, 희망할 수 있는 것을 희망하는 일은 진정한 의미에서의 시의 희망과는 관련이 없다. 진정한 희망이란 기억과 마찬가지로 도저히 불가능해 보이는 다른 생의 불가능성을 희망의 조건으로 내면화함으로써 그 자체를 희망의 형식으로 간직하는 것이다. 기억을 기억하는 것은 곧 희망을 희망한다는 말과 다르지 않으며, 거기에서 창출되는 새로운 생의 시간을 향해 감각을 예민하게 곤두

세우고 있다는 말과 다르지 않다.

> 고작 기억에서 생이 비롯된다는 것
>
> 배후를 엿듣는 빛은 기록하고,
>
> 기미를 예인하는 날짜는 다른 곳을 연다
> ―「굿모닝 뉴스」 부분

"고작"이라고 했으나 여기서 시작되는 것이 단순한 일상에 지나지는 않을 것 같다. "기미를 예인하는 날짜는 다른 곳을" 열고 그렇게 개방된 공간에서 우리는 새로운 시간을 만나게 될 것이기 때문이다. 그러한 시적 공간에서 우리는 "빛 한가운데 서 있다 막 그곳에는 무엇인가 남아 있다"(「어떤 것은 여름이었고 어떤 것은 마지막이었다」). 그 남겨진 무엇인가에 대해 희망이라는 이름을 붙일 수 있지 않겠는가. 관성화된 지구의 삶을 구원하는 길은 요컨대 희망이 각인되었던 어떤 흔적을 온몸으로 기억해내면서 또 하나의 지구를 욕망하고 요청하는 순간에만 가능하다. 온몸으로 기억하는 일이란 이처럼 말할 수 없고, 기억할 수 없는 그 희망의 빛에 대한 일종의 예감이다. 그 예감이 밤이 다할 때까지 소멸하지 않는 한, 미래의 희망을 품은 기억의 운동은 '언제나' 그치지 않을 것이다.

| 2부 |

재출간 시집 및 시선집 해설

숨쉬는 기호들

권혁웅
(한양여자대학교 교수)

> 뜨겁게 살아 움직이는 기호들이
> 뭉쳐서 만들어내는 선명하고도 집요한 문장들 사이
> 나는. 판독을. 시작한다.
> 수족을 단 알 수 없는 것들이
> 떼로 일제히 꿈틀대는
> 살아 숨쉬는 기호. 뜨거운 문장.
> ─「렌즈─존재의 힘줄」 부분

1

박주택은 첫 시집이 되는 이 책의 자서에서 "이 기록들은 한 젊은이의 자성에 찬 기억뿐일 것이며 또한 그가 그의 삶 속으로 가는 중에 만난 많은 감정들을 앞뒤를 재지 않고 말해 버린 어떤 보고서와도 같은 것이다. 정말로 사유를 통해서 만난 것들은 부스러져 없어졌다"고 썼다. 이 말에는—시인이 의식하든 하지 않았든— 박주택 시의 특별한 방법론이 숨어 있다. 시인은 이 문장에서 "감정"과 "사유"를 동의어처럼 썼다. 나는 삶에서 얻어낸 이런저런 느낌을 쏟아냈다. 그런데 이 느낌은 사유를 거쳐 나온 것이다. 감정과 사유라는, 섞이기 어려운 심리 작용이 실은 동일한 운동의 다른 이름이라는 것이다. 더구나 그것들은 "기억뿐"이어서, 지금은 "부스러져 없어졌다." 그래서 이 둘이 어떻게 만나는가를 묻기보다는, 기억 속에서 그것들이 어떻게 보존되는가를 물어야 한다.

> 들녘 차창으로 갈대가 반짝인다.
> 목적지까지의 지루한 시간이 계속되는 동안
> 느린 발걸음으로 잠이 왔다.
>
> 그 일은 얇게 살을 베어내 갔다.
> 밤늦도록 일에 매여 집에 돌아와
> 스스로의 중심에 앉으면
> 의자로는 칡뿌리가 엉켰다.
>
> ―「시퀀엔스」 부분

어떤 견디기 어려운 연속이 있었다. "목적지"와 "그 일"에 관해 시는 별다른 정보를 제공해주지 않는다. 대신에 시인은 그 일을 기다리느라 느릿느릿하고 "지루한 시간이 계속"되었다는 것, 기다리다 지쳐 잠이 왔다는 것, 기다림이 조바심 나는 일이었다는 것, 또한 거기서 자신이 헤어날 수 없었다는 것을 말한다. 기다림에 덧붙은 고통스런 감정이 있었는데, 그 감정이 몇몇 사건으로 치환되었다. 잠이 느리게 걸어왔고, 그 일이 내 살을 베어냈으며, 의자에는 칡뿌리가 엉켰다. 그러므로 시인이 말한 사유는 일단 감정을 특별한 사건으로 바꾸어내는 묘사의 원칙이라 말할 수 있겠다. 그러나 그것만이 아니다. 박주택 시의 묘사는 대상의 세부를 드러내는 데에만 기능하는 것이 아니라, 감정 자체의 세부를 드러내는 데에도 기능하기 때문이다.

> 어떤 이는 벤치에 앉아 있었다.
> 그들은 스스로의 집 속에 갇혀
> 스스로의 지친 숨결과 만난다.
> 그리고 그들의 배후에는
> 저항할 수 없는 어떤 강한 힘이
> 존재한다는 것을 짐작한다.
> 나는 무섭다.
>
> ―「불투명」 부분

제목을 이룬 "불투명"은 사실 묘사의 대상이 아니다. 지친 사람들의 "배후"에 있는 "저항할 수 없는 어떤 강한 힘"은 그려낼 수 없는 그림이며, 연주할 수 없는 음악과 같은 것이나. 그럼에도 불구하고 우리는 "집 속에 갇혀" "지친 숨결"을 내쉬는 이가, 다른 아무것도 할 수 없다는 의미에서, 유폐의 운명을 겪고 있다는 것을 느낀다. 무언가가 거기에 있다. 시인의 손길은 묘사를 넘어서 존재하는 어떤 감정선을 따라간다. 결국 "나는 무섭다"는 말은 불투명에 대한 결론이 아니라 전제인 셈이다. 무언가가 "존재"하기 때문에 무서운 것이 아니라, 무섭기 때문에 뭔가 있는 것이다.

박주택의 시에서 감정과 사유는 언어의 안쪽에 기입되어 있다. 언어를 낳은 "불투명"한 움직임이 감정이라면 (그것은 기의의 기의이며, 기호 전체의 내부 동력이다), 그 움직임을 형식화하는 방식이 사유이다(그것이 기호의 배열 원칙이다). 서두에서 인용한 「렌즈-존재의 힘줄」을 보자. 시인은 현미경을 통해 "살아 움직이는 세포"를 보았다. 시인은 이 말을 이렇게 고쳐 쓴다. "무엇인가 살아 있다." "세포"에서 "무엇"으로 이행하는 이 부정(不定) 혹은 미정(未定)의 길은, 시인의 관심이 주부가 아니라 술부에 있음을, 대상 자체가 아니라 (대상의) 움직임에 있음을 분명하게 보여준다. 세포는 정형화된 존재가 아니다. 시인을 세포를 "뜨겁게 살아 움직이는 기호들"이라 불렀다. 세포가 모여 조직을 이루고 조직이 모여 유기체를 형성하듯, 기호들이 모여 문장을 이루고 문장이 모여 한 편의 글이 탄생한다. 그래서 세포는 "살아 숨쉬는 기호"이며, "뜨거운 문장"의 질료다. 마지막 연을 옮긴다.

> 나는 본다.
> 우리들의 아픈통점을 물빛으로 반사시키며
> 꿈틀거리는 향기. 살. 존재에 대한 자각.
> 그리고도, 그들의 창으로는 비 갠 뒤의
> 언덕이 보이고, 갈아야 할 땅이 보인다.
> 나는. 눈이. 부시다.
> ―「렌즈-존재의 힘줄」 부분

시도 때도 없이 끼어드는 마침표들이 바로 세포의 모양이다. 세포는 한편으로는 문장을 만들면서 다른 한편으로는 끊임없이 문장에 끼어들어 문장을 분해한다. 그것은 "통점을 물빛으로 반사시키며/꿈틀거리는 향기"처럼, 촉각과 시각과 후각을 넘나들며 감각을 최초의 자극으로 환원한다. 또한 그것은 나름의 작은 방(cell)이어서, 그 너머로 "언덕이 보이고" "갈아야 할 땅이 보인다." 그것은 감각의 종합이며 확산이다.

나는 이 "살아 숨쉬는 기호"가, 시인이 시 자체에 부여한 생성적인 힘이라고 생각한다. 기호의 힘을 믿는다는 것, 기호가 모여 이루어진 문장이 살아 숨쉰다는 것—이것이 시에 대한 특별한 믿음의 표현이 아니고 무엇이겠는가?

> 저 山의 짐승에게 이름을 주었다.
> 한주먹의 물방울을 그의 이마 위로 보냈다.
> 아침이 소나무숲과 살을 섞은 뒤
> 그의 젖줄을 세차게 빨아대는 것을 느낀다.
> 머리 위로 잎이 돋는다.
>
> 나무가 손바닥을 흔들고 있다.
> 발굽으로 돌이 모여들고 돌이 열어주는 숨.
> 나는 나무 위로 손바닥을 얹었다.
> 숲이 떨리는 것을 본다.
> ―「아침나무 그림자가 나의 오른손 부위를 지날 무렵」 부분

우리는 "저 산의 짐승"을 '저 산이라는 짐승'으로 읽어야 한다. 시 전체를 관류하는 물활론적(物活論的)인 힘 때문이다. 산은 성적인 힘만으로 움직인다는 의미에서 짐승이다. "한 주먹의 물방울"은 산에 내린 "이슬"의 총합이자, 성애(性愛)에 빠진 풍경이 발산하는 땀이다. 아침은 산과 성스럽게 살을 섞었다. 아침은 산의 젖(=숲)을 빨아 "잎"을 돋우었고, 산은 손바닥(=나뭇잎)을 흔들며 쾌락에 몸을 떨었다. 돌 하나하나가 열려 숨구멍을 이루었다. 산은 그 자체로 성스러운 여성이고 살아 움직이는 기호이다.

2

　박주택의 이 시집에서는 불행한 세상과 빛나는 자연이라는 대립이 매우 분명해 보인다. 자연은 살아 숨쉬는 기호들이다. 「전신 음악법」 연작, 「구름」, 「나의 피는 O형」, 「밤의 거실」, 「浦口」와 같은 작품들이 이를 보여준다. 그 반대편에 고통스런 삶을 이야기하는 작품들이 있다. 이 경우 삶은 고통스런 "통점"으로 촘촘한 기호들이다.

> 발톱을 감춘 자들 때문에
> 간담이 서늘한 적. 있다.
> 목이 늘어질 뻔한 적. 있다.
> 속절없이 가슴만 퍽퍽거리다.
> 진저리로 누운 적. 있다.
> 덮어두고 포개둘 수 없는 바로 그것들이
> 얼룩과 고름이 되어 흐른다.
>
> 　　　　　　　　　　　—「인간 · 1」 부분

　「렌즈-존재의 힘줄」에 스며든 마침표들이 살아 있는 기호들(세포들)이었다면, 이 시에 끼어든 마침표는 단절된 인간관계를 보여주는 기호들이다. 예컨대 "~적 있다" 사이에 삽입된 마침표는 어느 한 때를 지칭하는 문장을 토막 내서 수많은 개별적인 적(敵)들을 만들어낸다. "발톱을 감춘 자들"이 바로 "간담이 서늘한 적"이며, "목이 늘어질 뻔한 적"이며 "진저리로 누운 적"이다. 적들이 나와 동일한 고통을 겪었으므로, 그들에게 나 역시 적이었던 셈이다. 게다가 4행의 쉼표를 대체하는 마침표는 이 고통이 원형적인 것임을 일러준다. 나는 그때나 지금이나 "속절없이 가슴만 퍽퍽"거리고 있는 것이다. 삶은 그렇게, 훼손되고 낭비되며 소멸을 향해 간다.

> 그 긴 끝에 있는 점을 향하여 걸어갔다.
> 가로수가 도열해 있었다.
> 그는 걸었고 그와 대등한 무게만큼
> 저녁이 짓눌러 왔다.
>
> 그리고 그 끝으로 가는 중에
> 많은 사람이 지나쳐 갔으며
> 많은 사람들이 식당이나
> 극장 속으로 빨려 들어갔다.
>
> ―「점으로 가다」 부분

길 "끝에 있는 점"은 소실점이다. 그곳을 향해 가는 삶이란 결국 소멸을 향해 가는 삶일 것이며, 소모되고 멸실해가는 삶일 것이다. 많은 사람이 그를 지나쳐갔다. 다르게 말해서 그보다 조금 늦거나 빠르게 소멸해 갔다. "식당이나 극장 속으로" 빨려 들어간 사람들 역시 소멸의 운명을 피할 수는 없었을 것이다. 식도나 비상구 또한 소화(消化)나 소멸(消滅)의 아이콘이다. "보이지 않는 사람과는" 이미 결별한 것인데, 그를 거듭 불러내서 부재를 확인했으니 거듭된 결별이라 해야 옳다.

「저녁 뉴스」, 「실족」, 「우리들 세상의 성」, 「새디스트」, 「기회」, 「나는 무신론자가 아니다」, 「인간」 연작, 「이 세상 밖」과 같은 많은 시편들이 이 황폐한 삶에 관해 말한다. 이 시편들에서 삶은 쓸쓸하고 부질없어 보인다. 그러나 그것이 다는 아니다. 풍요로운 자연과 황폐한 세상이라는 이분화된 영역을 가로지르는, 힘들지만 아름다운 시도가 또한 있다. 이 시편들에서 시인은 살아 있는 기호들의 진정한 복원을 꿈꾼다. 다르게 말해서 살아 숨쉬는 문장을 피폐한 세상에 풀어놓고자 한다.「꿈의 이동건축」,「爬行」,「聖子 복음서」와 같은 유려한 호흡을 가진 작품들이 그렇다. 이 시편들이 이 시집의 절정이며 절창이다. 여기서는 사람들 밖에 있던 자연과 내 밖에 있던 사람들이 모두 내 길고 화려한 호명(名)에 응답한다.

> 그러면서도, 생명을 낳고 뜨거운 혈맥을 찾아 계곡을
> 건너온 물소리가 굽이굽이 천정을 올리고, 허물을 벗는
> 바람을 얼러 등 굽은 회양목 아래서 또다시 깊은 잠을
> 자리라. 그때는 겹겹의 사랑이 땅 끝에서, 살아 있는 나를
> 눈물겹게 껴안아 주리라.
> ―「꿈의 이동건축」 부분

> 땅을 지고 시간을 거슬러 하늘을 오르지 못하는
> 말들을 그리워하면서 이 하루나는 울면서 하늘을
> 날았다. 날으면서 울었다. 오, 그리고 상징의 빛을
> 받으며 피는 아이들 뒤로
> 끝없이 내 郊外를 깨우치게 할 때
> 새 한 마리 정적에 깨어 不死의 춤을 추고 있다
> ―「爬行」 부분

> (…) 떨리는 음색으로 그대들에게
> 신호를 보낸다. 말하고 싶다. 아, 나는 말하고 싶다.
> 내 일찍이 그대들의 목젖에 뿌리 뻗은 태양이었고
> 롱펠로우의 화살과 노래를 사랑했다. 나는 말하고 싶다.
> 정신에 대해 동등함에 대해
> 쓸쓸한 적막이 우수를 몰고 낮은 산으로 엎드린

광야에 대해.

—「聖子 복음서」 부분

　세 편의 결어에 해당하는 부분들을 모았다. 「꿈의 이동건축」은 숲에서의 한 꿈, 한 신생(新生)을 이야기한다. 이 "약속 받은 땅"에 와서, 나는 꿈을 꾸며 "집 구조와 가구들을 이동시킨다." "꿈의 이동건축"이라는 말이 바로 그 말이다. "겹겹의 사랑이 땅 끝에서 나를" 찾아와 잠든 나를 안아줄 것이며, 내가 잠을 깬 후에 나는 "보물과 곡식들이 가득 찬 나라"를 보게 될 것이다. 「파행」은 황폐한 세상을 고통스럽게 지나간 보고서다. 황폐한 세상의 끝에서 나는 "상징의 빛을" 본다. 그 빛은 내가 알지 못하는 비밀스런 지식을 전할 것이다. 나는 소모와 멸실의 끝에서 "불사의 춤"을 추는 새를 만날 것이다. 「聖子 복음서」는 태양제의에 대한 기록이다. 나는 태양을 받아들인 후에 태양이 되어 태양을 대면했다. "나의 길은/상승하는 불"이며, 나는 "최초로 예지의 말씀으로 천체로 가는 순례자"다. 나는 그대들을 비추며, 높은 정신과 이상에 관해 설명할 것이다.

　이 아름다운 작품들을 이루는 언어가 바로 시인이 꿈꾸던 살아 숨쉬는 기호일 것이다. 물론 이 시편들에 기록된 꿈은 지상의 것이 아니어서, 신화의 구도 아래서만 설명될 수 있는 것이다. 시인은 이후의 시편들에서 지상의 삶에 착근(着根)했다. 이 시집은 시인이 이후에 걸어 갈 시적 여정의 시작을, 그 여정을 추동하는 내밀한 꿈을 보존하고 있다. 박주택 시인의 가장 안쪽에 바로 이 기호들이 살아 숨쉬고 있다.

소멸의 시간, 존재론적 고통과 환멸
― 박주택론

유성호
(한양대학교 교수)

1

박주택(朴柱澤) 시인은 그동안 첫 시집 『꿈의 이동건축』(1991)을 비롯하여, 『방랑은 얼마나 아픈 휴식인가』(1996), 『사막의 별 아래에서』(1999), 『카프카와 만나는 잠의 노래』(2004), 『시간의 동공』(2009) 등 모두 다섯 권의 시집을 세상에 내놓은 바 있다. 그는 그동안 인간 삶의 구체적이고도 아픈 기억과 상처와 적막의 접점을 찾아 나서며, 사라져가는 존재들의 슬픔에 선연한 육체와 언어를 부여해 왔다. 그의 시편들은 한국 시의 맥락과 전통에서 누구와도 닮지 않은 개성적 목소리로 다가왔으며, 우리는 그 특유의 감각과 상상력과 이미지와 발성법을 오랫동안 지켜보아 왔다.

이제 등단한 지 25년이 흘러 한국 시단의 흔들림 없는 중견이 된 그가, 이번에 자선 대표작과 시집 미수록 작품들을 모아 시선집을 상재한다. 그래서 우리는 이번 시선집을 통해 그의 대표작을 충실하게 섭렵하면서 동시에 시집에 실리지 않은 가작(佳作)들을 귀하게 만나볼 수 있게 되었다. 이는 박주택 시의 드러난 외관과 묻힌 내면을 함께 들여다보는 계기가 될 것이다. 특별히 오래전에 발표되었지만 다섯 권 시집에는 빠졌던 시편들은 젊은 날로부터의 박주택 시편의 도도한 저류(底流)를 보여 준다는 점에서 매우 의미 있는 실례가 되어줄 것이다. 먼저 기간 시집에 수록되었던 자선 대표작들을 통해 그의 시세계를 읽어보자.

2

박주택 시인에게 '시'는, 한시적 운명에 처해 있는 삶의 고통과 환멸을 증언하고 견뎌가는 힘에서 발원하고 완성된다. 그것은 '고통의 미메시스(아도르노)'라 불릴 만한 것이고, 그는 그때그때 찾아오는 그러한 구체적 고통과 환멸을 아름다운 미적 형식으로 일관되게 조직한다. 언젠가 그는 "자신을 깎고 깎아 만든 마음의 뼈로 시간의 척추로 삼아 그 속에서 울려 퍼지는 온갖 내면의 소리에 긴 그림자를 지상에 흩뿌려라!"(산문「고통과 불멸」)라고 말했는데, 그 점에서 그의 '시'는 내면에서 일고 무너지는 고통과 환멸의 목소리를 담은 '마음의 뼈'요, '시간의 척추'라 할 것이다.

또한 시인은 만일 근원적인 것이 있다면 그것은 '나' 혹은 '나'로부터 명명되는 것들이라고 말한 바 있다. 이처럼 그는 자신으로부터 멀어져 간 고통과 환멸의 시간을 노래하면서, 어느 한곳에 머무르지 않고 순간으로서의 시간과 그 시간이 오래도록 쌓이고 쌓인 결과로서의 감각적 내면을 동시에 노래해 왔다. 말하자면 고통과 환멸의 생 그리고 그것을 증언하고 고백하는 감각적 내면의 시간들이 박주택 시의 뼈요, 척추가 되어준 셈이다. 이처럼 그의 시에는 소멸의 시간 속에 깃들이는 존재론적 고통과 환멸이 깊이 각인되어 있다.

> 그 무렵 잠에서 나 배웠네
> 기적이 일어나기에는 너무 게을렀고 복록을 찾기엔
> 너무 함부로 살았다는 것을, 잠의 해안에 배 한 척
> 슬그머니 풀러나 때때로 부두를 드나들 때에
> 쓸쓸한 노래들이 한적하게 귀를 적시기도 했었지만
> 내게 病은 높은 것 때문이 아니라 언제나 낮은 것 때문이었다네
> 유리창에 나무 그림자가 물들고 노을이 쓰르라미 소리로
> 삶을 열고자 할 때 물이 붙잡혀 있는 것을 보네
> 새들이 지저귀어 나무 전체가 소리를 내고
> 덮거나 씻어내려 하는 것들이 못 본 척 지나갈 때
> 어느 한 고개에 와 있다는 생각을 하네
> 나 다시 잠에 드네, 잠의 벌판에는 말이 있고
> 나는 말의 등에 올라타 쏜살같이 초원을 달리네
> 전율을 가르며 갈기털이 다 빠져나가도록
> 폐와 팔다리가 모두 떨어져나가
> 마침내 말도 없고 나도 없어져 정적만 남을 때까지
> ―「카프카와 만나는 잠의 노래」 전문

'카프카'라는 뜨거운 모더니스트와의 상상적 만남을 통해 시인이 무의식적으로 향하고 있는 곳은, 그가 혼신을 다하여가 닿고자 하는 시간적 깊이에 놓여 있다. 한낮의 이성이 잠든 상황에서 시인은, 잠을 통해 기적과 복록을 바라기에는 자신이 너무 게으르고 함부로 살았다는 것을 생각한다. 이때 시인의 생을 감싸고 있는 기운은 "쓸쓸한 노래들"로 현

상하고 있고, 시인은 자신에게 찾아든 낮고 낮은 병(病)을 생각한다. 순간 유리창으로 비쳐드는 나무 그림자, 노을, 쓰르라미 소리, 새 소리는 모두 시인에게 생의 "어느 한 고개에 와 있다는 생각"을 준다. 비로소 다시 잠에 든 시인이 잠 속에서 말에 올라타 초원을 달리면서 전율을 가르는 순간은 "마침내 말도 없고 나도 없어져 정적만 남을 때까지" 이어지는데, 그렇게 남은 전율과 정적은 일찍이 이 작품으로 하여금 "전율하는 에너지가 속도와 만나 시간이 압축되면서 주체의 소멸과 죽음까지도 초월하는 탈주의 한 방식"(오형엽)을 보여준다는 평을 받게 하였다. 결국 이 시편은 '잠'이라는 상징적 행위를 통해 시간과 운명의 환유적 풍경에 가닿은 셈이다.

우리가 잘 알거니와, 모든 존재는 소멸 직전의 순간성 속에서만 자신의 순수한 외관을 드러낸다. 그 점에서 사물의 영원성(eternity)이란, 시간의 흐름 자체를 절대적으로 부정하는 상상적이고 부정적(negative)인 개념일 뿐이다. 오히려 모든 사물은 사라짐으로써만 자신의 운명이 부여받은 시간을 충실히 살아낸다. 박주택 시편에 드러나는 사물들은 이러한 시간의 운명에 대한 응시 과정에 의해 채택되고 배열되는 특성을 가진다. 가령 그것들은 한결같이 폐허 혹은 잠 속에 웅크리고 있으며, 환상을 자신의 육체 속에 개입시키면서 스스로를 역동적으로 (재)구성한다. 이렇게 박주택 시편은 사물들이 환상 속에 놓일 때 드러내는 존재의 순수한 외관과 실질을 아름답게 그려낸다. 따라서 시인이 그것을 '운명'이라는 기표로 집약하는 것은 소멸이 필연적이라는 이유 때문이기도 하지만, 시간(성) 속에 놓인 존재의 운명을 채록하는 것이 시인의 임무라는 자각 때문이기도 하다. 그렇게 박주택은 존재의 필연적 소멸과 시를 통한 상상적 불멸을 동시에 꿈꾸는, 말하자면 "불멸과 소멸에 대한 이중적인 욕망"(김수이)을 지닌 시인이 아닐 수 없다. 그 스스로도 "썩어지지 않은 문장과 그 말할 수 없는 것들을 위하여 괴로워하는 정적"(뒤표지 글, 『카프카와 만나는 잠의 노래』)을 노래하고 있지 않은가. 이처럼 "희미하게 사라져가는 것에/ 몸을 숨기고"(「은빛 하모니카」) 있는 사물들을 '소멸'과 '불멸' 사이의 긴장으로 재현하고 형상화하는 것은 박주택 시의 오롯한 개성이자 한국 시의 빛나는 개척지라 할 것이다.

> 이제 남은 것들은 자신으로 돌아가고
> 돌아가지 못하는 것들만 바다를 그리워한다
> 백사장을 뛰어가는 흰말 한 마리
> 아주 먼 곳으로부터 걸어온 별들이 그 위를 비추면
> 창백한 호흡을 멈춘 새들만이 나뭇가지에서 날개를 쉰다
> 꽃들이 어둠을 물리칠 때 스스럼없는
> 파도만이 욱신거림을 넘어간다
> 만리포 혹은 더 많은 높이에서 자신의 곡조를 힘없이
> 받아들이는 발자국, 가는 핏줄 속으로 잦아드는
> 금잔화, 생이 길쭉길쭉하게 자라 있어
> 언제든 배반할 수 있는 시간의 동공들
> 때때로 우리들은 자신 안에 너무 많은 자신을 가두고
> 북적거리고 있는 자신 때문에 잠이 휘다니,
> 기억의 풍금 소리도 얇은 무늬의 떫은 목청도
> 저문 잔등에 서리는 소금기에 낯이 뜨겁다니,
> 갈기털을 휘날리며 백사장을 뛰어가는 흰말 한 마리
> 꽃들이 허리에서 긴 혁대를 끌러 바람의 등을 후려칠 때
> 그 숨결에 일어서는 자정의 달
> 곧이어 어디선가 제집을 찾아가는 개 한 마리
> 먼 곳으로부터 걸어온 별을 토하며

어슬렁어슬렁 떫은 잠 속을 걸어 들어간다
—「시간의 동공」 전문

박주택 시의 문법을 잘 들여다보노라면 인과율에 충실한 문장을 쓰기보다는 그때그때의 순간적 자의식이 무의식과 환상의 개입을 통해 문장을 분절하고 분해하는 경우가 더 많다. 또한 박주택 시의 목표는 대상의 세부를 드러내는 데 있지 않고, 대상을 통해 자신의 내면에 길고도 길게 쌓인 시간을 번져가게 하는 데 있다. 위의 시편에 나오는 '동공'의 미적 차원에 대해서는 '공동(空洞)'과의 유추 가능성을 제기한 각별한 해석(정과리)이 있었거니와, 시간이 지닌 필연의 공동감(空洞感)을 바라보는 동공은 그야말로 박주택 시의 확연한 은유가 된다. 이 작품 또한 무의식과 환상이 개입하면서, 문장과 문장을 분해하면서, 시간 자체에 대한 순수한 감각과 사유를 선연하게 보여 준다.

우리가 잘 알듯이, 시간은 선연하게 남은 것들을 자신으로 돌아가게 하고, 돌아가지 못하는 것들은 그리움으로 머물게 한다. 아주 먼 곳으로부터 걸어온 별들과 창백한 호흡을 멈춘 새들이 그러한 운명적이고 필연적인 공동감을 가파르게 증언한다. 꽃과 파도, 발자국과 핏줄 속으로 잦아드는 "시간의 동공들"은 "자신 안에 너무 많은 자신을 가두고" 있는 우리로 하여금 미적 반성을 끊임없이 수행하게 하고, "북적거리고 있는 자신 때문에 잠이" 휘어버린 우리에게 "기억의 풍금 소리" 너머 제집을 찾아가면서 잠 속으로 걸어들어 가는 모습을 보여 준다. 서늘한 감각과 사유가 행간 사이로 흐른다.

언젠가 시인은 "이제까지 살아오는 동안 겨우 깨우치기 시작한 것이 나는 '나'일 뿐이라는 사실이다.// 그러는 사이 모든 신은 아니지만 많은 신들이 사라져갔다."(「自序」, 『방랑은 얼마나 아픈 휴식인가』)라고 말한 적이 있다. 이는 그의 시가 일종의 신화적 상상력을 바탕으로 하여, 삶에 대한 미적 반성을 시도하는 쪽으로 정향될 것임을 암시한 것이다. 사실 이러한 욕망은 첫 시집 『꿈의 이동건축』(1991) 이래 박주택이 선명한 일관성으로 가져온 미적 욕망과 자기 검색의 양면적 의지를 보여 준 것이기도 하다. 구체성과 즉물성을 통해 사물에 가닿은 후, 그것을 소멸의 아우라로 날카롭고 섬세하게 부조(浮彫)함으로써 삶에 대한 미적 반성을 수행하는 이러한 작법은, 한편으로는 "소멸을 살고 있는 존재들에 대한 지독한 사랑"(이광호)을 그려내고, 다른 한편으로는 비루한 시간의 형식 속에서 살아가는 것들이 가지는 수치와 모멸의 생을 치유하고 정화하는 심미적 의식(ritual)을 아름답게 축조해 낸다.

> 그리하여 시간이란 계급을 재편성하는 과정이란 느낌이 들 때
> 햄버거는 입속에서 혈관을 터트리고 커피는 저녁처럼 어두워졌다
> 순환하는 인간들, 청춘은 중년이 되고 또 다른 청춘은
> 이곳을 가득 메우며 노년에 이르게 됨을 눈치채지 못한다
> 이십 년 전에도 그랬다, 포장마차가 즐비하던 자리는
> 고층으로 새를 부르고 검게 그을린 유리창에 잎사귀를 부르지만
> 저 성성한 다리는 아주 기분 나쁜 팔자를 만나
> 저녁의 숙명에 흘러가는 것을
>
> 화장품 상점에서 환한 빛으로 나오는 여자가 남자 속에서
> 둥글어지는 여름이다, 땀내 무럭무럭 자라 보잘것없음이
> 나의 나라라는 것임을 마침내 떠가며 알아갈 것이니
> 여름이란 이곳을 차지하던 그 누군가들이 부푼 육체 속에
> 청춘의 찜통을 채우는 일이다, 편성된 계급에 기대어

> 유리창 너머로 들리는 꿈의 찰칵거리는 소리에
> 혹독한 운명이 자신의 것이 아니라고 부인하지만
> 평화가, 평화가, 나의 국가에서 울려 퍼지는 것이라고
> 저 시간은 벽 속에 도는 피에 빗대 저녁을 침묵시킨다
> ─「강남역」 전문

　박주택 시편에서 도시적 경험은 '우울'을 정서적 기조로 하면서 동시에 더욱 적극화된 불안을 통해 어둠과 소멸의 이미지를 완성한다. 그것은 어둠 속에 욕망을 숨기고 나날의 세상살이에 힘겹게 자신을 의탁하고 있는 현대인의 실존을 역설적으로 보여 준다. 이 시편의 제목 '강남역'도 익명의 도회인이 범람하는 공간으로 기표화되고 있지만, 근본적으로는 시간 속에 마멸되어 가는 인간 운명의 보편적 존재론을 향하는 상징적 공간으로 화한다. 시인이 보기에 여전히 '시간'은 도시에서 계급을 재편성하는 과정이다. 햄버거와 커피가 어두워진 도시를 감싸고, "순환하는 인간들"은 청춘에서 중년으로 노년으로 전환한다. 이 가파른 시간의 속도에 실려 시인은 오래전부터 "저녁의 숙명에 흘러가는 것"이 있었음을 새삼 감지하게 된다. 그렇게 편성된 시간의 계급에 기대어 시인은, 인간의 혹독한 운명을 부인하면서도 한편으로는 결국 저녁을 침묵시키는 시간의 필연적 존재론을 담아내게 된다.
　이처럼 시인은 "기억의 박물관"(「강남역 사거리」)에서 "시간의 육체 속으로 흩어져"(「시간의 육체에는 벌레가 산다」) 가는 인간의 보편적 존재론을 형상화한다. 순간 우리는 도시의 가로등 아래서 "滿月처럼 그렇게 은은함도 그리워지는 법"(「가로등」)을 경험하게 되고, 그 폐허와 상처와 슬픔의 근원을 향하는 그리움이야말로 박주택 시편으로 하여금 '시간'을 탐구하고 '시간 속을 흘러가고 '시간' 속에 머무르게 하는 원질

(原質)임을 알게 된다. 다음에는 기간 시집에 빠졌던 미수록 작품들을 읽어보자.

3

박주택 시의 시성(詩性, poeticity)을 가장 확실하게 보증하는 표지(標識)는, 재차 강조한 대로 '시간' 혹은 '시간' 자체에 대한 처연하고도 확연한 (무)의식이다. 그것이 이른바 "시간의 보족(補足)"(「배후」)을 갈망하는 모습으로 일관되게 나타난다. 그렇게 그는 '시간'을 매개로 하여 존재와 삶의 심층에 상징적으로 접근하는 둘도 없는 시인이다. 그 접근 형식은 생의 본질을 아스라한 시간의 흐름 속에 편재하게 하기도 하고, 순환적이고 희미한 시간을 감싸고 있는 존재 조건으로 비유하게끔 하기도 한다. 그 다양한 시간의 내질(內質)이 박주택 시편만의 오롯한 시적 풍경을 이룬다.

> 누군가 이 길을 걸어갔을 것이다
> 은행잎 떨어지는 그 수직으로 꽃을 부르는
> 노래다운 노래는 눈보라에 묻혔을 것이다
>
> 감히 죽지 못해 자욱한 바람에 긁히는 발자국만이
> 사람의 얼굴을 떠올리며 보도블럭에 섞고
> 그 길을 따라 저녁의 긴 그림자 저물녘을 넘어가네
>
> 이제 누군가의 언저리에서 눈물로도 녹이지 못하는
> 차가운 불빛 어느 외진 골목에서

> 가슴에 섞이는 눈발에 흐느낌을 멈출 때
>
> 참는 것만으로는 저를 부를 수 없어
> 모반의 칼날을 바로 세우네
> ―「어두운 그림자 사이로」 전문

　누군가 걸어갔을 길 위에서 시인은 어두운 그림자 사이로 사라져가는 뭇 사물의 뒷모습을 그려낸다. 그의 시선에 들어오는 것은 어두움과 사라짐을 기저로 하는 사물의 움직임들이다. 가령 은행잎 떨어지는 수직의 힘으로 꽃을 노래하는 모습도 사라지고, "사람의 얼굴"을 떠올리던 발자국들도 어느새 그 길 따라 저녁의 긴 그림자 사이로 사라진다. 누군가의 언저리에서 눈물로도 녹이지 못하는 "차가운 불빛"과 "어느 외진 골목"은, 그 자체로 흐느낌과 모반의 가능성을 동시에 지닌 칼날로 은유된다. 결국 어두운 그림자 사이로 사라진 것이 다시 칼날의 비유로 번득이는 것은, 우리로 하여금 소멸의 각인이 이루어지는 순간을 예감케 한다. 사라지는 것은 허공으로 흩어지는 것이 아니라 시 안쪽으로 깊이 각인된 것이다. 이는 "이 모든 것들은/ 기억 속에 자라난 것들로/ 배반에 길들여져 있는 것"(「기억의 황혼」)임을 반영하면서, "멀어져 가는 발자국은 제 곳으로 돌아가는 발자국"(「西海」)임을 선연하게 보여 주는 사례일 것이다. 어둑한 실존의 뒷모습이 감각적으로 음각된 가편(佳篇)이 아닐 수 없다. 우리는 이를 통해 새삼 박주택 시편이 소멸의 필연성과 아름다움에 바쳐지는 것임을 알게 된다.

> 어디서 불어오는가, 이것들은
> 살아 있는 것들의 입에서 뿜어져 나온

이것들은 사람들의 들끓는 입에서 뿜어져 나와
미친 듯이 몰려다닌다, 지하 계단에서 혹은 신호등 아래에서
종횡으로 몰아쳐 마침내 나무의 등골을 휘어놓고는
제힘에 겨워 주저앉는다
사람들은 겨울의 끄트머리에서 시커멓게 매연이 더께진
잔설이 뿜는 숨찬 빛에 들끓는 비밀을 만드는데
누가 바람이라고 불렀는가
죽은 자의 넋이 보태져 이리저리 몰려다니는 이것들은
모두 지상의 것이다. 그러니 말 많은 추억이 전세를
노래하더라도 노여워 말지니
굶주린 짐승들의 장소인 공터에 떠 있는 구름처럼
누가 바람을 저 하늘빛에 들어 올릴 것인가
전세에서 현세까지 몰아와
모조리 쓰러뜨리는 저 바람을 꽃으로 옮겨 심으며
누가 착한 호흡을 뿌리에 보탤 것인가
무량하게 그러나 사람들 낱낱의 속에서
탄생한 수억의 바람들은 저희들끼리도
싸우며 석양에 물든다.

─「저 석양」 전문

   이 시편에서의 '석양'도 앞 시편에서의 '어두움'과 의미론적 등가를 이룬다. 석양이 질 무렵 어디선가 불어오는 것들은 "살아 있는 것들의 입"에서 나온 것이다. 하지만 사람들의 들끓는 입에서 나온 그것들은, 미친 듯이 몰려다니며 제힘에 주저앉는다. 이러한 것들이 종횡무진 다니는 곳은 지상(地上/紙上)이고, 죽은 자의 넋이 보태져 이리저리 몰려다닌 이것들은 결국 지상의 것이 아닐 수 없다. 시인은 이때 전세(前世)에서 현세(現世)까지 몰아와 모든 것을 쓰러뜨리는 "저 바람"을 무량하게 바라

보면서, 사람들 낱낱의 속에서 그 바람이 석양에 물들어 가는 필연의 시간을 목도한다.

 이처럼 박주택 시는 온통 소멸의 상상력으로 감싸여 있다. 그의 소멸의 상상력은 자본주의 문화의 끝 간데없는 폭력성을 우화하고 키치화하는 시 쓰기와는 관계가 없다. 소멸을 구원의 역설적 등가물로 파악하는 관행과도 거리가 멀다. 삶을 견디는 방법적 매개로 소멸을 원용하는 건실한 생성 지향의 역설도 그에게는 없다. 다만 그는 삶에 편재(遍在)하는 본연의 리듬으로 소멸의 시간을 파악할 뿐이다. 따라서 "소리없이 사라지는 것은 모두 침묵이 만든 것"(「나의 스무 살에게」)이며, "산 것들만이 죽은 것들이 두려워/ 불을 켜는 밤 또 누군가는/ 옥상에 올라 아득한 추락의 깊이에/ 앙상한 눈을 감는"(「주름들」) 풍경을 스스럼없이 담아내는 것이다. 가상의 큰 타자를 설정해 거기에서 해답을 구하지 않으며, 소멸 자체를 삶의 순리이자 운명으로 받아들이는 그의 품은 그래서 일관된 깊이와 투시력을 지닌다.

> 그가 벽지만 바꿔도 집이 달라진다고 했을 때
> 세상에는 결코 이해할 수 없는 일도 있다고 했을 때
> 밤은 바람을 불러들이고 뺨은 불빛을 받아들였다
> 무엇이 아득하게 만드는 것인지 알 것 같은 시월
> 창밖 너머 잎사귀는 마지막 노래를 부르고
> 그는 뿌리로 땅을 움켜잡으며 물을 끌어당겼다
> 마른 잎 뒹굴어 골목으로 불려갔다 가을이 그렇게 흘러갈 듯
> 인적 끊긴 간이역처럼 앉아 망각을 기다리고 있었다
> 점점 지평선이 되어가는 사람 일생을 녹이며 잠잠한 몸과
> 바꾸는 사람 스스로보다 고요한 문은 없다는 듯이
> 밤이 흘러가 버리면 다른 것이 될 수 없다는 듯이

기미 낀 의자에 앉아 마르고 있을 때
움푹 파인 눈에서 흘러나오는 둥근 탑
바람이 옷 속을 파고들어 생의 잔영을 물들이고
납작하니 비를 맞고 있을 때

―「둥근 비」 전문

박주택은 근본적으로 "誤字처럼 깊고 쓸쓸한 노래가/ 자폐의 거리를 건너올 때 가로등 아래 추억의 기둥"(「미궁」)에서 있는 시인이다. 또한 "아픈 자들이 모이는 마음의 처마 밑에/ 處所의 발자국을 저녁부터 찍어 온 자들/ 와자하니 떠들어 그 속에 침묵의 잔해를 감춰 놓는"(「기억祭」) 장면을 선명하게 기억하는 시인이다. 그렇게 '誤字'와 '침묵'의 잔해 속에서 그는 아득한 삶의 역설적 비의(秘義)를 깊이 있게 발견하고 노래한다.

소소한 것으로 삶이 바뀌고 세상에 이해할 수 없는 것이 많다는 이야기를 들었을 때 시인은 "무엇이 아득하게 만드는 것인지"를 알 것 같다고 고백한다. 그 가을에 마지막 노래를 부르는 잎들과 "인적 끊긴 간이역처럼" 망각을 기다리는 자신은 어쩌면 이형동궤(異形同軌)의 모습이 아닐까 생각해 본다. "지평선이 되어가는 사람 일생"을 녹이며 잠잠하게 흘러가는 시간, "움푹 파인 눈에서 흘러나오는 둥근 탑", 그것은 그 자체로 "생의 잔영"을 아름답게 물들이며 존재한다. 그렇게 둥근 비를 맞는 시인의 (무)의식은 소멸의 잔영(殘影)으로서 시 안에서 빛난다. 이렇듯 확연한 소멸의 징후를 보여 주는 것은 '시월'이 그러하고 마지막 노래를 부르는 '잎사귀'가 그러하고 납작하니 내리는 '둥근 비'가 그러하다.

이렇게 시인은 "酷寒에서 酷寒으로 질러오는// 허공의 바람 한 줄기"(「늑대의 季節」)를 잡아채면서 이 가을에 "제 몸에 젖어 있는 기억들이/

내지르는 비명"(「晚秋」)을 오롯하게 듣고 있다. 그것이 "이 거리들의 덧없음을 지나 구름으로 몸을 삼은 것들"(「구름의 음악 1」)을 기억하면서 "노래도 없이/ 시작도 끝도 없이"(「저 天宮」) 달려가는 시간을 상상적으로 형상화하는 시인의 직능이라도 되는 것처럼 말이다.

4

박주택 시인은 "지금까지 얼마나 많은 말을 했을까? 나는/ 얼마나 많은 느낌에 마음을 빼앗겼을까?"(「芍藥」)라고 스스로에게 묻고 있다. 우리가 보아온 박주택 시편은 이렇게 말과 느낌을 마음 깊은 곳에 묻어둔 그만의 반성적 고백의 기록이다. 그의 시편들은 처연한 반성적 사유를 바탕으로 하면서, 특유의 미적 긴장 속에서 심미적 파문을 일으키는 감각과 상상력과 이미지와 발성법을 거느리고 있다. "모두가 잠들기 전 자신을 돌아보는 법"(「사람의 일생」)을 알려 주고 나아가 "깊은 곳으로부터 한없이 사라지며 물결치는/ 저토록 저무는 밖의 풍경"(「저토록 저무는 풍경」)을 노래한다.
이렇게 그의 시편들은 소멸의 불가피성과 불멸의 불가능성 사이에서 역동적으로 파동 친다. 소멸의 시간 속에 깃들이는 존재론적 고통과 환멸로 너울 친다. 슬프면서 치열하고, 애잔하면서 가파른 충동을 선사한다. 무엇보다도 그의 언어 한가운데는 '시' 자체를 향한 양도할 수 없는 메타적 열정과 탐색 의지가 있다. 그의 시가 그만의 개성적 뜨거움을 수반할 수 있는 까닭은 이러한 미적 원천이 자리 잡고 있기 때문이다. 이제 우리는 박주택 시적 생애의 중간 보고서가 될 이 시선집을 통해, 그의 시만이 견지하고 있는 슬픔과 치열함과 애잔함과 메타적 열정을 느껴보게 된다. 그리고 그를 감싸고 있던 존재론적 고통과 환멸을 넘어, 그가 시를 통해 삶을 통해 생의 궁극에 가닿기를 소망해 보는 것이다.

| 3부 |

학술논문

박주택 시에 나타난 허무의식 연구*

김원경
(경희대학교)

1. 서론

박주택 시인은 1986년 「꿈의 이동건축」으로 등단하여 시집 『꿈의 이동건축』(1991), 『방랑은 얼마나 아픈 휴식인가』(1996), 『사막의 별 아래에서』(1999), 『카프카와 만나는 잠의 노래』(2004), 『시간의 농공』(2009), 『또 하나의 지구가 필요할 때』(2013)[1] 등을 통해 꾸준한 창작활동을 이어오며 폭넓은 시세계를 구축해왔다. 특히 그의 시에 내재된 특유의 환멸과 폐허 의식은 외적인 요인보다는 생득적인 것에 가까운 것으로 보

---

* 『국제언어문학』 제58호(국제언어문학회, 2004)에 발표한 논문이다.
1) 박주택, 『꿈의 이동건축』, 문학과 세계사, 1991.
    ____, 『방랑은 얼마나 아픈 휴식인가』, 문학동네, 1996.
    ____, 『사막의 별 아래에서』, 세계사, 1999.
    ____, 『카프카와 만나는 잠의 노래』, 문학과지성사, 2004.
    ____, 『시간의 동공』, 문학과지성사, 2009.
    ____, 『또 하나의 지구가 필요할 때』, 문학과지성사, 2013.

인다. 이는 상황과 조건에서 느껴지는 외면성이 감정과 해석 같은 내면성과 만나 오랜 시간 지연되다가 언어로 발화되는 과정에서 드러난다. 그의 허무의식은 존재론적 본질로서 고립과 유폐의 불안이 엄습할 때 생기는 정서이자 정신적 태도이다. 따라서 허무의식 속에서는 현실적인 모든 가치가 전복되거나 무화되는 경향이 있는데 이는 능동적 허무의식[2]으로 볼 수 있다.

박주택의 능동적 허무의식은 시간적 존재 양상에 대한 탐구 결과라는 점에서 주목할 만하다. 90년의 경우 첫 시집에서부터 신화적 상상력으로 인한 탈시간성의 시적 전략은 실존적 내면세계를 통해 시간의 심미적 영역을 개척하였다. 또한 소멸과 상실되어 가는 세계에 대한 비극적 인식과 그것을 언어로 정착시키고자 하는 노력 사이의 시적 긴장은 불협화음을 내며 역동적으로 그려진다. 그러나 세 번째 시집 『사막의 별 아래에서』에서부터 시적 자아의 내적 고뇌가 현실의 폐허와 환멸로 드러나는데 이러한 시선의 전환은 1990년대의 물질적 풍요에 대한 비판적 인식, 자본주의의 비정함, 그리고 환경오염 등 미시적 현실 문제[3]에 대

---

[2] 존재가 허무의 공간 속에 놓이게 된다면, 그 앞에서 모든 법칙이 사라지게 되고 존재의 탐색은 불가능해지게 된다. 이에 이러한 모순을 해결하기 위해 니체는 허무주의를 두 가지로 구분하였는데 소극적 허무주의 또는 염세적 허무주의와 '적극적 또는 능동적 허무주의'가 그것이다. 먼저 전자는 현실을 가상으로 여기고 부정함으로써 삶을 살 만한 가치가 사라진 상태로 간주한다. 반면 후자는 지금까지 가정되어 온 모든 절대적인 것의 배후에는 '무(無)'가 숨어 있다는 인식과 더불어 이러한 확신을 근거로 종래의 모든 가치를 무로 돌리려 한다. 이는 모든 가치로부터 자유로워져서 새로운 가치를 창조하려 하기 때문에 허무주의의 극복을 제시하는 적극적 면모를 지닌다. ─강대석, 『니체와 현대철학』, 한길사, 1990, 68-69면.

[3] "존재론적인 층위에서 리얼리즘적 저항의 담론을 구사하지 않고 있지만, 누구보다 우리의 주변 일상에 산재하는 미시적 권력으로부터의 억압상을 내밀하게 추적하여 충격하고 있으며, 생태적 담론을 내세우고 있지 않지만 누구보다 극명하게 반생명적인 요소에 질식하는 인간과 사물의 고통을 정서적으로 호소하고 있는 것이

한 관심으로 표출된다. 2000년대 들어서는 네 번째 시집인 『카프카와 만나는 잠의 노래』(2004) 이후 90년대 연장선에서 세계에 대해 통찰하는 비판적 인식을 보여준다. 이때 허무의식은 죽음의식의 시간구조를 그리고 존재론적 자각과 함께 다른 생의 불가능성을 촉감과 직관을 통해 기시감으로 드러낸다. 관성화된 세계의 메커니즘을 파헤치며 시적 사유의 지반을 확대시킨다. 뿐만 아니라 『시간의 동공』(2009)에서는 시인은 몽환적인 이미지 배열을 통해 시간의 복잡성을 드러내는데 이는 현대 사회의 미시적 현실을 반영한다. 일상에서 간과하기 쉬운 순간들을 새롭게 바라보게 하며 시간의 유동성과 인간 존재의 복잡성을 탐구한다. 익명성을 가진 도시인들이 범람하는 '강남역'이라는 장소성을 매개로 매 순간 도시를 관통하는 현대인들의 실상을 담고 있는 언어들이 쏟아진다. 이러한 능동적 허무의식은 단순히 인생무상을 통한 달관의 자세로 세계를 바라보는 것이 아니라 세계의 허무성을 깨닫는 과정으로 드러난다. 이처럼 박주택의 시는 비극적 세계에 대한 환멸과 폐허의식을 바탕으로 그 속에서 새로운 가능성을 모색하는 능동적 허무주의의 표현이다. 이는 세계의 허무성을 인식하면서도 그 속에서 새로운 가치를 창출하려는 적극적인 탐구와 존재론적 힘의 의지를 바탕으로 하고 있다. 허무와 죽음에 대한 성찰은 부조리한 현실을 넘어서고자 하는 자유의지를 열정적인 목소리로 구사하는 것으로 이해할 수 있다. 일상 속에 잠복되어 있는 모순을 고통으로 인식하고 있기 때문에 그 기저에는 생을 따뜻함으로 품고자 하는 인간애가 내재되어 있다. 이러한 측면에서 현실에 대한 비극적 허무의식을 품고 있는 박주택 시인은 "생"이라는

다."— 홍용희, 「불협화음의 미의식과 열반의 정적」, 『현대시의 정신과 감각』, 천년의시작, 2010, 233면.

폐허의 현장에 숨어 심원한 존재 탐색의 도정을 시작했다고 볼 수 있다. 따라서 본 논문에서는 박주택 시에 나타난 "허무의식"을 중심으로 세계를 어떻게 인식하는지에 대한 변모양상을 살펴보면서 존재론적 내면의 풍경들을 탐색해 볼 것이다. 이를 통해 박주택 시의 본질과 그가 추구하는 시적 세계관을 이해하고자 한다.

2. 환멸적 허무의식

박주택의 시는 과감한 상징과 이미지 묘사를 통해 실존적 개인의 불안한 내면세계를 탐구하는 것이 주류를 이룬다. 그는 내면의 자기 부정을 통해 더 온전하게 자기 성찰을 이루려는 의도로 시를 쓰며, 이러한 기획의 중심에 있는 시의식이 바로 허무의식이다. 일상 현실과 단절된 고립적 삶을 동경하면서 자발적으로 자아를 유폐시키고자 하며 나아가 일상적 시간을 정지시킴으로써 의식의 순수한 상태, 최초의 순수한 시간을 회복하고자 한다. 시인이 소망하는 시간은 비일상적인 시간, 모든 시간의 짐을 정화시킨 시간으로, 이는 어느 정도 부정되어야 하는 현실이 강제하는 비극적 운명에서 이탈하고자 하는 태도와 무관하지 않다. 따라서 시적 자아가 의식의 순수한 상태에서 성취하려는 것은 인간 본래의 정신적 자유와 의지라 할 수 있다.

첫 시집 『꿈의 이동 건축』에서는 "꿈, 잠" 등 몽상의 공간이 주조를 이루고 있다. 신화적 상상력의 활력이 전면에 분출되고 있는데, "꿈"을 통한 몽상은 현실 원칙의 지배 질서를 이완시키기 위한 소산일 것이다. 인간과 자연, 주체와 대상 간의 위계적 문명의 질서 이전의 전일적인 신화적 상상력이 그의 시 세계의 출발점으로 볼 수 있다. 그리하여 박주택 시편들은 현실 원칙에 길들여지거나 안주하지 못하고 격정과 방황으로 뜨겁게 달구어져 있다. 그는 공허하고 불안한 내면의 공간에서 발효된 이미지들을 하나씩 불러내어 어두운 영혼의 그림자를 시의 전면에 유포시킨다. 그의 시에서는 세속과 신성, 삶과 죽음, 의식과 무의식, 현재와 과거가 서로 얽혀 있는 복합적인 양상을 보인다.

> (……) 깎는 듯한 결핍, 오! 결핍/ 환상으로 울 수밖에 없어서 내가 그대 앞에/ 빛으로 피어 시간의 팔에 안긴 말들의 뿌리를/ 소유할 수 있다면 그 미상의 不死의 빛으로/ 우리는 이름도 없는 말들의 땅으로 가면서 숲을 '숲'이라고 불렀다
> ―「爬行」 부분

박주택의 시에서 시적 화자는 이상세계를 꿈꾸지만 현실의 벽에 부딪혀 좌절되어 "깎는 듯한 결핍"을 경험하게 된다. 이러한 결핍은 생득적인 것으로, 보들레르가 보여준 '저주받은 시인'의 자화상을 떠올리게 한다. "환상으로 울 수밖에 없"는 "새"의 모습을 통해 본질을 추구하는 의식이 차단되어 상실과 아픔을 고스란히 안고 있는 시인의 운명을 목격할 수 있다. 이처럼 「파행」을 통해 황폐한 세상을 고통스럽게 지나간 흔적을 느낄 수 있다. 황폐한 세상의 끝에서 시적 화자는 "상징의 빛"을 바라본다. 그 빛은 일지 못하는 세계의 비밀스런 어떤 징후를 계속해서 감지하게 한다.

그의 시는 단순히 현실에 대한 부정이나 도피가 아니라 능동적 허무의식을 통해 새로운 세계를 탐색하려는 의지를 담고 있다. 그는 현실의 불안과 공허 속에서 새로운 가치를 창출하려는 적극적인 탐구와 존재론적 힘의 의지를 바탕으로 인간 본래의 정신적 자유와 의지를 노래한다.

이러한 시적 여정은 독자에게 단순한 절망이 아닌 그 속에서 피어나는 새로운 가능성과 희망을 발견하게 한다. 이런 의미에서 시인의 시세계는 능동적 허무의식을 통해 현실의 벽을 넘어서려는 강렬한 의지를 보여준다고 할 수 있다. 이는 단순한 부정이나 도피가 아닌 현실을 직시하고 그 속에서 새로운 가치를 창출하려는 시인의 치열한 자기성찰과 존재론적 탐구의 결과물이다. 두 번째 시집 『방랑은 얼마나 아픈 휴식인가』에서 시인은 폐허의 풍경을 보다 정태적으로 묘사하면서 황폐한 현실에 대한 허무의식을 환멸과 자기 모멸감을 통해 그려내고 있다.

> 여행자처럼 돌아온다 / 저 여린 가슴/ 세상의 고단함과 외로움의 휘황한 고적을 깨달은 뒤/시간의 기둥 뒤를 돌아 조용히 돌아온다// 저 오랜 투병의 가슴/ 집으로 돌아온다 /지친 넋을 떼어 바다에 보탠 뒤/ 곤한 안경을 깨워 / 멀고 먼 길을 다시 돌아온다
> ―「방랑은 얼마나 아픈 휴식인가」 부분

시적 화자의 내면적 고통과 허무의식을 잘 드러내고 있다. "여행자처럼 돌아온다 / 저 여린 가슴/ 세상의 고단함과 외로움의 휘황한/ 고적을 깨달은 뒤"라는 부분에서 화자가 세상의 고단함과 외로움을 깨달은 뒤 돌아왔음을 알 수 있다. 이는 화자가 겪은 내적 고통과 절망감을 드러낸다. 그리고 "저 오랜 투병의 가슴/ 집으로 돌아온다 /지친 넋을 떼어 바다에 보탠 뒤/ 곤한 안경을 깨워 / 멀고 먼 길을 다시 돌아온다"는 부분에서는 화자가 오랜 시간 내적 투병을 해왔다는 것을 알 수 있다. 이를 통해 화자의 고통과 절망이 깊이 뿌리박혀 있음을 알 수 있다.

박주택 시인은 90년대 겉으로 보기에 풍요롭게 보이는 삶의 모습 속에서 폐허와 소멸의 징조를 발견하고 그 곪아 있는 현실의 본질을 적나

라하게 보여준다. 이를 위해 그는 시적 자아의 감정과 사유를 최대한 절제하고 대상을 한 순간의 정적인 모습으로 묘사하는 기법을 사용한다. 시인의 이러한 시적 태도는 실존적 사유를 통해 세계와 자아가 절대적인 불화의 관계에 놓여 있으며 세계가 적극적인 전망을 허용하지 않으므로 자아가 절대 고독의 처지에 놓여 있음을 확인하는 것에서 출발해야 할 것이다. 이러한 자기 존재에 대한 자각의 일환으로 시인은 세계와의 의사소통적 관계를 확보하기 위한 노력을 보여준다. 그러나 시인에게 있어 이러한 새로운 삶의 질서를 구현하고자 하는 노력은 절대 고독으로 드러나는데 이는 순수한 공간을 구축하고자 하는 노력의 일환으로 볼 수 있다. 이처럼 박주택의 시세계는 신화적 상상력을 바탕으로 인간과 자연, 삶과 죽음의 경계를 자유롭게 넘나들며 드러나지 않는 다양한 존재에 대한 탐구를 보여준다. 이는 그의 초기 시집부터 일관되게 나타나는 죽음에 대한 폐허의식과 그 이면에 놓인 것들에 대한 탐구를 보여준다. 그러나 그는 이러한 시적 주제를 유지하면서도 관찰의 대상을 점진적으로 변화시켜 나가며 자신의 시적 세계를 확장시켜 나갔다. 특히 세 번째 시집 『사막의 별 아래에서』에서는 현실의 폐허와 환멸이 더욱 입체적으로 드러난다. 허무의식은 그로테스크한 이미지로 변주되어 나타나며 "운명을 갈아먹고 있는 풍경"은 폐허의 모습을 보여준다.

> 방이 있다 그 방은 물에 젖어
> 시간에 떠 있다
>
> 늙은 어머니가 중풍으로 누워
> 수족을 움직이지 못하고

> 삼십년을 넘게 건사해 온 장애 아들은
> 못에 노끈을 매고 있다
> 말 못하는 어머니, 사지를 뒤틀며
> 의자 위에 선 아들을 올려다본다
>
> 툭! 의자가 굴러가고
> 노끈에 목을 맨 아들이 컥컥거릴 때
>
> 그 온몸으로 쥐어짠 눈물의 힘으로
> 단칸방 하늘로 올라간다
> ―「하늘로 가는 단칸방」 전문

「하늘로 가는 단칸방」에서 시적 화자는 자본주의의 냉정한 얼굴을 비판하고 있다. 이 시에서 우리는 장애인이 단칸방에서 죽어가는 모습을 목격할 수 있다. 견고한 자본주의 체제는 인간을 수단화하고 억압하며 인간과 세계의 관계를 단절시킨다. 이는 결국 죽음으로 이어진다. 자본주의는 생명의 가치를 경제활동의 유무로 판단하고 존망을 결정한다. 이 시는 인간과 세계의 관계를 물질적인 것으로만 재단할 수 없다는 상징을 통해 현실 속의 허무의식을 드러내며 세계의 부조리를 직시하고 인간적 환멸을 느끼며 이를 허무의식으로 표출하고 있다. 더 나아가 세계에 대한 환멸과 자기모멸로서의 허무의식은 풍자와 현실 비꼼을 통해 적나라하게 드러낸다. 시인의 렌즈는 이 세계의 단면들을 집요하게 포착하며 그 메커니즘을 상징적으로 보여주고 있다. 따라서 박주택은 90년대 유행 담론과 상관없이 세계와 자아의 관계성을 직시하며 자신만의 실존주의적 시세계를 구축했다는 것을 알 수 있다. 그는 인간 존재의 근원적인 고독과 허무를 탐구하며 현실과 비현실의 경계를 넘나드는 독특한 시각을 보여줌으로써 허무주의적 관점의 미의식을 성취하게 된다.

> 구름의 갈피에서 스며 나오는 울적한 물방울이 있고
> 수상한 권태로 몸이 불룩해질 때 낚싯대를 메고 중랑천에 가자
> 훈향 그득한 腐植土를 지나 과꽃 핀 동부간선도로 아래
> 흑갈색 물 겹겹이 흐르는 중랑천에 가자
> 그곳은 이따금, 얼빠진 고니가 찾아와 몸 속에 남아 있던 힘을 모아
> 밥알을 찾고 사철 붉가시나무가 겸허하게 말라 있는 곳
> 깊은 질식이 있는 곳 그쯤에, 조용히 자리를 잡고
> 짙푸른 낚싯대를 던지자 그리고, 허기진 물고기가
> 굽은 등을 오므적거리며 다가올 때면 숨을 죽인 채
> 기름빛 물을 바라보자 우리, 세상 소모의 구석에 누군가의 먹이가 되고
> 누군가를 먹이 삼아 잔인하게 삼켜버렸으니
> 물고기도 개의 먹이가 될 뿐 마침내, 창백한 흙으로 돌아갈 뿐이니
> 가끔씩, 구름의 갈피에서 울적한 물방울이 흘러나오고
> 눅눅한 유희 때문에 몸이 무지룩할 때면 낚싯대를 둘러메고 중랑천에 가자
> 과꽃 핀 동부간선도로를 타박타박 걸어 겹겹의 진흙 속으로 가자
> ―「중랑천에서 고기잡이」 전문

시적 화자는 중랑천의 오염된 모습을 생생하게 묘사함으로써 인간의 무분별한 행위로 인해 파괴되어 가는 자연과 생태계에 대한 우려를 드러낸다. 이 시적 화자는 "울적"하고 "수상한 권태로 몸이 불룩해질 때 낚싯대를 메고 중랑천에 가자"고 권유한다. 그 대상은 물론 불특정 다수이다. 화자가 고기잡이를 하러 가자고 권유하는 중랑천은 "흑갈색 물 겹겹이 흐르"고 있고, "이따금, 얼빠진 고니가 찾아와 몸속에 남아 있던 힘을

모아/ 밥알을 찾고 사철 붉가시나무가 겸허하게 말라 있는 곳"이며 "깊은 질식이 있는 곳"이다. 또한 "기름빛 물" 속을 "허기진 물고기가/굽은 등을 오므적거리며 다가"오는 곳이다. 이처럼 물은 썩고 물고기는 병들었으며, 붉가시나무도 말라 죽은 그 악취가 풍기는 중랑천에 낚시를 하러 가자고 권유함으로써 화자는 새로운 시적 상황을 만들어낸다. 그것은 오염되고 파괴된 현실 세계 대한 풍자이고 비판이다. 이는 박주택의 시가 지닌 중의성, 그 중에서도 문학의 전통적 미덕과 기제를 적극적으로 활용한 내형적 중의성에 있다.4) 이러한 중의성은 시집 『사막의 별 아래에서』에 수록된 시편들에서 자주 발견되는 특징적 요소이다. 「거룩, 거룩, 거룩」에서는 "올가미에 잡힌 오소리가/냉동고에 얼려 있다가/등 돌린 부부의 엑기스로 부활하는 날/가계부와 월급봉투의 불화도 걷히고/고장난 태엽도 차르르르 돌아간다면/오소리의 殺身成仁?"이라면서 현실을 풍자한다.5) 인간이 가진 동물적 욕망 앞에서 무고하게 죽어간 생명인 "오소리"가 "짧은 다리를 바짝 오그린 채/두 눈을 치뜨는" 모습을 통해 뭇생명의 지배자로 군림하려는 인간의 자만을 "거룩, 거룩, 거룩" 하다고 근엄한 말투로 강조하여 비꼬는 희극적 연출, 풍자적 수사를 통해 환멸적 허무의식을 드러내고 있다. 따라서 박주택의 시에 드러나는 환멸적 허무의식은 단순한 체념이 아닌 능동적인 문제의식에서 비롯된

---

4) "말투는 근엄하고 낱개의 말들은 정돈되어 있으며, 예의 너스레를 떠는 화자가 등장하는데, 이들이 모여 꾸미는 일은 중의적인 현실 풍자이다. 나는 이 시에서 보여준 박주택의 방법이 하나의 가능성을 열고 있다고 생각한다. 문학이 골몰해 온 언어적, 수사적 기제들은 중용되었고 거기에 희극적 연출이 가미되었다. 이 시가 만일, 형식에 배려하지 않은 채 중랑천의 오염을 고발하는 내용에 그쳤다면, 천연색 사진을 곁들인 일간신문의 환경고발 기사를 넘어서지 못할 것이다."
―이희중, 「문명과 시의 불화」, 신덕룡 편, 『초록 생명의 길』, 시와 사람, 2001. 319면.
5) 배한봉, 「90년대 생태시의 상상력과 영성회복의 꿈」, 『고황논집』제40집, 2007, 13-15면.

것이라고 볼 수 있다.

3. 소멸적 허무의식

　지금까지 지속되고 있는 환멸적 허무의식은 네 번째 시집『카프카와 만나는 잠의 노래』(2004)부터 변별성을 보여주며 새로운 차원으로 전개되고 있다. 그 계기가 되는 것은 죽음으로 인한 시간의 모티브에 있다.「시간의 육체에는 벌레가 산다」에도 "시간의 육체"라는 표현이 나오는데 "시간의 틈", "시간의 얼룩" 등 시간과 관련된 이미지가 핵심적인 모티프로 자리잡고 있다. 이때 시간은 소멸을 내재하고 있다. 박주택의 허무의식은 세계의 모든 사물들은 소멸해갈 것이므로 실재의 표상 안에서는 참된 의미를 얻을 수 없다는 사고에 기초한다. 죽음이란 모든 존재자들의 근본 성격이라서 그것들은 필멸의 운명을 지니고 있으며 죽음의 세계만이 현상하는 모든 사물들이 생멸이나 변화와 무관하게 상주할 수 있는 곳이다. 이와 같이 여기서 나타나는 허무의식은 죽음을 삶의 진정한 구원으로 간주함으로써 그것에 기꺼이 투신하고자 하는 죽음에 대한 지향을 특징으로 하며 모든 존재자의 존재성을 소멸과정으로 파악하고자 하는 그의 허무의식은 일종의 "죽음의식"으로 규정할 수 있다. 그런데 이러한 시인의 죽음의식은 외부 세계나 현실 세계로부터 단정되어 있거나 유폐되어 있는 상황에서 출발한다는 점이 눈길을 끈다. 이때 시인이 시적 자아의 고립감이나 유폐의식을 효과적으로 표출해내기 위하여 사용하는 모티프는 "잠"이다. 원천적으로 잠은 인간의 의지를 지금 여기에 붙들어 매어두며 현실로의 복귀를 가져온다. 모리스 블랑쇼가 잠은 세계에 대한 무관심이며 부정이지만 자아를 세계 속에 보존해주며 이 세계를 긍정하는 부정이라고 지적하는 이유가 여기에 있다.6) 이 잠이 내포하고 있는 이중적이면서 복합적인 의미는 죽음에 대한 지향을 해명하는 데 긴요한 실마리를 제공해주면서 결과적으로 그것이 도달할 수 있는 지점이 어디인가를 예측할 수 있게 한다. 그가 인식하는 비극은 사멸해 가는 존재들과 죽음을 탐닉하고 욕망하는 데 기울어져 있다. 죽음을 통해 소멸과, 상실되어 가는 세계에 대한 비극적 인식과 그것을 언어로 정착시키고자 하는 노력 사이의 시적 긴장이 빚어내는 시로 이해할 수 있다.

>   (중략)
>   비로소 나는 복도의 문을 열었다
>   비가 멎고, 싸우고 난 뒤의 불안한 평온이
>   사방에 퍼져 있었다. 공기가 젖은 어깨를 말리고 있었다
>   발자국에 곰팡이가 피어오르고 있었다
>   그리고 막 열쇠로 지옥 같은 문을 잠그고 돌아설 때쯤
>   핏기 없는 냄새가 심장까지 파고들었다
>   무덤에서 냄새의 뿌리로 태어난 수많은 구더기들이
>   시간의 육체 속으로 흩어져 갔다
>   ―「시간의 육체에는 벌레가 산다」 전문

박주택의 네 번째 시집 『카프카와 만나는 잠의 노래』에서는 독백적

---

6) 모리스 블랑쇼에 따르면, 잠은 본질적으로 현실로부터의 도피를 가능하게 하지 않는다. 잠은 중심과의 내밀성이며 인간은 잠을 통해 분산되는 것이 아니다. 인간은 인간이 있는 "이곳"에 온통 집약되어 있으며 이 지점이 바로 인간의 궁극적 자리인 것이다. 따라서 인간은 자신이 잠자는 곳에 자신의 위치를 고정시키며 세계를 고정시키게 될 뿐이다. ―모리스 블랑쇼, 박혜영 옮김, 「잠과 밤」, 『문학의 공간』, 책세상, 1990, 365-368면 참조.

진술을 통해 유폐 내면의 공간에서 죽음에 의한 소멸적 허무의식이 전개된다. 그의 허무의식을 특징짓는 것은 죽음에 대한 지향에 있다. 사실 죽음 의식은 90년대 시 뿐만 아니라 그의 시세계 전반을 이해할 수 있는 토대로 작동한다. 그는 죽음을 새로운 탄생과 시초의 시간을 복원할 수 있는 선행단계로 간주한다. 죽음은 탄생 및 재생을 획득하기 위해서는 반드시 거쳐야 할 과정이다. 그의 시는 죽음의식의 연장선상에서 현재에 미래에 획득될 가치를 부여하고 미래의 시간을 예언적으로 불러들이려는 노력을 기울이고 있다. 이 세계에 존재하는 모든 것이 시간의 흐름 속으로 소멸되는 것을 형상화함으로써 비극적 허무의식을 목격할 수 있다.

> 시간은 삶과 동일화를 이루며 타자와 교환하기도 하고 자신의 존재를 보장받는 곳이기도 합니다. 우리가 시간을 과거, 현재, 미래로 분절시키거나 하루를 스물 넷으로 나누고 있지만 지속과 영속의 측면에서는 사실 시간은 흘러가고 있습니다. 우리들 삶은 흘러가는 시간 속에 담겨 슬픔과 기쁨, 추억과 환상을 계속합니다. (......) 제 시는 시간과의 대립과 화해, 저항과 귀속과 같은 체험을 눈여겨 재생하고자 합니다. 시간은 분명 육체를 지니고 있습니다. 우리는 타자와 만나 어떤 목적에 자신을 바치듯이 시간의 육체와 만나 대화를 계속합니다. "시간의 주름"과 "시간의 얼룩" 그리고 "시간의 벌레"는 이때 만난 비극의 얼굴이라고 할 수 있습니다.[7]

여기서 소멸은 단순히 사라지는 것을 의미하지 않는다. 모든 소멸하는 것들은 자신의 '흔적'을 남긴다. 시간은 비극의 얼굴 같은 '얼룩'을 남

---

[7] 박주택, 오형엽 대담, 『현대시』, <환멸, 기억, 망각, 몽환>, 2004. 65면.

기기도 하는 것이다. 흔적은 대상 스스로가 남기는 존재의 잔해가 아니다. 그것은 대상의 소멸을 부정하거나 유예시키려는 특정한 주체의 심리적 산물이자 욕망이다. 「미라」라는 시를 통해 보면 생에 대한 열정을 상실하고 시간의 흐름에 풍화된 비극적 삶의 인식할 수 있는데 이때 삶은 시간과 지루하고 힘겨운 싸움이자 기억과 망각의 충돌이 빚어내는 욕망은 불협화음으로 나타난다. 이러한 내면의 격렬함으로 인해 행과 행 사이, 연과 연 사이, 한 시의 구조 자체가 중층성을 가지고 언어의 불연속성이 그려진다. 유한자인 인간이 시간과의 싸움에서 이길 가능성은 없다. 그러므로 박주택 시인의 시는 "너희들은 모두 잊혀질 것"(「유적의 생애」)이라고 예고한다. 이는 인간존재의 운명적인 비극성과 한계를 가리킨다. 인간은 시간과의 싸움에서 자신이 절대적으로 불리한 상황에 처해 있음을 알고 있다. 그럼에도 불구하고 왜 승산 없는 싸움에 매달리는 것인가? 그것은 기억이 망각을 지배하는 동안만큼은 이 운명적 비극이 상대적으로 연기될 수 있기 때문이다. "지금 가 버리는 것들이 내는 둔탁한 소리는 / 어둠을 닮은 것이라기보다 저 떠나는 자리에 남겨질/ 자신의 중심이 두려운 것이다."(「자리」) 죽음에 직면한 인간이 공포를 느끼는 것은 죽음이 경험하지 못한 미지의 시간으로 들어가는 통로기 때문이다. 또한 자신의 존재가 송두리째 잊힌다는 것에 대한 불안의식이 작용하기 때문일 것이다.[8] 따라서 죽음에 대한 허무의식과 불안은 기억을 복원하여 잃어버린 시원을 회복하고자 하는 강한 의지로 작용한다고 볼 수 있다.

    베르그송은 인간의 기억의 형태에는 두 가지가 있다고 본다. 하나는 "기계적인 운동"에 따른 '습득된 회상', '의지적인 기억'으로 암기에 의해

---

8) 고봉준, 「삶을 삼키는 시간들」, 『시작』, 2010. 453면.

습득되거나 동일한 노력의 반복에 의존함으로써 얻어진다. 즉 이미지의 형태하에서 과거를 환기하기 위해서는 현재 행위로부터 초연하거나 무익한 것을 중요시하고 꿈으로 꾸고자 해야 한다고 말한다.[9]

시인의 내적이며 자족적인 세계 추구에는 이른바 '변형'의 원리[10]가 깃들어 있다. 시간의 흐름에서 해방된다는 것은 일상적 시간과의 상호작용을 제거하여 사물에 대한 이해에 있어서도 일상적인 방식과는 전혀 다른 방식을 요구하는 일이다. 이때 이를 이끄는 것은 "심미적인 감정"이라고 할 수 있다.

> 입을 열지 않아 어금니가 아픈 하루
> 다시는 가지 말자던 술집에 앉아 기우는 저녁해를 바라본다
> 저 해의 상형문자, 저 곳에는 어떤 망령의 책들이 있길래
> 기다림의 문장들이 실명한 채 바람에 나부낄까
> 얼룩진 의자 위로 먼지가 귀순을 꿈꾸며 부유하고 있다
> 먼지에는 울음소리가 박혀 있다
>
> 다시 태어나리라는 그 모든 것들은
> 이제, 남은 생애를 저 저녁의 남은 빛에 맡기리라
> 바람을 읽으며 누군가는 잘못 씌어진 기록에
> 세상과 맞서 싸운 길 위에서 어이없는 웃음을 지을 것이며
> 또 누군가는 잠이 들다 깨어
> 스스로 독이 되는 긴 편지를 쓰리라

---

9) 베르그송, 홍경실 옮김, 『물질과 기억』, 1991, 교보, 89면.
10) 이는 포지올리가 이른바 '예술의 비인간화'를 재해석한 것이다. 포지올리는 '예술의 비인간화'가 추상주의에만 적용 가능한 개념이므로 미래파의 기계의 미학 등이 이에 포함된다고 볼 수 있다.
　　―오르테가 이 가세트, 박상규 옮김, 『예술의 비인간화』, 미진사, 1998. 69면.

해가 진다, 진다 저녁해야, 바람이 부냐
너 지는 곳, 붉은 핏물로 하늘을 곱게 물들이며
운명을 하나씩 네 속에 가두고 이별을 피워 올리는 곳
네가 길이라고 타이른 수많은 기다림이 좀이 슨 채 울음을 터뜨린다
창에 수의가 어른거린다

그것이 우리가 만나는 사랑의 모습이다
　　　　　　　　　　　　　　　―「판에 박힌 그림」 전문

이 시에서 시적 화자가 느끼는 심미적 감정은 고독감다. 고독감은 근본적으로 존재 가치의 상실과 생활공간으로부터의 분리가 가져오는 폐쇄인의 감정으로 볼 수 있다. 유폐와 죽음을 동시에 감당해야 하는 시적 자아는 고독감과 외로움으로 생에 대한 갈망과 존재 가치 회복의 드러낼 수밖에 없다. "기우는 저녁해"는 시간의 흐름이 소멸을 향해 가는 것을 의미하며 "얼룩"과 "먼지"는 사물의 원형이 퇴색되고 사라지고 남은 흔적을 말한다. 이를 통해 존재하는 모든 것이 시간의 흐름 속에서 훼손되고 소멸한다는 비극적 인식을 드러내고 있다. 이때의 허무의식은 유한한 존재가 "수의"를 상상하며 죽음의 극단으로 의식을 밀고 나감으로써 역설적으로 생의 현존을 느낄 수 있다.

이윽고 잠잠하리라, 망각은 當代를 다스리고
시간의 저편 대지 위에 따로이 모든 회억은 잠시 자리니
다시 長江의 바람이 불어오면 뉘우침도 없이
저녁의 그대로를 맞이할 수 있으리라, 우리 있는 이곳
생명의 춥고 뜨거운 육체는 미치도록 여기 머물러 죄를 남기고

크게 자란 그림자만이 당대를 떠돈다, 들어보라
제 몸을 구부려 자신 속에 드는 고요한 밤
이렇게 발자국 소리조차 바람을 읽는 밤이면
자근자근 생의 부름에 떨떠름한 혀도 응대하리니
마지못하던 태양도 육체의 구석구석을 비추어주리
밤의 불편, 꽉 찬 감옥의 불편, 진흙 속에 뒹굴어
젖은 옷의 불편 다시 강에서 바람이 불어오고
마침내 가라앉을 것들이 눈을 홉뜬 채로 머릿속에
붐비는 동안 노래는 여기서도 멀고
견딜 수 없는 것들은 발이 시리도록 몽상에 젖는다
―「장엄한 近日」 전문

시적 화자는 "하리라", "들어보라", "비추어주리" 등 장엄한 어조로 노래하는데 이는 시인의 허무의식이 "망각"을 통해 허무까지도 긍정하는 운명애를 획득함으로써 능동적 허무의식으로 진입한 것을 목격할 수 있다.[11] 이는 기억이 망각의 회로 끝까지 질주할 때 존재의 비밀스러운 아름다움은 더 극명히 빛날 수 있을 것이다. 더 나아가 허무의식은 존재론적 자각과 함께 다른 생의 불가능성을 촉감과 직관을 통해 기시감으로 드러낸다. 관성화된 세계의 메커니즘을 파헤치며 시적 사유의 지반을 확대시킨다. 『시간의 동공』에서는 몽환적인 이미지의 배열을 통해 시간의 복잡성을 드러내는데 이는 근대적 시간관에 대한 비판이자 반유토피아적 충동을 표출하는 것으로 이해할 수 있다. 시적 화자가 바라보는 몽환적인 세계는 현대 사회의 일상에서 쉽게 간과되는 순간들이며 시적 화자는 시간의 유동성과 인간 존재의 복잡성을 미시적인 측면에서 탐구한다.

---

11) 오형엽, 「망각의 시학」, 『주류와 기억』, 작가, 2004, 189면.

> 그리하여 시간이란 계급을 재편성하는 과정이란 느낌이 들 때 /
> 햄버거는 입속에서 혈관을 터뜨리고 커피는 저녁처럼 어두워졌다 /
> 순환하는 인간들, 청춘은 중년이 되고 또 다른 청춘은 / 이곳을 가득
> 메우며 노년에 이르게 됨을 눈치채지 못한다(중략)
>
> ―강남역

익명성을 가진 도시인들이 범람하는 '강남역'이라는 장소성을 매개로 매 순간 도시를 관통하는 현대인들의 실상을 담고 있는 언어들이 쏟아진다. "시간이란 계급을 재편성하는 과정"이라는 표현은 시간의 흐름이 개인의 삶과 사회적 지위를 어떻게 변화시키는지를 암시한다. 햄버거와 커피의 이미지는 일상적인 소비 문화를 상징하며 이러한 소비가 인간의 신체적, 정서적 상태에 미치는 영향을 드러낸다. 특히 "햄버거는 입속에서 혈관을 터뜨리고"라는 표현을 통해 현대인의 삶이 건강과 연결된 위협적인 요소로 가득 차 있음을 암시한다. "순환하는 인간들, 청춘은 중년이 되고 또 다른 청춘은" 부분은 시간의 흐름 속에서 인간 존재의 반복성을 강조한다. 다람쥐 쳇바퀴 돌아가듯 살아가는 현대인들은 자신의 변화를 인식하지 못하며 이는 현대 사회의 고립감과 허무함을 드러낸다. 시적 화자는 자신의 삶의 의미를 찾기 위해 세상의 허무함을 직시하고 그 속에서 스스로의 존재를 재조명하는 과정을 거치게 된다.

> 이제 남은 것들은 자신으로 돌아가고
> 돌아가지 못하는 것들만 바다를 그리워한다
> 백사장을 뛰어가는 흰말 한 마리
> 아주 먼 곳으로부터 걸어온 별들이 그 위를 비추면
> 창백한 호흡을 멈춘 새들만이 나뭇가지에서 날개를 쉰다
> 꽃들이 어둠을 물리칠 때 스스럼없는

파도만이 욱신거림을 넘어간다
만리포 혹은 더 많은 높이에서 자신의 곡조를 힘없이
받아들이는 발자국, 가는 핏줄 속으로 잦아드는
금잔화, 생이 길쭉길쭉하게 자라 있어
언제든 배반할 수 있는 시간의 동공들
　　　　　　　　　　　　　　—「시간의 동공」 부분

　만리포 바다 앞에서 시인은 꿈을 보고 있다. "꽃들이 혁대"를 내질러 "바람의 등을 후"려치고 파도의 흰 거품이 한 마리 말이 되어 내달리는 꿈. 그 위에는 별이 떠 있고 새들은 날개를 쉰다. 마치 샤갈의 그림을 보는 것 같은 이 시에서 우리는 꿈/현실‒현실/꿈의 경계를 한눈에 집어넣어 느낄 수 있다. 이는 몽환의 시간의 교차에서 오는 어지러움과는 다르다. 이 '환상적 현상'은 공간 특유의 단단함을 내포한다. 우리는 지금 당장 만리포 앞 바다에서 달려오는 흰말과 그 말발굽 소리를 '볼' 수 있다. '시간의 동공'을 통하여 몽환적 시간 위에 쌓여 올라가는 환상적 현상과 마주한다. 『시간의 동공』은 시간이 소멸됨으로써 유한한 존재는 허무의식을 느끼지만 이때 느끼는 허무의식은 삶의 역동적 움직임을 전제하고 있다. 이러한 역동적인 움직임을 통해 박주택은 고통스러운 삶을 정화해나간다. 부당함을 폭로하고 잘못된 생애를 고백하면서 불안을 불안[12)]

---

12) "네 번째 시집까지는 세상에 대한 불화나 부정적인 것들에 대해 관심이 높았습니다. 또한 내면에서 우글거리고 있는 불안과 욕망들의 음성을 받아 적고 싶었습니다. 특히 소멸이라든가 죽음 같은 것에 천착해서 시적 세계를 이루었다는 생각이 드는데 그것이 지속적으로 이어진 것 같습니다. 그런데 이번 『시간의 동공』 시집에서는 개인적인 상황이나 조건이 좋아져서가 아니라 마음으로부터 세계를 보는 관점이 통합과 정합을 지향했다고나 할까요. 나이를 먹어가는 만큼 용서와 관대가 인간과 세계를 포함한다고나 할까요."
　—『시를 사랑하는 사람들』, 김수이, 박주택 대담, 『시사사』, 2010.1월호, 44집, 26면.

으로 끌고와서 생을 더 나은 생으로 만들기 위해 불멸의 밤을 지새우며 허무의식의 옷을 걸치고 있는 것이다. 이런 측면에서 시인의 집요한 존재에 대한 탐구는 무가치한 현실시간 속에서 새로운 가치를 통해 삶의 가능성을 확보하기 위한 노력이라고 볼 수 있다. 그의 시적 여정은 근대적 시간관에 대한 비판적 성찰에서 출발하여 상상력의 힘을 빌려 순간의 시간들을 의식 위로 불러오려는 시도로 이어진다. 이는 단순한 부정이 아니라 새로운 시간성과 존재론적 지평을 모색하려는 적극적인 재구성의 의지라고 할 수 있다. 시인은 고통스러운 현실 속에서도 영혼의 정화와 "이후"에 대한 모색을 시도한다. 이는 곧 사라질 소멸의 시간 속에서도 삶의 가치를 발견하고자 하는 능동적 허무주의의 발현이라고 볼 수 있다.

4. 헤집어 놓은 충동과 허무의식

여섯 번째 시집 「또 하나의 지구가 필요할 때」에서는 소음과 혼란 충돌과 충동 등 파토스의 힘이 이 세계를 헤집으며 그 속에서 생겨나는 틈을 응시한다. 이 틈은 위계질서가 공고한 세계에 대한 각성을 위해 일부러 기획된 틈이다. 시는 언제나 새로운 것에 대한 욕망을 품어왔으며 이를 실현하기 위해 기존의 낡은 관습을 부정해왔다. 허무주의는 이러한 부정의 미학의 핵심적인 미적 인식으로 볼 수 있다. 이는 존재의 문제에 대한 해답을 찾기 위한 노력의 일환이며 현실의 모든 가치와 질서를 무화시키려는 허무의식의 발현이기도 하다. 시인에게 있어 이는 단순한 부정이나 거부가 아닌 실존적 체험을 통해 형성된 것이다. 이를 시를 통해 내적으로 구현해낸 것에 주목할 만하다. 이러한 능동적 허무의식은 현실을 극복하고 새로운 시학의 미학적 기반을 마련하는 데 중요한 역할을 한다. 그는 기존의 가치와 질서를 부정하고 무화시키는 과정에서 새로운 시적 주체성과 세계관을 창출해내고자 했다. 이는 시인의 실존적 탐구와 자기 형성의 과정으로 볼 수 있다. 이는 현실에 대한 비판적 성찰을 바탕으로 시를 통해 자신만의 실존적 진실을 추구하고자 한 시인의 노력의 결과라고 할 수 있다.

> 장례 집행자는 시신에 화장을 하고 있었다 침묵이 무겁게 가라앉고 언제든지 흐느낌은 냉동 시신을 녹일 준비를 하고 있었다 짐승 가죽처럼 노란 얼굴, 서늘하게 풍겨 나오는 잎사귀, 희미한 촉감, 이제 떠난다면 무서운 귀신으로 남을 것인 영혼 루주로 입술을 덧칠하고 검은 눈썹을 그리는 장례 집행자는 채광창을 뚫고 들어오는 햇살에 반이 환해졌다 바닥을 핥으며 비로소 자신이 되는 것, 죽기 전에 기다리고 있는 자신과 만나게 되는 것, 구부정하게 숙여 거즈로 얼굴을 닦아내는 장례 집행자의 눈빛에서 등을 돌리는 창문들 파르르 떨다 깃털로 가라앉는, 수북한 찰기 잃은 기억의 곤죽들 어느덧 시신은 자신으로 바뀌어 시드 위에 창백하게 누워 있다. 시신을 비리보는 자들 장례 집행자의 손에 두 다리는 묶이고 손도 가지런히 묶인 채 입을 틀어막은 거즈에 숨이 막히는 듯 이제는 참을 수 없다는 듯 노란 짐승가죽 속을 서둘러 빠져나온다
> ―「장례 집행자」

존재자들의 세계를 넘어 그들을 존재할 수 있게 만드는 빈 바탕이 등장한다. 즉 공(空)이라 불리는 실재의 세계를 드러내려는 것을 알 수 있다. 노장 사상에서 허무주의를 無로 인식한다고 볼 때 "없음"으로 인해 실재는 "있을" 수 있는 것이다. 따라서 이 시집에서 허무의식은 기시감

으로 느끼는 것으로 빈공간의 이미지를 거느린다. 그리고 대상에 대한 묘사나 현실의 재현에서 담아낼 수 없는 것을 기필코 담아내려 한다. 이를 통해 죽음이라는 절대적 타자와 대면하게 된다. "죽기 전에 기다리고 있는 자신과 만나게 되는 것" 이 세계는 보이는 것만 실재하는 것이 아니다. "귀신", "유령"이 귀환할 수 있는 자리가 열리게 된다. 사라지고 버려지고 망각된 모든 것이 회귀할 수 있는 통로를 만들어지는 것이다.

이는 "말할 수 없는 것" "기억하지 못하는 것들"을 말하고 "보이지 않는 것" "사라진 것들"을 "보일" 수 있게 하거나 다시 "나타나게 하"려는 응시의 힘에서 비롯된다. "보이지 않는 것이 보일 때 사라진 것들이 나타나"는 것은 데리다가 말한 '어떤 가시성의 출몰"이자 "비가시적인 것의 가시성"을 드러내는 것이라 볼 수 있다. 이는 자명한 의식으로는 느낄 수 없는 흔적과 기미를 끝내 드러내는 의지에 있다. 즉 데리다의 말을 인용하자면 "부재로써 현전" 하는 것이다. 이 "유령" 이미지는 물신주의를 비판하고 자본주의적 상품미학의 유혹을 비판하고 상품 전략이 가져오는 환각적 쾌락을 비틀고 풍자하고 있다.[13]

자본주의 현실에서는 "의자에 등을 기댄 채 전광판의 숫자 누구의 것도 아닌 빽빽한 눈동자들 이처럼 흘러가서 결코 고이지 않는 것이 깊은 비참으로 고난을 마칠 때까지 창밖을 밝히는 신문, 양복 안쪽의 지갑, 그리고 진심이 일 때까지 억누르는 증권시황표(「증권거래소」)가 즐비하고, "우리는 완전한 기억처럼 사육되며 고삐처럼 기억된다." 박주택 시인은 현대 자본주의의 일상에 견고하게 녹아있는 자동화되고 기계화되고 있는 인간들의 동선을 집요하게 따라가서 파헤치고 보여준다. 이런

---

13) 이찬, 망각의 존재론, 아나크로니즘의 현상학」, 『시현실』, 봄호 제58호, 2014.3, 244-249면.

측면에서 그의 작품 세계는 자본주의 사회의 폐해와 절망적인 현실에 대한 깊은 성찰에서 출발한다. 시인은 지구가 더 이상 둥근 모습이 아니라 욕망으로 팽창하고 절규로 가득 찬 일그러진 모습으로 인식한다. 이러한 세계에 대한 허무의식을 드러내면서도 동시에 잊혀져가는 존재의 본질을 구원하고자 하는 의지를 발휘한다는 것을 알 수 있다. 즉, 시인의 능동적 허무주의는 현실을 비판하고 더 나은 세상을 향한 추동력이 된다. 효율성과 발전이라는 명목 아래 잊혀져가는 것들을 복원하고자 하는 시인의 노력은 자본주의 논리에 휩싸인 세계에 대한 근본적 성찰을 요구한다고 볼 수 있다. 나아가 시인은 "또 하나의 지구"를 절실히 요청하며 이는 현재의 지구가 이미 회복 불가능할 정도로 엉망이 되었다는 인식에서 비롯된다. 그러나 이러한 절망적 인식 속에서도 언젠가는 지구에 희망이 도래할 것이라는 믿음을 내재하고 있다. 결국 그의 시 세계는 지독한 우울과 절망의 바닥을 치고 올라오는 아름다운 절규이자 현실에 대한 비판적 성찰과 더 나은 세상에 대한 열망이 담긴 것이라고 할 수 있을 것이다.

5. 결론

박수택 시에 나타난 '허무의식'을 중심으로 그가 세계를 인식하는 방식을 고찰하고 존재론적 내면 풍경의 변화를 추적하였다. 박주택의 시는 세계의 부조리와 비극적 현실에 대한 예리한 인식을 바탕으로 하면서도 그 안에서 새로운 존재의 가능성을 탐색하려는 시적 사유로 나아간다. 그의 시에 나타나는 허무주의는 무력한 체념이나 비관의 감정이 아니라 실체 없는 세계의 징후를 예민하게 감지하고 그것을 시적 언어로 드러내려는 치열한 존재 탐구의 일환이다. 그는 현실 너머의 세계가 일상에 남긴 흔적을 붙잡으며 세계가 작동하는 보이지 않는 구조를 감각적으로 드러낸다.

특히 1990년대 시에서는 신화적 상상력과 탈시간성을 통해 폐허의식을 표현하며 세계의 본질에 다가가려는 시도를 보였고 2000년대 이후에는 죽음을 매개로 한 소멸 인식과 반유토피아적 충동이 두드러진다. 주목할 점은 박주택의 시에 나타나는 이러한 허무의식이 끝없는 절망으로 귀결되지 않는다는 사실이다. 오히려 그는 부조리한 현실 속에 잠재된 모순을 감지하고 그것을 고통으로 인식하며 그 이면에서 생의 온기와 인간적인 연민을 끌어안으려는 시적 감수성을 보여준다.

그런 의미에서 허무와 폐허의 정서는 단절을 향한 종착지가 아니라 존재를 새롭게 인식하고 구성하기 위한 통과의례적 계기로 작동한다. 죽음은 오히려 본원적 시간으로 돌아가는 문이자 존재를 새롭게 구성할 수 있는 가능성의 계기가 된다. 그리하여 그는 삶의 파편과 상처가 흩어져 있는 폐허의 현장에서 오히려 '생'의 가능성을 끌어안으며 시를 통해 존재를 다시 묻는 여정을 이어간다.

이러한 태도는 체념이나 탈주가 아닌 허무를 정면으로 응시하면서도 끝내 삶을 포기하지 않으려는 내면의 의지에서 비롯된다. 박주택의 시는 고통과 소멸의 이미지를 통과하면서 그 심연에서 인간적인 온기와 존재에 대한 성찰을 건져 올린다. 세계와 자아의 불화를 외면하지 않으면서도 그 속에서 언어로 존재의 틈을 비추는 작업은 그의 시세계가 지닌 본질적인 긴장과 깊이를 보여준다.

따라서 박주택의 시는 절망과 환멸의 세계를 발 딛고 서서 그로부터 새로운 감각과 의미를 끌어올리려는 능동적 허무주의의 시적 실천으로 볼 수 있다. 즉 그의 시는 생의 본질을 향한 근원적인 물음을 품은 채, 모든 것이 무너지는 듯한 순간에도 흔들리는 자리에서 감각과 의미의 불씨를 놓지 않으려는 시적 응시의 기록이라 할 수 있다.

| 참고문헌 |

1. 기본자료

박주택,『꿈의 이동건축』,문학세계사, 1991.
_____,『방랑은 얼마나 아픈 휴식인가』, 문학동네, 1996.
_____,『사막의 별 아래에서』,세계사, 1999.
_____,『카프카와 만나는 잠의 노래』,문학과지성사, 2004.
_____,『시간의 동공』,문학과지성사 , 2009.
_____,『또 하나의 지구가 필요할 때』,문학과지성사 , 2013.

2. 단행본

고봉준,「삶을 삼키는 시간들」,『시작』, 2010.
강대석,『니체와 현대철학』, 한길사, 1990.
랭어,『메를로―퐁티의 지각의 현상학』, 서우석·임양혁 옮김, 청하, 1992.
모리스 블랑쇼, 박혜영 옮김,「잠과 밤」,『문학의 공간』, 책세상, 1990
박주택,『현대시의 사유구조』, 민음사, 2012.
_____,『감촉』, 뿔(웅진), 2011.
베르그송, 홍경실 옮김,『물질과 기억』, 교보, 1991.
이희중,「문명과 시의 불화」, 신덕룡 편,『초록 생명의 길』,시와 사람, 2001
오형엽,「망각의 시학」,『주름과 기억』, 작가, 2004.
오르테가 이 가세트, 박상규 옮김,『예술의 비인간화』, 미진사, 1998.
최정식,『서양 고대 철학의 세계』,서광사, 1995.
홍용희,「불협화음의 미의식과 열반의 정적」,『현대시의 정신과 감각』,천년의시작,
        2010.

3. 논문 및 기타 자료

김수이, 박주택 대담,<시를 사랑하는 사람들>,『시사사』, 2010.
박주택, 오형엽 대담, <환멸, 기억, 망각, 몽환>,『현대시』, 2004.

배한봉, 「90년대 생태시의 상상력과 영성회복의 꿈」, 『고황논집』, 제40집, 2007.
이 찬, 「망각의 존재론, 아나크로니즘의 현상학」, 『시현실』, 봄호 제58호, 2014.

박주택 시 연구의 정립을 위한 試論적 검토*

박성준
(경희대학교)

1. 서론: 박주택 시 연구의 현재

박주택(1959~)은 1986년 경향신문 신춘문예에 시 「꿈의 이동건축」을 통해 등단한 이래로, 6권의 시집[1]과 1권의 시선집[2]을 상재하는 등 활빌한 시작 활동을 통해, 동 세내 시인들의 시와는 변별성을 지니는 매우 독자적인 시 세계를 구축해온 시인이다. 가령 첫 시집 발문에서 "80년대

---

* 본 논문은 『국제언어문학』 제60호(국제언어문학회, 2025)에 게재한 논문을 수정·보완했다.
1) 현재까지 출간된 박주택 시집은 다음과 같다. 박주택, 『꿈의 이동건축』, 문학세계사, 1991; 『방랑은 얼마나 아픈 휴식인가』, 문학동네, 1996; 『사막의 별 아래에서』, 세계사, 1999; 『카프카와 만나는 잠의 노래』, 문학과지성사, 2004; 『시간의 동공』, 문학과지성사, 2009; 『또 하나의 지구가 필요할 때』, 문학과지성사, 2013 등이 있다. 그 밖에도 리바이벌 시집으로 2004년에는 『꿈의 이동건축』(천년의 시작, 2004.)을 간행했으며, 일본 현지에서 『時間の瞳孔』(韓成禮 訳, 東京: 思潮社, 2008.)을 간행한 바도 있다.
2) 박주택, 『감촉』, 뿔, 2011.

의 여러 유형화된 감성과는 다른 감성의 시가 있을 수 있다"3)는 평가에서도 그러했고, 등단작이었던 「꿈의 이동건축」의 심사평(鄭漢模·朴在森)에서도 그러했다. 박주택의 시는 당대 젊은 시풍에서 유행처럼 번져나갔던 "誇示性과 說明性"과는 거리를 두면서, "「설명」으로 사물을 浮刻시키려 하지 않고 「표현」으로 일관성 있게 밀고 간 力量"4)이 높은 시로 극찬을 받은 바 있다.

그 이후의 평가에서도 다르지 않다. 주지하듯 박주택의 시는 한국시의 재래적 감수성과는 일정 거리를 두고, 특정 세대나 특정 시류에 휩쓸리지 않으면서 "우리 서정에서 익숙하지 않"은 "독특한 시적 성취"5)를 보여주며 날카로운 지적 통찰의 세계를 개진해 나간 시로 평가받아 왔다. 그러나 문학 현장과 평단에서의 꾸준히 축적된 비평적 호명과는 달리, 본격 연구 차원에서는 상대적으로 협소하게 그의 시를 다룬 면이 없지 않다. 물론 이는 그가 아직 생존 시인이라는 점과 시집 출간을 거듭할수록 종전과는 사뭇 다른 세계를 구축해낸다는 점이 작용된 결과로 보인다. 다시 말해, 박주택은 자기 갱신을 담보한, 여전히 진행 중인 시인이기 때문이다. 이러한 관점에서 본격 연구의 영역으로 박주택 시를 불러와 쉽사리 문학사적 평가를 갈무리하는 것은 생존 시인의 시 세계를 존중하는 관행은 아닐 것이다. 그러나 그 반대급부로, 연구의 영역에서는 박주택의 구체적 생애에 관한 연구조차 전면적으로 이루어진 바가 없는 상황이다.

그도 그럴 것이, 박주택 시의 경우 시와 생애를 연결하여 보는 시각 자

---

3) 조정권, 「속박과 순례- 박주택의 시」, 『꿈의 이동건축』, 문학세계사, 1991, 112면.
4) 정한모·박재삼, 「심사평」, ≪경향신문≫, 1986. 1. 4, 7면.
5) 최동호, 「어둠의 동공을 응시하는 환명의 눈(심사평)」, 『제20회 소월시문학상 작품집』, 문학사상, 2006, 202면.

체가 거의 부재했다고 보아도 과언은 아니다. 박주택의 시는 현실성보다는 신화성에, 로컬리티보다는 도시성에, 리얼리즘보다는 모더니티와 아방가르드의 맥락에서 검토돼왔다. 아울러 그동안 그가 주조해낸 시적 세계를 관류하는 비평적 독해 방식 또한 '시간성'을 기반으로 한 신화적 상상력이나 도시적 배회(방랑), 죽음의 응시와 그 이면, 일상의 입체성과 주체의 다성화 전략 등으로 압축된다. 그러니 그의 시에 대한 비평조차도 다소 경도된 호명으로 전개된 점이 없지 않다. 그러므로 그의 유소년기·청년기의 실증적 경험이나 시 세계의 변동 과정 등은 본격적인 학술 영역에서 연구·축적된 바가 없거나 아예 부각조차 되지 않은 점 또한 작금의 박주택 시 연구에서 선행해야 할 부분이라 하겠다.6)

예컨대 그의 유년기만을 회고하더라도 그렇다. 박주택은 1959년 당시 충남 서산군 음암면 부산리에서 태어나, 아홉 살까지 서산 팔봉면에서 자랐다. 아버지 박성준과 어머니 채순 사이에서 1남 3녀의 둘째이자 외아들로 성장했다. 팔봉면은 현재 서산 시내에서 서쪽 바닷가로 팔봉산을 등지고 자리한 곳으로 박주택은 초등학교 2학년 때까지 바다가 내려다보이는 팔봉초등학교에 재학했었다. 친가는 서울에서 낙향한 문벌 집안이었고 외가는 서산군 운산면에 있었다. 조부와 외조부는 한학에 조예가 깊었으며 특히 외조부의 경우 한의학에도 조예가 있었다. 그 때문에, 당시 마을에서는 이례적으로 농사를 짓지 않는 가구였고, 박주택은 또래 집단에서도 농부가 아닌 아버지를 두고 있는 특수한 아이로 자라났다. 그러나 일제와 인공을 거치면서 가세가 기울기 시작했고, 조부

---

6) 물론 이와 같은 문제는 본격 연구를 앞둔 여느 생존 시인들의 제반 문제들과 동류하는 부분지만, 본고는 박주택 시 연구의 시론(試論)적/토대적 성격에 초점을 맞춰 고찰하는 것을 그 목적으로 한다.

마저 늑막염으로 돌아가시자, 그 당시 서예가였던 아버지 박성준의 불안정한 수입으로는 가세를 유지하기조차 어려웠던 것으로 보인다. 가령 이 시기 학교에서 배급을 받아 옥수수죽으로 끼니를 때웠다거나 하굣길에 나무껍질로 배곯이를 달랬던 회고가 있었던 것도, 그 어린 시절 가난에 대한 기억의 방증이었을 것이다. 그러나 주지하듯, 박주택의 시 세계에서는 한국적인 재래의 가난이나 가족주의적 로망스와 같은 것들이 경험적 사유로 전유되지 않는다. 유년기 박주택에게 주요한 경험은 바닷가와 산촌이 공존하는 마을에서 당시로서는 귀했던 '라디오 소리'를 듣는다든가, 대전 문화초등학교로 전학을 가서 '기차 소리'나 실물의 '기차'를 처음 봤던 경험[7])들이었을 것이다. 이처럼 자연보다 인공물에 대한 심정적 천착이 드러난 유년기의 기억은 향후 박주택이 자신의 문학 세계를 형성하는 데에 주요한 매개가 되기도 한다.

  이에 본고는 박주택 시 연구의 토대적 단계에서 검토되어야 할 부분을 종합적으로 제시하고 박주택 시의 본격 연구에 앞서 그 시론(試論)을 마련하고자 한다. 그리고 향후 박주택 시 연구를 견인할 기본 골자를 세움과 동시에, 박주택 시 세계의 변모 과정을 고찰한다. 특히 박주택 시 세계를 현재까지 상재한 시집을 중심으로 하여, 기수별 특징을 포괄적으로 살피고 당대 비평과 더불어 시 세계의 변모 과정을 해명함으로써, 현재 기준 박주택 시 세계를 종합적으로 조망한다는 데에 의의를 가진다.

---

7) 박주택, 「수상소감-연보」, 『경희문학』 제18집, 2005, 청동거울, 2004, 17면.

2. 시기 구분과 제1기, 제2기 시의 특징

박주택의 시 세계는 크게 4기로 구분할 수 있다. 1980년대의 개인을 압도하는 정치·사회적 시대 상황 속에서 자기 주체를 구명하려 했던 제1기, 주체 이외에 외부로 시선을 돌리며 감정보다 감각 지향의 시 세계를 축조했던 제2기, 우리가 놓치고 있었던 기억이나 망각을 끌어안으면서도 시적 자아의 구심력을 통해 주체의 육성을 크게 외연화했던 제3기, 소거된 주체의 시선을 통해 '자연성'과 '순연성'이 교차하는 가운데 존재 자체의 통점을 집요하게 파고들어, 개별적 고통을 공동화시켰던 제4기가 그것이다.[8] 이와 같은 분류 기준은 박주택 스스로가 여느 대담을 통해 언술[9]하기도 했거니와, 당대 평단에서도 크게 다른 방향의 비평적 호명이 진행되지 않았던 것으로 보아, 위와 같은 시기 구분론은 타당성을 지닌다.

1) 제1기: 감각과 사유 사이, 기억의 개방

먼저 제1기의 주요 작품들을 살펴보기에 앞서, 첫 시집의 「自序」를 경유해볼 필요가 있다. "이 기록들은 한 젊은이의 자성에 찬 기억뿐일 것이며 또한 그가 그의 삶 속으로 가는 중에 만난 많은 감정들을 앞뒤를 재지않고 말해 버린 어떤 보고서와도 같은 것이다.// 정말로 사유를 통해서 만난 것들은 부스러져 없어졌다.// 존재의 정면 …… 그것은 그의 질못이

---

[8] 시집에 따라 기수별 시대구분을 해보면 아래와 같다.
  제1기: 『꿈의 이동 건축』
  제2기: 『방랑은 얼마나 아픈 휴식인가』, 『사막의 별 아래에서』
  제3기: 『카프카와 만나는 잠의 노래』, 『시간의 동공』
  제4기: 『또 하나의 지구가 필요할 때』
[9] 박주택·김제욱, 「시인을 만나다 43: 풍경을 걷는 사람 박주택 시인(대담)」, 『포엠포엠』 통권 제60호, 포엠포엠, 2013 겨울호., 17-20면 참조.

다."10)와 같이 시인은 진술한다. 이 진술에서 특수한 점은 "'감정'과 '사유'를 동의어"11)로 사용하여, '찰나의 감정'과 '지속의 사유'가 동일한 시간 속에서 이루어질 수 있다는 가능성을 내비쳤다는 것이다. 다시 말해, 감정과 사유가 동일시되려면 그것은 '기억'이라는 주체를 거치지 않고는 해결할 수 없는 '시간성'이 담보되어야만 한다. 그 때문에 시적 주체는 "존재의 정면"을 마주하겠다고 선언하고 있지만, 실상 이런 선언들은 불가능에 가깝다. 주체의 기억에 의존하고 있는 존재들은 이미 주체를 통한 상호작용의 결과로 훼손된 양태일 가능성이 크다. 그러니 시인은 "그것은 그의 잘못이"거나 "부스러져 없어"질 수밖에 없는 실패의 고백을 선언하게 되는 것이고, 그 실패의 과정을 전면화함으로써 주체의 불협한 기록들은 고행으로 치닫게 된다.

僻地를 걸어나와 奔流 속으로 걸어들어갈 때
깎는 듯한 결핍 오! 결핍
本有의 화살에 司祭는 죽어가면서 숲 위에 떠도는
사랑을 보았다. 새는 환상으로 울었다.
환상으로 울 수밖에 없어서 내가 그대 앞에
빛으로 피어 시간의 팔에 안긴 말[言]들의 뿌리를
소유할 수 있다면 習俗으로 그 미상의 不死의 빛으로
우리는 이름도 없는 말들의 땅으로 가면서
숲을 「숲?」이라 불렀다.
河床 앞에서 그림자는 풀어져 내리고
死恢의 바람이 불었다.

---

10) 「自序」, 『1시집』, 3면; 본고에서는 각 시집에서 인용하는 부분은 '『n시집』 면수.'로 통일하여 기술한다.
11) 권혁웅, 「숨쉬는 기호들」, 『꿈의 이동건축』, 천년의시작, 2004, 121면.

이 슬픔을 불러 명령은 天涯의 손[手]에서 뛰쳐나오고
　　흰빛으로 몸부림친다.
　　　　　　　　　　　　　　　　　　—「爬行」부분12)

　　그러면서도, 생명을 낳고 뜨거운 혈맥을 찾아 계곡을 건너온 물
　　소리가 굽이굽이 천정을 올리고, 허물을 벗는 바람을 얼러 등 굽은
　　회양목 아래서 또다시 깊은 잠을 자리라. 그때는 겹겹의 사랑이 땅
　　끝에서, 살아 있는 나를 눈물겹게 껴안아 주리라.
　　　　　　　　　　　　　　　　　　—「꿈의 이동건축」부분13)

　　인용한 두 편의 시는 박주택의 첫 시집에서 유려한 호흡의 장시로 분류될 수 있는 시로, 대상을 묘사하고 직조하는 차원을 넘어, 감정 자체를 건축하는 듯한 낯선 수사법을 고수하고 있다. 예컨대 「爬行」은 첫 시집 『꿈의 이동건축』의 마지막에 자리한 닫는 시편으로, 그 분량만 해도 300행이 넘는 밀도 높은 시편이라 할 수 있다. 그 표현법에 있어서도 "마치 불란서의 초현실주의 후예의 피를 이어받은 르네 샤아르나 로베르 강조의 수사학을 연상케 하듯 새로운 표현의 가능성을 탐구하는 내면의 정신적 욕구로 차 있으며 상징적이고 신비주의적인 특질"14)이 있다고 해명되기도 했다.
　　「爬行」의 인용한 부분에서도 시적 주체가 숲, 성, 강, 벽지 등을 찾아 그 안에서 순례를 왜 행하고 있는 것인지, 당장에는 파악이 어려워 보인다. 여기서 관념적·정신적 이미지의 산물들로 뒤엉킨 진술들은 대상의 의미를 더디게 읽히도록 기능하기 때문이다. 벽에서 주체의 결핍을 읽

---

12) 『1시집』, 106면.
13) 『1시집』, 70-71면.
14) 조정권, 「속박과 순례」, 『1시집』, 114면.

고, 그 안을 유영하는 새가 환상으로 울었다든가, 소통할 수 있는 말이나 붙잡을 수 있는 손이 유용하지 못하게 된다는 몽환의 상태 정도를 의미화할 수 있을 뿐이다. 즉 명확한 태가 잡히는 부분이 부재하거나 너무 많은 의미로 대상이 흘러넘치는 듯한 인상을 자아내고 있다. 다만 이렇게 의미가 더디게 오는 시간 차를 통해, 우리는 시적 주체의 끔찍한 순례를 추체험하게 된다는 점이 이 시의 특징일 것이다. 다시 말해, 시행에 넘치는 의미를 따라가면서 독자는 시적 주체가 겪은 유사 환상의 알레고리를 대리적으로나마 경험하게 되고, 그 안에서 처절하고 끔찍한 세계를 불편하게 같이 겪도록 주체는 독자를 견인한다.

　이와 같은 시적 전략은 「꿈의 이동건축」에서도 같은 양상으로 재현되는데, 말 그대로 '꿈의 이동'과 '집(공간)의 이동'을 축조해내고 있는 이미지의 분출은 종국에는 훼손된 나를 복원하기 위해 전면화된 장치로 기능하게 된다. 즉 인용 부분에서 감각(감정)의 영역이라고 호명할 수 있는 이미지 다발들만큼이나 사유의 영역에 해당되는 "살아 있는 나를 눈물겹게 껴안아 주리라."라는 진술 유형들이 이 시를 강하게 지탱한다. 그러므로 감각과 사유의 교란을 통해 독자는 오직 시인에게만 장악된 몽환의 세계를 같이 횡단할 수밖에 없는 사태에 놓인다.

　아울러 인용된 부분 이외에도 「꿈의 이동건축」은 이미지와 의미를 변별하여 읽어내는 연쇄 파동의 긴장들도 가득하다. 가령 '나무-숲-수맥-물'로 연쇄되는 이미지들은 나무에 웅크린 수맥과 숲이 품고 있는 대상의 기원을 밝히면서, 주체의 갈증 상황을 형상화한다. 이것은 다시 "푸른 잎맥의 바다"와 "어머니처럼 부드럽게" 비가 내리는 정황으로 발전되기도 하고, 주체의 내면 풍경은 자연과 사연의 교착이 일어나며, 의미는 점차 교란되기 시작한다. 그러니 이미지를 따라 읽어야 할지, 의미망

을 따라 읽어야 할지 독자는 고심하게 되는 것이다. 그 과정 안에는 '구름
-하늘'과 같은 상승하는 대상들과 '제비꽃-풀밭-쑥 뿌리'와 같은 하강하
는 대상들이 뒤엉켜 그로테스크한 이미지를 만들어내기도 한다. 물론 이
또한 독자를 교란하는 강한 운동성의 효과를 띠며 불안한 감흥을 가속화
시키는 기능을 한다. 그러면서 줄곧 시적 주체는 자신이 만들어 놓은 몽
유 속에서 갈증과 불안을 타계하고 '모든 세계의 고통들을 신생'(新生)[15]
으로 되돌려, 자기화해낸 과정을 비극적으로 전시하게 되는 것이다.

 이에 덧붙여, 제1기에 시편에서 특징화된 점을 더 언급하자면, 「새디
스트」, 「기회」, 「렌즈- 존재의 힘줄」, 「나는 무신론자가 아니다」, 「인간」
연작에서 돋보이는 황폐한 삶의 면면들을 재현한 부분이다. 이 시편들
은 1980년대를 횡단하는 젊은 청년들의 공통된 감각을 공유하고 있지
만, 그것은 전체주의적이거나 '대문자 공동체'의 목소리를 대변한다고
말할 수는 없다. 아울러 제1기의 시편에서는 「물 위의 노래 – 민경에게」,
「나의 피는 0형」 등과 같이, 시에서 젊은 시절 박주택의 가족력적 기표
들이 그대로 드러난다는 점 또한 독특한 부분이라고 할 수 있겠다. 박주
택의 시는 당대의 시대 정신과 조우하면서도 그것들을 온전히 자기에게
로 되돌려 놓는 자기화 전략이 우선시 되는 시인이라고 할 수 있다. 이런
특징은 시대 기표 속에서 박주택을 읽는 것이 아니라 박주택의 시편 속
에서 시대의 흔적을 읽어내야 하는 독법을 선행하게 한다.[16]

---

15) 권혁웅, 앞의 글, 130면.
16) 이와 같은 특징은 박주택뿐만 아니라, 이 시기 박주택과 동인 활동을 함께 했던
『시운동』 동인들의 시에서도 특징화된 부분이다. 『시운동』 표제에서 알 수 있듯
이, 이 시기 정치 운동, 사회 운동, 노동 운동이 아닌, 『시운동』은 '시' 그 자체를 운
동하는 시인들이었다고 평가할 만하다. 그리고 박주택은 『시운동』 동인에 회고를
다음과 같이 회고한다. "1987년 ≪시운동≫에 들어가 ≪시운동≫이 해체되기까지
남진우· 기형도· 장정일 등을 만날 수 있었던 것은 오랫동안 자산이 되었다."(박주

2) 제2기: 3인칭 응시와 시차의 복원

이광호는 박주택의 제2기 시편의 특징을 논하는 데에 앞서 다음과 같이 진술한다. "아주 단순한 비교가 허락된다면 그의 시들은 상징주의적 수사학 대신에 일상적인 공간에 대한 묘사적인 태도가 강화되어 있다."[17]는 것이다. 이는 시편들의 창작원리에 있어서도 차이점이 보인다. 가령 제1기의 시편들의 창작원리가 1인칭의 발화, 추상성, 환유성, 이미지들의 분유를 중심으로 전개된 점에 반해, 제2기의 시편들은 3인칭의 발화, 실체성, 은유성, 이미지들의 교섭에 의해 시상이 전개가 되고 있다는 특징을 지닌다. 특히 제2시집의 경우는 그 외연의 형태가 건조하다는 인상까지 주며, 일종의 미니멀리즘의 시형을 지향하기도 한다.

어떤 결심으로 꼼지락거리는 그를 바라다 본다
숫기적은 청년처럼 후박나무 아래에서
돌멩이를 차다가
비가 내리는 공원에서
물방울이 간지럽히는 흙을
바라다 보고 있다

물에 젖은 돌에서는 모래가 부풀어 빛나고
저 혼자 걸어갈 수 없는
의자들만 비에 젖는다

기억의 끝을 이파리가 흔들어 놓은 듯

택, 「그 처연한 萬神의 계절」, 『제20회 소월시문학상 작품집』, 문학사상, 2006, 68면.)
17) 이광호, 「세상의 늙은 풍경」, 『2시집』, 108면.

가방을 오른손으로 바꾸어 들고
　　　느릿한 걸음으로 돌아 온다
　　　　　　　　　―「방랑은 얼마나 아픈 휴식인가」 부분18)

　제2시집의 표제작이기도 했던 인용 시는 제목에서 삶을 해석하는 진술적 구조와 달리, 본문에서는 담담하게 어느 조용한 도시공원의 풍경을 묘사하고 있다. 시적 주체의 시선은 공원을 배회하는 "그"를 바라보고 있고, 그의 명확한 사연이 전면적으로 드러나지는 않았지만, 우리는 공원과 그를 둘러싼 묘사를 통해 대략의 사정을 유추할 수 있다. 예컨대 "후박나무 아래에서/ 돌멩이를 차"는 그의 행동이라든가, 운동성을 띤 물방울이 정적인 공원의 흙을 "간지럽히는" 행위, "저 혼자 걸어갈 수 없는/ 의자들만 비에 젖는다"는 진술들은 모두 이미지들의 능동과 수동을 교차시키며 "그"의 삶을 연민하는 시선으로 직조된다. 상상력을 더 보태자면, 삶에 지쳐 아무것도 할 수 없는 "그"가 마치 세상을 다 잃은 듯, 비 내리는 한적한 공원에서 비를 온몸으로 맞으며 제 삶을 되돌아보고 있는 풍경인 것이다.

　이 담담한 응시 행위에서 시적 주체는 스스로가 '방랑'을 하고 있다고 직설적으로 말하지도 않았거니와, 그 '방랑'이 "숫기적은 청년"(="그")의 것인지, 나의 것인지 구분하는 것도 명확하지가 않다. 그러나 이 "방랑은 욕망을 억압하며 '조리 있게' 서술된 거대한 문화의 이야기로부터 필연적으로 이탈"19)하고 있다. 그리고 이 풍경 안팎에 놓여 있는 주체와 대상이 어떤 것도 능동적으로 행할 수 없는 깊은 슬픔을 공유하고 있다는 것은 시적 긴장과 분위기로 인해 분명히 전달되고 있다. 그러므로 이

---

18) 『2시집』, 48면.
19) 허혜정, 「시간의 푸른 방, 혹은 운명의 자리」, 『현대시』, 한국문연, 2004, 5월호, 35면.

렇게 고요한 묘사 가운데 '방랑'이라는 행위가 '얼마나 아픈 휴식'이 될 수 있는지, 그 가능태를 우리는 겨우 얻어낼 수 있는 것이다. 이쯤 되면 이 시는 3인칭의 시선의 무관함 속에서도 삶의 진실됨과 허무를 적극적으로 획득하려 하는 주체의 서두른 고행으로 보인다. 즉 세상을 이미 '조로(早老)한 시선'[20]으로 응시하는 것이다. 그러므로 박주택에게 포착된 정적인 존재들은 이미 '동적인 시간성'을 기반으로 기의에서 이탈된다. 혹은, 시적 주체의 자의성이 짙은 고통 곁으로 그 자리를 옮겨와 독특한 사물과 대상으로 존재 자체를 탈바꿈하게 된다.

영종도에서 을왕리 가는 길

여자는 폐허 같은 풍경을 보고도 예쁘다 하고
맞지 않는 주파수에서 들려오는 노래에
이를 딱딱거린다 나는 어디로 가고 있는가

지나온 길이 뒤편에서 부스럭거리며 일어설 때
나는 폐가 같은 여자의 노랫소리에
차창 문을 연다

그저 그렇고 그런 밤바다

열에 들뜬 몇 명만이 백사장을 걷고

---

20) 이와 같은 제2기 박주택 시의 관조적 시선을 두고, 이광호는 다음과 같이 평가한다. "「병원의 복도」·「늙은 집」·「공터의 의자」와 같은 공간들은 노인과 일정한 미적 상동성(相同性)을 갖는다. 이러한 늙음의 무대는 일상적인 공간의 일부이면서 동시에 그 공간과는 다른 시간이 흐르는 장소이다. 그곳은 일상적인 공간들보다 시간이 느리게 흐르는 공간이거나, 혹은 시간의 흔적들이 켜켜이 쌓여 있는 공간이다." 이광호, 앞의 글, 110면.

기껏 망둥이만 잡아 올리는 낚시를 바라보다
  내 오랜 침묵을 힘없이 기웃거리던 그녀를
  캄캄한 바닷속으로 밀어버리고
  나는 소나무 아래에서
  노랗게 핀 추억의 버즘을 긁어대고 있다
  모든 추억은 무덤을 가지고 있다
  ─「추억 저편의 묘지」 부분21)

  소금기와 뫼르소의 관자놀이를 비껴가는
  수저와 컵, 접시.
  침묵이 바다의 끝에서 해풍에 불려와
  번쩍이는 칼날로 숲을 차례로 베어간다.
  오, 사이렌 소리.

  깊은 곳으로부터 관류하는 불순한 징후와
  소생하지 않을 것 같은 해초들.
  바다의 근육을 당겨 본다.
  바다는 무섭게 숨결을 몰고 왔다.
  그는, 잠자는 속박과 청춘의 눈썹을 뽑아
  바람에 날렸다.
  노간주나무에 새들이 모여들었다.
  ─「해변의 묘지」 부분22)

 인용한 두 편의 시는 제1기와 제2기의 시를 명확히 구분하게 하는 좋은 예시가 될 수 있다. 「해변의 묘지」는 제1시집에 수록된 시편으로 제목에서부터 폴 발레리의 시를 전유한 흔적을 그대로 드러내고 있다. 가

---

21) 『3시집』, 61-62면.
22) 『1시집』, 16-17면.

령 "침묵이 바다의 끝에서 해풍에 불려와/ 번쩍이는 칼날로 숲을 차례로 베"고 갑자기 어디선가 들려오는 "오, 사이렌 소리."와 같이, 이국적인 해변 풍경을 격정적인 주체의 언어를 사용해, '정동의 날 것 그대로'를 묘사하는 특징을 보여준다. "바다의 근육을 당겨 본다.", "바다는 무섭게 숨결을 몰고 왔다."와 같은 표현들도 주체에게 인지된 불연속적인 감각의 충동이 여과 없이 시적 표현으로 흘러온 결과일 것이다. 다시 말해, 박주택은 프랑스 상징주의 시를 한국적으로 전유함과 동시에, 짙은 주관성이 투사된 시행 구성을 전면화하고 있는 것이다.

그에 반해서, 「추억 저편의 묘지」는 제목에서 발레리를 떠오르게 하면서도, 전혀 다른 시적 양태를 지니며 전개된다. "영종도에서 을왕리 가는 길"이라는 특정한 현실 공간이 제시되기도 하거니와, "나"와 "여자"의 정서적 교감 관계가 명확한 사건 서술을 통해 표현되고 있다. 물론 이 시에서도 "폐허 같은 풍경을 보고도 예쁘다 하고/ 맞지 않는 주파수에서 들려오는 노래에/ 이를 딱딱거린다"는 여자의 실체적 행위와 "나는 어디로 가고 있는가"하는 진술이 만나, 나와 대상 사이의 격차와 분리된 시공간과 경계를 만드는 시적 전략을 택하는 것이 특징이다. 그러나 「해변의 묘지」에서처럼 전면적인 자기 충동적 수사학이 동원되지는 않는 형국이다.

아울러 이 시는 경험의 시차가 한데 뒤엉켜 있어 마술적 리얼리즘의 기법을 차용하기도 한다. "폐가 같은 여자의 노랫소리"나 "내 오랜 침묵을 힘없이 기웃거리던 그녀를/ 캄캄한 바닷속으로 밀어버"린다는 표현, "나는 소나무 아래에서/ 노랗게 핀 추억의 버즘을 긁어대고 있다"는 행위 묘사를 상기해보면 그렇다. 여기서 시간의 격차들이 구축되는 것이다. 실제로 시적 주체는 현재 어떤 여성과 을왕리 여행을 하고 있는 것이 아니라, 이 여성은 과거에 머물러 있으되, 현재는 상상된 여성일 가능성이 크다. 그러니까 과거에 "폐가 같은 여자"와 "나"는 을왕리에 여행을 왔고, 나는 현재 혼자서 그 여성을 회고하면서 을왕리에 다시 온 것이다. 그러니 나의 시간은 지속되어 있지만, 여성의 시간은 단절되어 있다. 그러므로 그 여성은 나에 의해 재인식의 과정을 거듭하며, "폐가 같은 여자"로 호명되는 것이다. 그런 추억의 잔상은 시편 말미에 "모든 추억은 무덤을 가지고 있다"라는 해석적 진술로 형상화된다. 다시 말하면, 제2기의 시편들은 3인칭의 시선과 응시를 거치면서, 시간성이 내재된 대상들을 시적 주체가 재인식하는 과정을 통해 일그러진 풍경·사건·인물 등의 격차를 만들어내고 있다. 그러니 표현 방식에 있어서도 현장에서 촉발되는 충동적 감정 분출이 아니라, 충분히 주체 내부에서 곡진하게 사유된 언어감을 엿볼 수 있게 된다. 그럼에도 이 시기의 박주택의 시를 "그림으로 치면 …… 추상화에 가깝다."[23]라고 평가할 수 있는 이유는 일상적 축에 기대어 전개되는 이미지들의 단단함만큼이나 시간성에 의해 역동성을 갖는 이미지들의 분출이 시편 속에서 적절히 교차되고 있기 때문이다.

그리고 제2기 시편 중 제3시집의 특징을 덧붙이자면, 「팔봉」, 「간월도」, 「몽산포에 지다」, 「수덕사」, 「유성 지나, 산 옆 폐가」 등과 같이 박주택이 유소년기를 보냈던 로컬적인 배경을 공유한 시편들이 산재해 있다는 것이다. 물론 이 시편들은 박주택 시 세계의 조망에 있어서, 전원적 풍경이나 고향의 향수를 불러일으키는 요소로 작동되지는 않는다. 오히려 이 시편들 또한 시간의 격차에 따라 재사유/재인식된 결과물에 지나지 않는다는 점이 특수하게 읽힌다. 즉 박주택은 천연 자연이 아니라 '인

---

[23] 이희중, 「이 별에서, 저 별을 꿈꾸다」, 『3시집』, 116면.

공 자연을 통해 자연을 자기화하는 시적 전략[24)]을 이 시기부터 촉발했을 가능성이 짙다.

3. 제3기, 제4기 시의 특징과 향후의 시

주지하듯, 박주택의 시는 제3기에 접어들었을 때가 문단에서 가장 많은 호명을 받아온 시기라고 할 수 있을 것이다. 이 시기 박주택은 시단의 중견이자 경희대학교에서 문학박사 학위를 받은 시기로, 학위 이후 바로 2001년 경희사이버대학 미디어문예창작학과에 임용이 되고, 2004년에는 경희대학교 국어국문학과에 현대시론 및 시 창작 교수로 재직한 시기와 궤를 같이 한다.[25)] 박주택은 대학 교육 현장에서 실제 학생들에게 시 창작을 수업하면서도, 자신의 시 세계 또한 내실화했던 시기라고 볼 수 있다. 그리고 2004년에는 시「시간의 육체에는 벌레가 산다」로 제5회 현대시작품상을 수상했고, 같은 해 시집『카프카와 만나는 잠의 노래』로 제17회 경희문학상을 수상했다. 2005년에 시「시간의 동공」외

---

24) 박주택의 유년 시절에서 자연미는 주체의 변별력을 훼손하는 일종의 공포의 공간으로 인지된다. 오히려 인공미가 박주택에게는 주체를 보존하는 '신생 원형'이 되는 공간이라 할 수 있다. 가령, 대전을 이사를 와서 1972년 추첨에 의해 신설 학교였던 '동명중학교'를 통학했을 때에도, 그에게 먼 거리의 통학 환경이 불편한 요소로 기능했으며, "산길을 가로질러가는 험난한 길"(박주택,「그 처연한 萬神의 계절」, 앞의 책, 65면.)에서도 자연의 아름다움을 만끽했다는 감흥이 전혀 없다. 또한 박주택은 고교 시절에 시조 시인 정훈을 만나고, 대전연합 서클이었던 '머들령 문학회' 활동을 활발히 해오면서 '고교 문청'으로 이름을 알리게 된다. 이 시기 대전문화원에서 열린 시 낭송회에서는 축사를 해준 박용래 시인을 만나기도 했으며, 머들령 문학회와 고교 문예부장을 도맡아 하면서 송찬호, 양애경, 김백겸 등 문우와도 교우하게 된다.
25) 실제로 박주택이 경희대학교 국어국문학과 부임한 이후, 국문과에서는 시와 시 비평에서 약 40여명의 주요일간지 신춘문예와 주요 문예지 등단자를 배출했다.

13편으로 제20회 소월시문학대상, 2010년에는 제3회 이형기 문학상, 2015년에는 제46회 한국시인협회상을 수상하기도 했다.[26] 아울러 2000년에는 제10회 편운문학상 평론 부문을 수상하며 시론 연구와 시 비평 활동[27]에도 게을리하지 않았던 것으로 보인다.

이 시기 시단 활동에서 주목할 점은 『시작』 편집위원을 맡아 천년의 시작 시인선의 초기 포맷을 구성하면서, 제3의 시의 대안적 역할의 기틀을 마련했다는 점이다. 그리고 무엇보다 『현대시』 편집위원과 주간을 맡으면서 2000년대 이후 새로운 딕션의 젊은 시인들의 문단 배출에 일조했다는 점을 주목해서 볼 필요가 있다. 전자의 경우는 1990년대 이후 양강 체제로 더욱 공고하게 고착돼왔던 창비/문지시인선의 유통 구조를 랜덤하우스중앙이나 시작 등으로 확장하는 계기를 마련했다는 기여도에서 의의를 찾을 수 있을 것이고, 후자의 경우는 미래 지향적 시를 전망했다는 점에서 그 의미가 있을 것이다. 다시 말해, 소위 2000년대 미래파, 2010년대 포스트 미래파 담론을 견인하는 다음 세대 시인들에게 관심을 보여왔던 중견이라는 점에서 시사하는 바가 크다고 하겠다.

그러므로 이 시기 박주택 시를 독해하는 방식은 그의 시의 미적 진보를 살피는 것과 더불어 그가 현재가 아닌, '미래의 시'를 전망했다는 교육자· 연구자· 문예지 편집인이었다는 것을 간과해서는 안 된다.

---

26) 근래에는 2024년 제4회 김동명문학상을 「밤의 눈」으로 수상한 바도 있다.
27) 박주택의 비평·연구서로는 현재까지 3권이 간행되었다. 북한문학 연구와 『반성과 성찰』(하늘연못, 2004.)이 있고, 연구논문과 비평선을 묶은 『현대시의 사유 구조』(민음사, 2012.)가 있으며, 박사학위논문을 수정·심화한 『낙원회복의 꿈과 민족정서의 복원』(시와시학, 1999.)가 있다.

1) 제3기: 고요에서 비상하는 불온의 시간

제3기의 시편들 역시, "박주택 시의 풍경에는 시간이 잠복해" 있다는 평가와 함께, "현실에 대한 환멸은 자기 모멸로 이어져 비극적 세계인식을 강화시키고, 시의 표면에 여러 겹으로 덧칠된 권태의 풍경"28)을 형상화한 시편들로 가득하다. 이와 같은 권태의 지속력은 시인의 삶의 실존 차원에서는 "상실과 부재 혹은 존재의 결핍과 불안을 목격하는 지점"29)에서 현현되며, 시적 형태적 차원에서는 "시간과 공간의 규정력을 이완시키고 지적 어사와 정서적 어사를 용해시켜 이들이 혼융된 복합적 이미지를 생성"30)하는 방법론으로 구체화된다.

> 트럭 행상에게 오징어 10마리를 사서
> 내장을 빼내 다듬었다, 빼낸 내장을 복도의 쓰레기 봉투에
> 담아 한켠에 치워 두었다, 이튿날 여름빛이
> 침묵하는 봉투 속으로 들어가 핏기 없는 육체와 섞이는 동안
> 오징어 내장들은 냄새로 항거하고 있었다
> 그리고는 장마가 져 나는 지붕 위에 망각을 내리지 못하고
> 가까운 곳에서 들려오는 헛된 녹음에 방문을 걸고 있을 때
> 살 썩는 냄새만이 문틈을 타고 스며들고 있었다
> 복도에는 고약한 냄새만이 가득 차 있었다

---

28) 오형엽, 「기억과 망각의 회로」, 『4시집』, 122면.
29) 이성천, 「기억에 바치는 조사(弔辭)- 박주택, 『카프카와 만나는 잠의 노래』를 중심으로」, 『경희문학』 제18집, 2005, 청동거울, 2004, 114면; 특히 이성천의 경우, 이 부재되고 결핍된 현실인식을 『2시집』「序」에서 "모든 신은 아니지만 많은 신들이 사라져 갔다"는 맥락과, 『3시집』「자서」에서 "모든 존재하는 것들의 사이에는 불화가 있다"는 맥락을 언급하며, 신과 질서, 낙원이 사라진 세계에서 시적 주체가 감지하게 되는 허무와 폐허 의식으로 박주택의 시를 고찰하고 있다.
30) 홍용희, 「시의 생태학을 찾아서- 박주택, 『카프카와 만나는 잠의 노래』」, 『경희문학』 제18집, 2005, 청동거울, 2004, 105면.

나는 방 안 가득 풍겨오는 냄새를 맡으며 냄새에도 어떤 갈피가
있을 것이라는 생각, 더 정확히는 더러운 쓰레기를 힘겹게 내다
버려야 할 것이라는 생각과 싸우고 있었다
……(중략)……
무덤에서 냄새의 뿌리로 태어난 수많은 구더기들이
시간의 육체 속으로 흩어져 갔다
—「시간의 육체에는 벌레가 산다」부분31)

그 무렵 잠에서 나 배웠네
기적이 일어나기에는 너무 게을렀고 복록을 찾기엔
너무 함부로 살았다는 것을, 잠의 해안에 배 한 척
슬그머니 풀려나 때때로 부두를 드나들 때에
쓸쓸한 노래들이 한적하게 귀를 적시기도 했었지만
내게 病은 높은 것 때문이 아니라 언제나 낮은 것 때문이었다네
유리창에 나무 그림자가 물들고 노을이 쓰르라미 소리로
삶을 열고자 할 때 물이 붙잡혀 있는 것을 보네
새들이 지저귀어 나무 전체가 소리를 내고
덮거나 씻어내려 하는 것들이 못 본 척 지나갈 때
어느 한 고개에 와 있다는 생각을 하네
나 다시 잠에 드네, 잠의 벌판에는 말이 있고
나는 말의 등에 올라타 쏜살같이 초원을 달리네
전율을 가르며 갈기털이 다 빠져나가도록
폐와 팔다리가 모두 떨어져나가
마침내 말도 없고 나도 없어져 정적만 남을 때까지
—「카프카와 만나는 잠의 노래」전문32)

---

31) 『4시집』, 57-57면.
32) 『4시집』, 54면.

인용한 두 편의 시는 고요한 질료 속에서 처절한 운동의 흔적을 발견한다는 점이 유사하다. 「시간의 육체에는 벌레가 산다」에서 "시간의 육체"의 실제 질료는 오징어의 몸에서 빼낸 썩어가는 내장의 냄새이다. 여기서 내장이란 무엇인가. 오징어의 생의 입장에서는 오징어를 살아가도록 하고 그 살을 찌우는 기관이기도 하지만, 오징어를 포식하는 인간의 입장에서는 쓸모를 다해 버린 그저 버릴 것들일 뿐이다. 그러니 하얀 살에서 분리된 오징어의 가장 더러운 삶의 흔적이 내장이였던 셈이다. 그 흔적들이 여름날 복도를 가득 메우고, 방까지 침투해 "냄새로 항거"를 하고 있고, 시적 주체는 그 냄새들과 사투하면서도, 끝끝내 복도에 오징어 내장 쓰레기를 버리지 못하고 있는 형국이다. 실천이나 행동으로 옮겨가지 못하고, 다만 주체의 몸은 냄새로 뒤덮인 방을 점유하고만 있다. "냄새에도 어떤 갈피가 있을 것이라는 생각, 더 정확히는 더러운 쓰레기를 힘겹게 내다/ 버려야 할 것이라는 생각과 싸우고 있"다며, 제 방 안에서 권태로운 사유만 덧붙이고 있다.

그저 쓰레기를 바깥에다 버리면 다 끝날 일인데, 굳이 머리로만 사유한 채 실천으로 옮기지 않는 것을 보면 아마도 이 시의 주체는 내장이 썩어가는 이 사태가 괴롭지만은 않은 듯하다. 아니 오히려, 이쯤 되면 썩어가는 내장에서 나는 냄새에 더 깊은 막장을 겪어보겠다는 심사와 다르지 않아 보인다. 이런 심사를 "죽음의 심연까지 내려가 그 세계를 탐닉하려는 시인들의 욕망"[33]이라고 명명해도 좋을 듯하고, 시간 곁에서 소멸하는 육체에 대한 환멸이라고 불러도 무방할 듯하다. 그러나 여기서 주목할 점은 "무덤에서 냄새의 뿌리로 태어난 수많은 구더기들이/ 시간의 육체 속으로 흩어져 갔다"라고 시 말미에 진술하면서, 죽은 몸에서

---

33) 이재복 「내 영혼의 슬픈 잠」, 『현대시』, 한국문연, 2004 5월호, 63면.

다른 육체의 탄생을 '시간성'을 통해 가시화했다는 점이다. 가령 시간성에 따른 육체의 변모 과정을 살펴보자면, 오징어라는 질료는 '온전한 오징어의 몸'에서 내장과 '분리된 오징어의 몸'이 되고, 음식과 쓰레기로 분리되어있다가, '썩은 냄새'로 거듭난 후, 중국에는 '구더기의 육체'로 환원되고 그 구더기조차 소멸에 가닿게 된다. 다시 말해, 이와 같은 시간의 흐름은 정합의 세계가 아니라 끊임없이 삶과 죽음이 사투하는 투쟁의 세계이고, 틈입의 세계이자 처절한 소멸의 세계이다. 그러므로 이 시는 아주 일상적으로 겪게 된 썩어가는 오징어 냄새의 경험을 통해 시인은 본능적으로 죽음을 내재화하고, 그 과정에서 삶과 죽음이 혈투하는 현장을 복원해내고 있다.[34]

「카프카와 만나는 잠의 노래」 또한 마찬가지다. 이 시편도 "잠"이라는 고요 속에서 감금된 자아의 혈투극과 같은 이미지의 향연으로 포문을 여는 시편이다. "어조 전반을 물들이고 있는 불안·우울·방황·격정의 파토스는 그 자체로 절대적 무의 "정적"을 향한 역동적인 에너지로서의 의미를 지니"[35]기도 하거니와, "주체의 소멸과 죽음까지도 초월하는 탈주의 한 방식을 극적으로 보여"[36]준다는 점에서 이 시는 '잠의 노래'인

---

34) 이와 같은 시간성에 대한 사유는 한 대담에서 박주택이 언급한 부분에서도, 재차 확인되는 지점이다. "사유를 시간 속에 퍼뜨렸을 때 시간은 시간으로 물화되어 있지 않고 그것에 민감한 반응을 합니다. 시간의 영혼이 사유를 해석하는 것이지요. 보는 것은 보이는 것이라는 명제도 이 같은 근거에서 오는 것이라 생각합니다. 생의 개념과 마찬가지로 시간의 개념이 존재에 정합될 때 삶이 있는 것이지요. 이런 의미에서 "시간의 틈"은 "생의 틈"입니다. 시간의 틈 속에 끼어 있는 생의 틈, 혹은 시간의 육체 속에 투사된 생의 기획 이런 것들이 모여 역사가 되고 삶이 되는 것 아니겠습니까? 제 시는 시간과의 대립과 화해, 저항과 귀속과 같은 체험을 눈 여겨 재생하고자 합니다." (박주택·오형엽, 「환멸, 기억, 망각, 몽환(대담)」, 『현대시』, 한국문연, 2004, 5월호, 76면.)
35) 홍용희, 「불협화음의 미의식과 열반의 정적- 박주택의 시세계」, 『제20회 소월시문학상 작품집』, 문학사상, 2006, 97면.

동시에 '삶의 노래'이자 '죽음의 노래'일 수 있다.

이 시편 속에서 묘사된 장소는 잠(=몽환)의 공간이자, 다시 "삶을 열고자"하는 죽음 목전이거나 아예 태초가 되는 공간이다. 마치 「꿈의 이동건축」에서 구축된 공간 지형도를 다시금 불러온 듯한 인상을 주고 있으며, 다만 차이가 있다면 「꿈의 이동건축」의 상징 미학은 찰나의 촉발된 감흥이 앞섰다면, 「카프카와 만나는 잠의 노래」는 몽환 속을 장악하는 주체가 매우 크다는 차이점을 보인다. 예컨대 감정을 다루는 수사들이 그렇다. "기적이 일어나기에는 너무 게을렀"다거나 "너무 함부로 살았다는 것" 혹은 "내게 病은 높은 것 때문이 아니라 언제나 낮은 것 때문이었다네"과 같은 구절들은 시적 주체에게서 충분히 내발된 과거에 대한 성찰이자 현실을 비천하게 여기는 육성들이다. 그런 가운데 시적 주체는 잠의 해안가를 지나 잠의 벌판으로 말을 타고 달리는 상상을 한다. 벗어나고 싶은 현실에서, 잠의 장소를 불러왔고 잠의 장소에서도 다시 도주하는 끈질긴 몽환의 사투가 일어나고 있는 것이다. 물론 이런 행위는 도피가 아니고, 나를 속박하고 있는 시간의 장력에 대항해서, 끝끝내 끝장을 보겠다는 심사를 투사하고 있는 초탈의 의지라고 볼 수 있다. 그러니 그가 탄 말의 속도는 "전율을 가르며 갈기털이 다 빠져나가도록/폐와 팔다리가 모두 떨어져나가"는 것과 같이 묘사되며, 존재의 초극으로 치닫는 듯한 강한 인상을 남기게 된다. 이는 마치 이육사의 「절정」이나 「광야」의 한 장면을 보는 듯한 인상을 선사하면서, 시적 주체는 이윽고, "말도 없고 나도 없어져 정적만 남"는 순간까지 자아를 형상화해내게 된다. 이 정도 주체의 파토스라면, 삶은 죽음을 전제한 다른 형태의

---

36) 오형엽, 「망각의 힘과 불온한 피」, 『제20회 소월시문학상 작품집』, 문학사상, 2006, 86면.

죽음의 과정이며, 죽음은 소멸인 동시에 태초를 개방하는 역설적 정동을 품은 현상이라는 것을 모두 감지하고도 남은 듯한 주체로 보인다. 즉 시의 말미부터 역치하여 사유를 되돌려보자면, 이 시적 주체는 "정적"에 서부터 삶, 죽음, 태초의 원형 감각을 감지해낸 셈이다. 그러나 그 질료들의 내력(시간성)을 다 읽어내려면 '마성적 자아'는 보다 더 불온해질 수밖에 없다.

> 이제 남은 것들은 자신으로 돌아가고
> 돌아가지 못하는 것들만 바다를 그리워한다
> 백사장을 뛰어가는 흰말 한 마리
> 아주 먼 곳으로부터 걸어온 별들이 그 위를 비추면
> 창백한 호흡을 멈춘 새들만이 나뭇가지에서 날개를 쉰다
> 꽃들이 어둠을 물리칠 때 스스럼없는
> 파도만이 욱신거림을 넘어간다
> 만리포 혹은 더 많은 높이에서 자신의 곡조를 힘없이
> 받아들이는 발자국, 가는 핏줄 속으로 잦아드는
> 금잔화, 생이 길쭉길쭉하게 자라 있어
> 언제든 배반할 수 있는 시간의 동공들
> 때때로 우리들은 자신 안에 너무 많은 자신을 가두고
> 북적거리고 있는 자신 때문에 잠이 휘다니.
> 기억의 풍금 소리도 얇은 무늬의 떫은 목청도
> 저문 잔등에 서리는 소금기에 낯이 뜨겁다니.
> 갈기털을 휘날리며 백사장을 뛰어가는 흰말 한 마리
> 꽃들이 허리에서 긴 혁대를 끌러 바람의 등을 후려칠 때
> 그 숨결에 일어서는 자정의 달
> 곧이어 어디선가 제집을 찾아가는 개 한 마리
> 먼 곳으로부터 걸어온 별을 토하며

어슬렁어슬렁 떫은 잠 속을 걸어 들어간다
―「시간의 동공」 전문37)

　제5시집 『시간의 동공』의 「시인의 말」에서 박주택은 "나는 내 몸을 죽여/ 가는 화살촉으로 날아가고 싶었다."라고 고백한다. 여기서 "몸"이 "화살촉"이 되는 변형의 과정보다, '내가 내 몸을 스스로 죽인다'는 사태가 박주택의 제3기 시 세계를 담보하는 시적 진술로 읽힌다. "이제 남은 것들은 자신으로 돌아"간다는 것은 소멸 이후의 남아있는 언어, 즉 귀(鬼)스러움의 언어로 이 시집의 포문을 열겠다는 선언과도 같다. 이후 동원되는 바닷가와 숲을 묘사하는 구절들도 생(生)을 묘사한다기보다는 사(死)에서 내발된 풍경으로 보인다. 그것들은 "언제든 배반할 수 있는 시간의 동공들"이자, 언제든지 죽어 있거나 혹은 살아서 좀비처럼 생동할 수 있는 정신을 초탈한 몸의 물상들이다.
　즉 정신은 모두 소멸해 빠져나가고 그저 몸만 남아서, 시적 주체에게 기꺼이 그 몸을 바쳐 이리저리 율동할 수밖에 없는 "말의 운동성"38)을 띤 물상들은 오직 시인과의 불온한 계약만을 이행하고 있다. 가령 시 말미에 "꽃들이 허리에서 긴 혁대를 끌러 바람의 등을 후려칠 때/ 그 숨결에 일어서는 자정의 달"과 같은 구절에서도 그러하고, "제집을 찾아가는 개 한 마리"가 "별을 토하며/ 어슬렁어슬렁 떫은 잠 속을 걸어 들어간다"는 사태에서도 그러하다. 이 풍경은 자정 가까운, 달이 뜬 밤에 바람이 불어 꽃들이 흔들리고 개 짖는 소리가 멀리서 들려오는 단순한 어느 전원의 풍경일 텐데, 시적 주체는 위와 같은 표현을 쏟아낼 수밖에 없는 것

---

37) 『5시집』, 26-27면.
38) 정과리, 「눈동자로부터의 모험」, 『5시집』, 129면.

이다. 고요한 전원 풍경에 내재한 시간들은 이미 죽어 있는 것들이고, 시적 주체에 의해 발견 당할 때 비로소 고요 속에서 난투극이 일어나는 '시간의 융기'가 폭발된다. 그것들은 언제든지 우리를 배반할 각오로 고요 속에 묻혀 거기 있을 뿐, 어떤 물상들도 전형으로 고정되어 있을 수 없다는 것이다. 이런 시간성의 발견은 독자로 하여금, 일종의 상상 조작된 인식적 모험을 체화하도록 한다.[39] 범박하게 말하자면, 박주택의 언어를 거치고 나면 단순한 풍경 속에서 복잡다단한 내력에 사태가 분출되어 낯익은 풍경들조차도 신비로운 미지의 풍경으로 거듭나게 되는 것이다. 박주택의 시 문법이 "인과율에 충실한 문장을 쓰기보다는 그때그때의 순간적 자의식이 무의식과 환상의 개입을 통해 문장을 분절하고 분해하는 경우가 더 많다."[40]는 것도 이런 박주택 시의 구성 원리와 상통하는 지점이다.

그 밖에도 박주택 시의 시간성에 대한 천착은 도시 생태적 응시에서도 반복적으로 드러난다. 예컨대 「강남역」에서는 "시간이란 계급을 재편성하는 과정이란 느낌"을 포착하기도 하고, 「강남역 사거리」에서는 "구름을 본다 어떤 이는 소녀를 삼키고 어떤 이는/ 은행을 삼키고 어떤 이는 백화점을 삼킨다"고 도시 일상을 살아가는 개별 주체들의 시간적 군상을 한 장면 안에 병치시켜 놓기도 한다. 물론 그런 병치가 가능했던 이유는 도시 생태의 군상을 일종의 "기억의 박물관"(「강남역 사거리」)

---

[39] 이러한 관점에서 정과리의 해석을 참고할 만하다. "'동공'은 '공동(空洞)'과의 말놀이를 위해 출현한 것이라고. 그리고 이때 공동은 눈동자의 그것, 즉 텅 빔으로서의 눈동자를 가리키는 것이라고. 이러한 풀이는 역시 이중적으로 이 시집에 관여한다. …… '공동'과 '동공'은, 이 시집의 눈동자가 겪은 모든 모험의 전 과정에 요철의 굴곡을 형상으로 그리며 생성과 소멸을 번갈아 되풀이하고 있다고 말할 수도 있는 것이다." (정과리, 위의 글, 152-153면.)
[40] 유성호, 「소멸의 시간, 존재론적 고통과 환멸- 박주택론」, 『감촉』, 뿔, 2011, 147면.

이라 달리 부를 수 있었기 때문이다. 그뿐만이 아니다. 제3기 시 세계와 동일선상에 있는 시선집 『감촉』에 수록된 미발표 작품들도 이와 같은 맥락에서 고찰이 가능하다. "시간의 보족(補足)"(「배후」)을 갈망하는 모습이라든가, "감히 죽지 못해 자욱한 바람에 긁히는 발자국만이/ 사람의 얼굴을 떠올리며 보도블럭에 섞"(「어두운 그림자 사이로」)인다는 길에 대한 인식, "소리없이 사라지는 것은 모두 침묵이 만든 것"(「나의 스무 살에게」)과 같은 직관들은 모두, 지나칠 정도로 일관되게 '시간성'에 기대어 사물을 투사하는 (무)의식적 언사이다. 다시 말해 이 시기의 박주택의 시편들의 특징은 전면적으로 시간을 매개로 하여 존재의 심층을 탐구하는 세계관을 가졌다고 명명할 수 있을 것이다.

2) 제4기: 다른 기억에서 온 '또 하나의 지구'

박주택의 제4기 시편들이 출발하는 새로운 지점은 '미래'라는 새로운 시간이 출연했다는 것이다. 그동안 존재의 균열마다 틈입해온 '시간성'을 기반으로 물상들을 입체적으로 구조화하고, 그 안에서 주체의 고통과 해명(해석)이 수반된 상태의 시형을 지향했다면, 제4기의 시편들은 '시간의 축'이 하나 더 세워진 형태로 제시되기도 한다는 것이다. 그 때문에 시인에게 주어진 일상을 재현하고 있으면서도 마치 재현이 아니라 실험을 감행하고 있는 것처럼 보여왔던 시형적 특징이, 보다 저변이 넓어진 상태로 목도되고 있다. 이는 제4기의 시편들의 특징이 잘 드러난 제6시집에서 보다 구체적으로 드러나는데, "시집 전체를 통틀어 구체적인 기억을 주조하는 사건을 발견하는 것이 어렵다는 사실"과 "관성화된 지구의 삶을 구원하는 길"[41]이 동시에 제시된다는 점에서 시적 진보를 이룬 것이라 평가할 수 있겠다.

> **어떤 의미로든 형식과 내용은 서로 구성할 수 없는 허구나 가상의 것인 관계적 오류로서만 존재한다.**
> 이런 의미에서 「세속적인 호의와 고의적인 예감」(2027)의 시가 아나키즘적 공리를 수행하고는 있지만 미적 계기를 위해 반양식적 모델을 향한 가치와 연결되어야 한다는 견해는 자칫 무례한 현실의 형식 혹은 억압의 형식과 연결될 수 있다. 시집 『메스꺼운 유리』(2033) 역시 자신이 아닌 것으로 익어가는 생성/폐기에 관한 지형을 경고하며 세대 간의 도전들이 보이고 있는 파산적 유형들 또는 계급 내지는 조류들을 다양한 층위로 예인하고 있다.42)

인용한 산문은 제6시집 『또 하나의 지구가 필요할 때』에 표4에 해당하는 뒤표지 글의 일부이다. 이 산문에 동원된 진술들은 마치 현재의 시인이 미래의 자신에게 늘어놓은 시적 아포리즘(Aphorism)처럼 읽히기도 하고, 그와 반대로 미래의 자아가 과거의 '나'에게로 와서 하는 말이거나, 혹은 현재 나에게서 상상 조작된 미래에 대한 시에 대한 푼크툼(Punctum)으로 읽히기도 한다. 이는 일종의 박주택이 생각하는 시와 삶에 관한 내용-형식론이나 미감에 대한 소회일 텐데, 이 산문의 의미를 추적하여 구체적으로 해명하는 것은 어쩌면 무용해 보인다. 다만 뒤엉킨 시간 속에서 시인이 지향하고 있는 (자신의) '시에 대한 미래'가 어느 정도 엿보인다는 점을 주목해서 볼 만하다.

이 산문의 골자는, 종국에는 내용과 형식이 "관계적 오류" 혹은 "허구"로만 존재한다는 것과 미래에 시인이 발표한(할) 시나 시집에서는

---

41) 강동호, 「기억의 빛」, 『6시집』, 173면.
42) 「표4 글」, 『6시집』.

"반양식적 모델"이나 다양한 층위로 "파산적 유형"들을 형상화했다는 (하겠다는) 것이다. 그런데 가만히 생각해보면 이런 시적 지향은 미래의 박주택이 지향할 시적 세계관인 동시에, 이는 등단한 이래로 지속적으로 지금껏 지향해 온 시적 세계관과도 다르지 않다는 것인데, 박주택이 굳이 이 산문을 적시했던 이유는 '시간성의 확장'에 더 무게를 두고 있다는 방증이다. '과거'나 '기억'에서 건너온 물상들의 내력 때문에 현실의 기의들이 흔들리고 기표들이 흐트러지는 것만이 아니라, '미래'로 치달을 존재의 '가능성' 때문에라도 현실 기표들은 혼란과 충동으로 운동하게 된다는 것이다. 이것은 시적 주체에게는 '강박'이자 현실로 내던져진 상태에서는 일종의 '강요'일 수 있다.[43] 달리 말해, 시집 표제를 경유해서 논하자면 '또 하나의 지구가 필요할 때'라고 언술한다는 것은 결국 지금 우리가 딛고 있는 지구의 세계가 훼손되었다는 것이고, 내용-형식이 합일이 될 수 없는 불연속성의 지속이라는 것이다.

새로 문을 연 카페에서 교토를 떠올린 것은 어제였다

나는 교토에 가본 적이 없다

---

[43] 실제로 박주택의 시 쓰기 습관은 일종의 강박과 자기 질서가 있던 것으로 알려져 있다. 대담에서 다음과 같이 고백했던 것이 그러하다. "저는 시를 쓰기 전에 방을 깨끗이 치우는 습관이 있습니다. 그리고 평소에는 신지 않는 슬리퍼를 신어야 하고 평소에는 마시지 않는 블랙 커피를 마셔야만 시를 쓸 수 있습니다. 아주 오래된 습관이죠. 이것이 갖춰지지 않으면 시가 써지지 않습니다. 그리고 시를 쓸 때는 반드시 그날 완성합니다. 주머니나 지갑 혹은 머리맡은 메모로 어지럽고요. 메모만 모은 박스가 따로 있습니다. 술 마신 뒤에 많이 떠오르고, 메모할 때는 대학 시절부터 사용해온 제 개인 암호를 메모마다 일일이 체크해 놓아 나중에 왜 썼는지 기억합니다." (박주택·김수이, 「박주택-강렬한 응시의 기록(대담)」, 『시를 사랑하는 사람들』, 한국문연, 2010 1-2월호, 24면.)

그러나 내가 사라져버리면 묻힐 곳이 있듯이
아이가 첫걸음을 뗄 때만큼
기쁨이 순간적으로 몰려왔던 때는 드물 것이다

창밖을 보며
물끄러미 흘러나오는 노래에 귀를 기울이고 있는 사람들
마치 밀양에 가보지도 않고 밀양에 간 것처럼 말이다

벚꽃이 피어 있는 교토, 깊은 봄을 재촉하는 고양이가
골목을 휘젓고 다니면 막 나인 것처럼 나를 부르겠지
그때 유끼오 씨는 두꺼운 창문을 열고
4월의 그날 밤에 충고를 거절하겠지

아무래도 나는 너무 많은 상상을 보아온 것 같다
—「교토에 가본 적이 없다」 부분[44]

나는 사람들이 그리워하는 것을 그리워하며 살았다
그러나 어느 곳에 서 있었는지 작은 것조차 어두웠다

나는 온다, 밤이 다할 때까지
기억에서는 또 잡귀가 태어나리라

—「언제나 기억의 한가운데」 부분[45]

고작 기억에서 생이 비롯된다는 것

---

44) 『6시집』, 79-80면.
45) 『6시집』, 9면.

> 배후를 엿듣는 빛은 기록하고,
> 기미를 예인하는 날짜는 다른 곳을 연다
> ─「굿모닝 뉴스」 부분46)

뒤표지 글에 반영된 시적 관점이 가장 잘 반영된 시는 「교토에 가본 적이 없다」일 것이다. 이 시의 시적 주체는 "새로 문을 연 카페"에서 뜬금없이 "교토"를 떠올린다. 왜 교토인지도 불명확하고, 왜 교토여야만 하는지 또한 명쾌하지가 않다. 그러나 서로 다른 두 시간의 축에서 교토를 가본 적이 있는 나와 교토를 가본 적 없이 교토를 떠올리기만 하는 나가 각각 대립적으로 긴장하고 있는 형세의 시편이다. 그러므로 시적 주체는 '나'와 무관할 수 있는 어떤 상상의 시공간을 살아온 다른 주체가 일상에서 갑자기 끼어들게 되는 기미를 포착해낸 셈이다. 이는 마치 "서로 만날 수 없는 평행 우주의 세계가 서로 일순간에 교통할 수 있으리라"47)는 멀티버스의 세계관과도 가깝다. 5차원의 세계에서, 서로 다른 박주택A와 박주택B, C, D 등등이 상호작용하지만, 그들은 사실 유사한 삶과 기억을 공유하면서 비슷한 층위를 살아가고 있다. 그 양상 자체는 대립적인 듯하지만 그들은 모르는 힘에 의해 서로에게 상호작용하고 있으며, 각각의 주체들은 하나의 예감으로, 혹은 시적 아포리아로 교섭한다. 그 때문에 하나이되 하나가 아닌 탈시간성의 주체가 탄생하게 되는 것이다. 이런 주체의 양상은 같은 시집에서 「도플갱어」나 「내게 너무 많은 집」, 「물질과 운동」, 「덫」, 「전작들을 위한 애티튜드」 등에서도, 빈번히 노출되는데, 그것을 전면화한 작품은 「교토에 가본 적이 없다」라고 할 수 있겠다.

---

46) 『6시집』, 29면.
47) 강동호, 위의 글, 153면.

이러한 차원에서 「언제나 기억의 한가운데」나 「굿모닝 뉴스」를 읽어 보면, 박주택이 제4기의 시편에서 구체화하려는 '시간성'이란, n개의 지구에서 일어난 소용돌이이자, 다른 지구에서 온 이접된 감수성일 수 있을 것이다. "나는 사람들이 그리워하는 것을 그리워하며 살았다"라고 고백하면서 "어느 곳에 서 있었는지 작은 것조차 어두웠다"는 진술이 뒤따르는 것은 '온전하지 못했던 나'에 대한 잠식이다. 그 어디의 다른 지구에서도 '온전한 기억'도, 온전한 삶도 가능해질 수 없기 때문이다. 그저 기억이라는 훼손되고 왜곡된 사유에 밀려, 그저 내가 여기 쏟아져 있을 뿐이다. 이쯤 되면 "기억"에서는 '합일된 나'가 아니라 "잡귀가 태어나"는 것이고, "고작 기억에서 생이 비롯된다는" 진술은 불가항력이자 희망의 영역인 것이다. 그래서 박주택 스스로도 이 시집의 간행을 두고, "과거의 시가 외지로서의 자연이라면, 이번 시집은 내지로서의 자연"[48]이라고 명명했을지도 모른다. 그러니 시인은 인간 기본의 본성까지 소외시켜버리면서 선택적 인공 자연을 체득한 선지자의 응시로, 이 주체의 '극단적인 소거 현상'을 고찰할 수밖에 없는 것이다.

> 이로부터 나의 것은 나의 것이 아니었으며
> 다만 사라지는 나를 붙들기 위함이었으니
> 공교롭게도 나로부터 멀어지는 것들은 나와 가까웠을 뿐
> 나는 여러분이 그런 것처럼 여기에 있다
> 앙상한 가지처럼 있다 우둔한 문을 열어
> 서울의 것들과 빌딩에서 내려오는 계단들은
> 나를 쓰러뜨리고 술집의 대부분이 수모였지만
> 아름다이 사라지는 차들로부터 눈을 떼지 못했다

---

[48] 박주택·김제욱, 앞의 글, 15면.

비록 이자 없는 내일을 고대하며
우주로부터 오는 빛에 내가 얼마나 작은지를 헤아리기도 했지만
곧이어 나를 감싸는 것은 진척 없는 사랑뿐이었다
뿔뿔이 흩어져 가문의 명예는커녕
서로에 대한 증오로 저무는 밥상에서
모래 섞인 밥을 먹었지만 여러분이 그랬듯이
이 집에서 나는 여전히 가장이었다
뿔뿔이 흩어져 가문의 명예는커녕
서로에 대한 증오로 저무는 밥상에서
모래 섞인 밥을 먹었지만 여러분이 그랬듯이
이 집에서 나는 여전히 가장이었다
꽃가루가 날리는 분리수거함 앞에서는
지금의 나와 같이 고양이가 울어대고
유품들을 버리며 울 때처럼 울어대고
새로 산 식탁에서 책을 읽는 동안
나를 거추장스럽게 여기는 사람들은
내 키를 헤아리며 얼마나 작아졌는지를 가늠하겠지만
여러분이 그랬듯이 나의 외모와 내가 그려가는 행적들은
나의 집과 함께 끝끝내 여기에 있을 것이다
―「즐거운 나의 집」(『현대시』, 2016 4월호) 전문

그렇다면 향후 박주택 시가 전개될 방향을 전망해볼 필요가 있겠다. "'죽어본 자'로서 바닥으로 가라앉은 자의 비전으로 세계를 투시하려는"[49] 것이라는 김동명문학상 수상의 시평에서도 확인되듯이, 박주택 시는 여전히 지금 여기보다 다른 곳으로 도약하려는 비전을 품고 전개되고 있다.

---

49) 이성혁,「구원을 기다리는 바닥의 시」,『시현실』, 예맥, 2024 겨울호, 39면.

「즐거운 나의 집」에서 '즐거움'이란 어디서 오는지 묘연하다. 이 시의 주체는 행간을 채워나가면서 '나'와 '나의 주변부'에 대해 다양한 각도로 진술하고 있으나, 채워지는 만큼 나의 행방은 더욱 더 지워진다. 예컨대 "이로부터 나의 것은 나의 것이 아니었으며/ 다만 사라지는 나를 붙들기 위함이었으니/ 공교롭게도 나로부터 멀어지는 것들은 나와 가까웠을 뿐/ 나는 여러분이 그런 것처럼 여기에 있다"라고 진술할 때를 생각해보자. "나의 것"과 "여러분이 그런 것" 사이, 도시적 현재를 지각하고 공통감각과 자신의 사적 영역을 확보하고 싶은 사적 감각들이 충돌하고 있다. 물론 그 둘은 단순히 대결하지 않는다. 대결인 듯 대결이 아닌 채로 양측이 서로를 허용하면서, "나는" 공동체 속에 뒤엉킨다. 아니 어쩌면 '공동체'가 나의 욕망이나 감각 작용 속에서 뒤엉켜 있는 것일지도 모르겠다.

가령 "아름다이 사라지는 차들"이라거나 "서울의 것들과 빌딩에서 내려오는 계단들", 수모가 가득한 "술집의 대부분"들은 나에게 소유된 것이 아니라 즐거움을 강요하는 신자유주의 도시적 삶이 제공해주는 공간적 표지들이다. 이미 그것들은 시적 주체가 의지를 통해 만들어낸 것이 아니라 주체와는 무관하게 이 세계가 이미 만들어낸 가공의 공간들이다. 개인에게 적절히 욕망을 소비하게 하되 시스템을 부정하거나 전복하려는 사유는 쉽사리 허용하지 않는, 이 지독한 세속의 세계는 주체의 욕망마저도 수동화시키거나 그 진폭을 한정한다. '즐거움'을 과잉하도록 지시하지만, 즐거움의 본질에 가닿게 하는 것은 철저히 방해하는 지금 이곳의 정언명령들을 이미 다 인지하고 있는 시적 주체는 이곳과 적절히 조우하면서 뒤엉킨다.

그러면서 어느 무엇도 소유할 수 없는 기억의 무용함, 존재의 본질을 해명할 수 없는 기억과 경험 왜곡들, 그리고 이를 둘러싼 감각 바깥의 것들을 시인은 끈질기게 적시한다. 종국에는 "나의 외모와 내가 그려가는 행적들은/ 나의 집과 함께 끝끝내 여기에 있을 것"이지만, 없는 기억, 무용한 기억 때문이라도 나 또한 다시 소멸하게 되는 것이다. 다시 말해, 운동하는 언어들을 통해 도무지 복원될 수 없는 다른 기억들을 누차 출현시키지만, 그 또한 다시금 비틀어버리는 시적 전략은 박주택에게는 오래 지속된 응시법이라고 할 수 있을 것이다. 이렇게 공든 탑을 무너뜨리고 싶은, 잘 빚어진 항아리를 깨뜨리고 싶은, 시적 정동은 박주택의 향후 시편에서도 지속될 것으로 예견된다.

4. 결론

본 논문은 박주택 시 연구의 토대적 단계에서 검토되어야 할 부분을 종합적으로 제시하고, 향후 연구를 견인할 기본 골자를 세움과 동시에, 박주택 시 세계의 변모 과정을 고찰한다. 박주택이 현재까지 상재한 정규 시집은 총 6권으로, 제1시집은 1기, 제2·3시집은 2기, 제4·5시집은 3기, 제6시집은 4기로 분류할 수 있다.

앞서 검토한 바와 같이, 박주택 시편들의 특징은 시간을 매개로 하여 입체적으로 존재의 심층을 탐구하는 세계관을 가졌다고 명명할 수 있을 것이다. 기수별 창작원리를 관통하고 있는 시적 전망의 변별지점들 또한 큰 축으로는 '시간성'에 기대어 전개되고 있으며, 물상들을 입체적으로 구조화하는 데에 미적 통찰력을 보여준다.

제1기 시의 주요 특징으로는 '정동의 날 것 그대로'를 묘사하고 중첩시키는 시적 전략을 통해, 주체에게 인지된 불연속적인 감각의 충동이 여과 없이 시적 표현으로 흘러온다는 것이다. 이는 프랑스 상징주의 시를 한국적으로 전유함과 동시에, 짙은 주관성이 투사된 시행 구성을 전면화하는 모습을 보인다.

제2기의 시편들은 3인칭의 발화, 실체성, 은유성, 이미지들의 교섭에 의해 시상이 전개되는 특징을 지닌다. 특히 제2시집의 경우는 그 외연의 형태가 건조하다는 인상까지 주며, 일종의 미니멀리즘의 시형을 지향하기도 한다. 3인칭의 시선과 응시를 거치면서, 삶의 진실됨과 허무를 적극적으로 획득하려 하는 주체의 서두른 고행이 드러나는 시기이다.

제3기는 박주택 시가 평단에 가장 주목을 받은 시기로, 주체를 속박하고 있는 시간의 장력에 대항하여 주체의 초탈 의지를 드러내는 양상으로 전개되었다. 시간성과 말의 율동을 기반으로 존재들이 율동할 수밖에 없는 사태를 직시하며, 이 시기 시적 주체가 소환해오는 물상들은 오직 시인과의 불온한 계약만을 이행하는 것처럼 보인다. 그러므로 박주택의 언어를 거치고 나면 단순한 풍경 속에서 복잡다단한 내력에 사태가 분출되어, 낯익은 풍경들조차도 신비로운 미지의 풍경으로 거듭나게 되는 것이다.

끝으로 제4기의 시편들은 박주택의 시에서 '미래'라는 새로운 시간축이 출연했다는 것이다. 이는 일종의 멀티버스로, 5차원의 세계에서 서로 다른 박주택A와 박주택B, C, D 등등이 상호작용하지만, 각각의 주체들은 하나의 예감으로, 혹은 시적 아포리아로 교섭하는 형태를 지향한다. 그 때문에 시적 주체는 생성과 소멸을 반복하여 존재의 허무를 넘어선 어떤 지점들을 가시화한다. 시집 표제를 경유해서 논하자면 '또 하나의 지구가 필요할 때'라고 언술한다는 것은 결국 지금 우리가 딛고 있는 지구의 세계가 훼손되었다는 것이고, 우리는 그곳을 딛고 다시 나아가야 한다는 관념의 세계가 개방될 수 있는 것이다.

   이처럼 박주택의 시는 한국시의 재래적 감수성과는 일정 거리를 두고, 특정 세대나 특정 시류에 휩쓸리지 않으면서도 한국시 '서정'에서 익숙하지 않은 독특한 시적 성취를 보여주었다. 이에 본고는 기수별 특징을 포괄적으로 살피고 당대 비평과 더불어 시 세계의 변모 과정을 해명함으로써, 현재 기준 박주택 시 세계를 종합적으로 조망했다는 데에 의의를 가진다.

| 참고문헌 |

1. 기본자료

박주택, 『꿈의 이동건축』, 문학세계사, 1991.
_____, 『방랑은 얼마나 아픈 휴식인가』, 문학동네, 1996.
_____, 『사막의 별 아래에서』, 세계사, 1999.
_____, 『카프카와 만나는 잠의 노래』, 문학과지성사, 2004.
_____, 『시간의 동공』, 문학과지성사, 2009.
_____, 『또 하나의 지구가 필요할 때』, 문학과지성사, 2013.
_____, 『꿈의 이동건축』, 천년의 시작, 2004.
_____, 『감촉』, 뿔, 2011.

2. 단행본

박주택 외, 『제20회 소월시문학상 작품집』, 문학사상, 2006.
박주택, 한성례 역, 『時間の瞳孔』, 東京: 思潮社, 2008.

3. 논문 및 기타 자료

강동호, 「기억의 빛」, 『또 하나의 지구가 필요할 때』, 문학과지성사, 2013, 173면.
권혁웅, 「숨쉬는 기호들」, 『꿈의 이동건축』, 천년의시작, 2004, 121면.
박주택, 「그 처연한 萬神의 계절」, 『제20회 소월시문학상 작품집』, 문학사상, 2006, 68면.
박주택·김수이, 「박주택-강렬한 응시의 기록(대담)」, 『시를 사랑하는 사람들』, 한국문연, 2010 1-2월호, 24면.
박주택·김제욱, 「시인을 만나다 43: 풍경을 걷는 사람 박주택 시인(대담)」, 『포엠포엠』 통권 제60호, 포엠포엠, 2013 겨울호, 17-20면.
박주택·오형엽, 「환멸, 기억, 망각, 몽환(대담)」, 『현대시』, 한국문연, 2004, 5월호, 76면.
오형엽, 「기억과 망각의 회로」, 『카프카와 만나는 잠의 노래』, 문학과지성사, 2004, 122면.
_____, 「망각의 힘과 불온한 피」, 『제20회 소월시문학상 작품집』, 문학사상, 2006, 86면.

유성호, 「소멸의 시간, 존재론적 고통과 환멸- 박주택론」, 『감촉』, 뿔, 2011, 147면.
이광호, 「세상의 낡은 풍경」, 『방랑은 얼마나 아픈 휴식인가』, 문학동네, 1996, 108면.
이성천, 「기억에 바치는 조사(弔辭)- 박주택, 『카프카와 만나는 잠의 노래』를 중심으로」, 『경희문학』제18집, 2005, 청동거울, 2004, 114면
이성혁, 「구원을 기다리는 바닥의 시」, 『시현실』, 예맥, 2024 겨울호, 39면.
이재복「내 영혼의 슬픈 잠」, 『현대시』, 한국문연, 2004 5월호, 63면.
이희중, 「이 별에서, 저 별을 꿈꾸다」, 『사막의 별 아래에서』, 세계사, 1999, 116면.
정과리, 「눈동자로부터의 모험」, 『시간의 동공』, 문학과지성사, 2009, 129면.
정한모·박재삼, 「심사평」, ≪경향신문≫, 1986. 1. 4, 7면.
조정권, 「속박과 순례」, 『꿈의 이동 건축』, 문학세계사, 1991, 114면.
최동호, 「어둠의 동공을 응시하는 환명의 눈(심사평)」, 『제20회 소월시문학상 작품집』, 문학사상, 2006, 202면.
허혜정, 「시간의 푸른 방, 혹은 운명의 자리」, 『현대시』, 한국문연, 2004 5월호, 35면.
홍용희, 「불협화음의 미의식과 열반의 정적- 박주택의 시세계」, 『제20회 소월시문학상 작품집』, 문학사상, 2006, 97면.
_____, 「시의 생태학을 찾아서- 박주택, 『카프카와 만나는 잠의 노래』」, 『경희문학』 제18집, 2005, 청동거울, 2004, 105면.

공간 인식을 통한 시 분석 방법론 연구*
— 박주택 시집 『꿈의 이동건축』을 중심으로

김태형
(경희대학교)

1. 서론

인류 문명의 시발점을 돌아볼 때, 공간은 인간 존재의 근원적 위치를 담지하는 개념이었다. 세계 각지의 신화들이 그 자신의 근원을 명문화하는 과정에서 "공간-탄생"의 단계를 포함하고 있다는 사실은 초기 사회문화 구성에 "시간적 관계들을 공간화하는 경향"[1]이 나타난다는 마르쿠스의 주장에 힘을 싣는다. 인간은 문화를 구축하는 과정에서 시간 개념보다 공간 개념을 친연하게 여겼던 것이다.

그렇지만 사회문화적 진화가 고도화된 근대에는 공간을 게으르고 수동적인 개념으로 이해하려는 시각이 다수 발생했다. 이러한 시각 속에서 공간은 단지 시간에 부속되는 존재로 격하되었다. 즉, 우라노스

---

* 『한국문예창작』 63호에 게재된 논문.
1) 마르쿠스 슈뢰르, 『공간, 장소, 경계』, 정인모 외 역, 에코리브르, 2010, 190면.

(Uranos; 천공)와 가이아(Gaia; 대지)의 부산물에 불과했던 크로노스(Chronos; 시간)가 근대의 주신(主神)으로 등극한 것이었다.

계량화된 시간을 보유하게 된 근대인들은 공간-땅을 통한 경제 활동을 시간-노동을 통한 경제 활동으로 변모시켰고, 이에 따라 근대인들은 시간의 속성인 이동성과 변화를 삶의 형식으로 받아들이게 되었다. 이러한 생활 양식의 변화는 공간을 비이동성과 정체 등 부정적 개념을 내포한 것으로 존재로 격하시켰으며, 그로 인해 사상적인 권위를 잃고 몰락하게 되었다.

그러나 현대에 들어 공간은 새로운 사상적 위치를 획득하게 되는데 이는 문명 초기부터 근대까지 공간을 단순한 구체성(Cosmos)로 이해하며 '공간=세계'를 유한하고 제한적인 물리적 성질로 보았던 반면,[2] 현대에서의 공간은 권력이 배태되어 기능하는 사회적 장[3]으로서의 성질을 부여받게 되었다. 특히 "헤테로토피아"로 대표되는 '실재하는 유토피아'는 공간에 대한 현대적 시선 없이는 그 존재를 증명하는 것조차 어려웠다. 하이데거 역시 세계-내-존재로서 현존재의 현전 개념을 논의하는 과정에서 자연과학적·형이하학적 시선 아래 분석되어 온 근대 공간을 해체하고, 체감할 수 있는 성질의 공간 인식을 제시한 바 있다.

즉 근대와 현대를 거치며 공간은 단지 구체적 장소로서의 개념에서 권력이 잉태되고 기능하는 체험 지대로 변모하였던 것이다. 이는 공간이 어떠한 정치적·사회적·윤리적 의미를 내포하는 동시에 사회 구조적 문법을 실체화 시킬 수 있는 능력을 갖추게 되었음을 의미한다. 이는

---

2) 이현재, 「공간을 둘러싼 철학적 물음들」, 『공간에 대한 철학적 이해』, 라움, 2016, 13면.
3) 앙리 르페브르, 『공간의 생산』, 양영란 역, 에코리브르, 2011, 517면 참고.

"공간이 복잡한 사회적 과정을 거쳐 의도적으로 생산된다"는 르페브르의 주장[4]으로 뒷받침된다. 푸코가 강론하였듯 19세기 이후의 시대는 "무엇보다 공간의 시대"[5]였던 것이다.

이와 같은 공간 개념의 변모는 문학 내 공간에서도 드러난다. 문학 내부에 형성되는 공간은 작품 개개의 의미를 구성하기도 하지만 동시에 문인의 창작관을 드러내는 역할을 담당한다. 특히 시문학에서는 개별 작품에 드러난 공간을 총람하여 이해하는 과정을 통해 시인이 시집, 혹은 작품 활동 전반에 걸쳐 구축하고자 한 문학적 세계관을 확인할 수 있다. 즉, 시적 공간의 총괄적 이해는 시인이 의도한 시적 세계관 분석에 유의미한 접근 방식으로 보인다. 이는 푸코가 제언한 헤테로토피아 개념을 통해 보다 명확해지는데 문학의 언어와 이로 인해 구축되는 공간이 현실에 대한 일종의 '겹침', 즉 "대안적 상상이나 희망, 실험"[6]으로서 기능할 수 있다는 가능성이 바로 그것이다.

본고는 위와 같은 공간적 인식을 중심으로 작품을 분석하는 방법론을 설계하고, 이것이 실제로 기능하는지 확인하는 것을 목적으로 한다. 해당 방법론의 입증은 점진적인 범위 확대를 통해 이루어져야 하며, 가장 먼저 진행해야 하는 것은 시적 공간이 뚜렷하게 나타나는 시인을 대상으로 한 좁은 범주에서의 개별 작품 공간 분석과 이에 따른 시적 세계관 파악이다.

이는 지금까지 시적 공간 자체에 대한 분석이나 작품 간의 공간 매개

---

4) 전상인,『공간으로 세상 읽기-집, 터, 길의 인문사회학』, 세창출판사, 2017, 21면 참고.
5) 미셸 푸코,『헤테로토피아』, 문학과 지성사, 42면.
6) 이병태,「헤테로토피아, 유토피아와 우토푸스 사이 - 푸코 '헤테로토피아'의 유토피아적 함축에 관하여」,『범한철학』 99, 2020, 204면.

등에 대한 연구 등은 활발히 진행된 바 있으나, 그 중에서 공간의 적층을 통한 시적 세계관 분석은 이미 다양한 방법으로 선행 연구된 개별 문인에 대한 추가 연구에 불과한 경우가 대다수였다.7) 즉, 문인에 대한 이해가 선행하고 이로 인한 공간 연구가 후행하는 경우는 다수 발견되나 공간에 대한 이해가 우선하는 연구, 특히 작품 공간 분석을 통한 문학적 세계관 연구가 목적이 되는 경우는 찾기 어려웠다.

그러나 앞서 분석한 것과 같이 현대 인문학 관점에서 공간이란 단순한 지정학적 좌표가 아닌 인간의 사회적·관계적 속성을 포괄하고 있는 삶의 지대8)이므로 문학에서도 각 작품이 내포하는 문학적 공간은 창작자가 갖는 문학적 의도를 기저로 삼고 있으리라 생각해볼 수 있다. 이에 시문학에서의 공간적 분석 방안 설계는 총 세 단계로 이루어진다. ① 한정된 범주 내에서 단일 시인의 작품 내부에서 확인되는 시적 공간을 연구하고, 이를 통해 시인의 시적 세계를 분석한다. ② 작품 활동 전반에 걸쳐 단일 시인의 작품 내부에서 확인되는 시적 공간을 연구한다. ③ 단계 ①과 단계 ②를 거치면서 분석된 시적 공간의 성질을 카테고리화하고, 복수의 시인을 선정하여 비교·분석한다. 이러한 과정을 통해 우리는 현대 시문학에서 발견되는 시적 공간의 성질을 보다 명확하게 추출하고, 이를 통해 시인들이 갖는 시적 인식과 문학적 시각을 발견하는 기회로 삼을 수 있을 것이다.

본고는 상술한 세 단계에서 단계 ①의 실현 가능성을 직접적으로 확인하고, 향후 단계 ②·③으로의 확장을 위한 방안을 검토하는 것에 목적

---

7) 이는 대부분의 시작품 내 공간 연구가 해방 이전 문인들을 대상으로 진행되고 있다는 사실에서도 확인할 수 있다.
8) 에드워드 소자, 『포스트 메트로폴리스 1』, 이성백·남영호·도승연 역, 라움, 2018, 44면 참고.

을 둔다. 이와 같은 목적을 위해서 해당 논고에서 대상으로 삼는 작품에는 다음과 같은 조건을 설정한다.

    (ㄱ) 작품 내에서 공간의식이 명확하게 노출될 것
    (ㄴ) 단계 ②를 고려해 20년 이상 지속적으로 작품을 발표했을 것
    (ㄷ) 혼선을 방지하기 위해 선행 공간 연구가 없는 시인일 것

위와 같은 조건을 만족하는 시인으로 본고에서는 박주택[9]의 작품을 연구의 대상으로 삼고자 한다. 박주택은 1986년 경향신문 신춘문예 이후 20년 이상 문예 활동을 이어왔으며((ㄴ)), 관련 연구가 1편[10]에 불과하다.((ㄷ)) 또 "속박받는 영혼과 그 순례의 길"[11], "느린 동작과 그 행위가 일어나는 공간"[12], "이 별에 삶에 적응하지 못한 채, 저 별을 그리워하고 꿈꾸는"[13], "적막과 상처의 풍경화"[14] 등 변모하는 공간 의식 또한 드러내고 있다.((ㄱ))

박주택은 시적 노정 속에서 공간 의식의 변모를 드러낸다. 제1시집

---

9) 박주택(1959~)은 1986년 경향문학 신춘문예 시부문에 당선되어 『꿈의 이동건축』(문학세계사, 1991), 『방랑은 얼마나 아픈 휴식인가』(문학동네, 1996), 『카프카와 만나는 잠의 노래』(문학과 지성사, 2004), 『시간의 동공』(문학과 지성사, 2009), 『또 하나의 지구가 필요할 때』(문학과 지성사, 2013) 등을 발간하였다. 주요 수상으로 편운문학상(2000), 현대시 작품상(2004), 경희문학상(2004), 소월시문학상 대상(2005), 이형기문학상(2010), 김동명문학상(2024) 등이 있다. 이후 박주택의 시집은 『시집명』으로 표기.
10) 김원경, 「박주택 시에 나타난 허무의식 연구」, 『국제언어문학』 58호, 국제언어문학회, 2024; 해당 논고는 박주택 시의 공간 연구와는 무관하므로 선행연구로 분류하지 않는다.
11) 조정권, 「속박과 순례」, 『꿈의 이동건축』, 122면.
12) 이광호, 「세상의 늙은 풍경」, 『방랑은 얼마나 아픈 휴식인가』, 110면.
13) 이희중, 「이 별에서, 저 별을 꿈꾸다」, 『사막의 별 아래에서』, 124면.
14) 오형엽, 「기억과 망각의 회로」, 『카프카와 만나는 잠의 노래』, 125면.

『꿈의 이동건축』은 신화적인 상상력 아래 시인이 관조하는 내면적 어둠을 "점령당한 지도"(「爬行」)와 "컴컴한 술집"(「열두시」)으로 형상화하였으며, 제2시집 『방랑은 얼마나 아픈 휴식인가』에서는 시간의 흐름과 노화에 의한 생의 파멸을 "벽"(「고비 늙다」), "그 쭈글쭈글 늙은 집"(「하얀 붕대의 집」) 등의 공간으로 드러냈다. 그런가하면 제3시집 『사막의 별 아래에서』는 스무 번도 더 왔다는 "공터"(「간월도」), 병증처럼 추억이 남은 "소나무"(「추억 저편의 묘지」), "폐렴으로 입원한 外叔의 입원실"(「저 구름 흘러가는 곳」) 등 일상을 영위하는 공간 속에서 일상에서의 '이상행위'를 행하는 주체를 통해 '이곳'과 '저곳' 사이의 공백을 그려낸 바 있다. 이는 오랜 시간에 걸쳐 "우리의 주변 일상에 산재하는 미시적 권력으로부터의 억압상을 내밀하게 추적"[15]하는 과정에서 점차 변모·확대되어 온 시인의 공간 의식을 나타내고 있다.[16]

이와 같은 분석을 바탕으로 본고에서는 박주택의 작품을 "공간의식 분석을 통한 시적 세계관 분석"을 위한 대상으로 삼고자 한다. 또 상술하였던 단계 ①이 향후 확장을 염두에 둔 "한정된 범주에 대한 공간 의식 분석"을 기준으로 하는 만큼, 박주택의 초기 시편인 『꿈의 이동건축』을 연구 범주로 설정한다.

박주택의 초기시편 분석을 통해 본고에서 기대하는 바는 첫 번째로

---

15) 오형엽, 「망각의 힘과 불온한 피」, 『2006 제20회 소월시문학상 작품집』, 문학사상, 2005, 97면.
16) 박주택의 이러한 공간의식의 변모는 근작에서도 지속되고 있다. 근작과 관련한 내용은 다음 평론을 인용함으로 대신한다. "생선을 굽고 있는 주방에서 나는 냄새는 어떠한 것인가. 박주택 시인에게 그것은 군침을 돌게 하는 무엇이 아니라 "생을 다 한 몸이 풍기는 비릿한 냄새"로 나타난다. 그가 거리에서 포착한 죽음은 거리로부터 보호되고 있는 집안에서도 발견되는 것이다."(이성혁, 「구원을 기다리는 바닥의 시」, 『시현실』 98호, 예맥, 2024, 40면.)

'시 내부의 공간 의식 분석이 시인의 세계관·문학관 분석에 독창적이고 유의미한 이해의 가능성을 열어줄 수 있는가?'이며, 두 번째로는 '해당 분석이 단순한 일회성 방법론에 그치지 않고 일반적으로 활용 가능한 방법론이 될 수 있는가?'라고 할 수 있다. 이를 위해 이어지는 2장에서는 시 내부 공간 의식의 정의와 분석 방법을 설정하고, 3장에서는 이를 박주택 시에 직접적으로 적용해봄으로써 본고에서의 방법론이 실질적으로 기능하는 모습을 확인하고자 한다.

2. 시에서의 공간 인식과 분석 방법론

1) 시에서의 공간 인식

상술한 바와 같이 공간은 고대-근대-현대를 거치며 그 위상과 의미, 범주 등이 여러 번 변모하였다. 근대 당시 단순한 지정학적 좌표, 불변하는 정체(停滯)로서 신화적 지위를 상실하고 시간의 하위적 개념으로 이해되었던 공간은 현대에 다다라 권력의 생산·기능·발현을 포괄하는 역동적 지표로 자리잡은 것이다. 에드워드 소자가 ①제1 공간 관점(물질-지각) ②제2 공간 관점(개념 재현-인지) ③제3 공간 관점(가능성-체험)을 통해 르페브르의 공간을 변증한 것과 같이, 현대의 공간은 대량의 정보가 생산·상호 교환·대체·재생산되는 개념으로 거듭났다.

이처럼 권력의 요람이자 권력 체현, 그리고 실존적 체험의 지대로서 새로운 위상을 획득한 공간은 현대 이후 발표된 문학 내부의 공간 이해에도 영향을 미치고 있다. 예를 들어 1910년대 이후부터 한국 문학 내부의 공간 이해에는 문인 자신의 역사적·주체적 경험이 강력하게 연관되는데, 이는 문학 생산의 과정에서 그들의 공간 경험은 배제할 수 없는 요소였기 때문이었다.

물론 문인들을 둘러싼 공간의 성질이 문학 자체에 긍정적인 영향만을 끼쳤다고 볼 수는 없으나[17], 이는 도리어 공간 체험이라는 요소가 그들이 문학관·세계관을 구축하는 데 있어 양가적 면모에서 큰 영향을 미쳤다는 반증으로 볼 수 있을 것이다. 이러한 이해 아래 본 논의가 집중하는 대상은 시 내부에서 발견되는 공간 그 자체이다. 외부의 요인에 의해 발생한 문학적 공간에 대한 논의는 이미 많은 연구자들에 의해 분석된 바 있으며, 외부 경험-작품 내부 공간 관계 분석의 방법론으로는 본고에서 논의하고자 하는 공간 이해에 따른 문인의 문학관·세계관 분석에 난점이 존재하기 때문이다. 서론에서 정리하였듯, 본 논의는 작품 외부에서 내부로의 연관성 분석보다는 내부에서 외부로의 세계관 구축 연구를 목적으로 삼는다.

그렇다면 작품 내부의 공간 인식은 어떤 방식으로 분석해낼 수 있는가? 이에 대한 방법론은 문학 창작자가 외부 경험과 내면적 고찰을 통해 문학적 언어를 구성한다는 전제에 기반을 둔다. 문학적 언어는 작품으로서 구축되면서 문학 내부의 공간을 형성하게 되는데, 해당 공간은 창작자가 전달하고자 하는 메시지를 단편적·입체적으로 내포하고 있다. 전술하였듯 기존의 연구는 해당 공간들을 외부의 자극에 기반하여 나열·정리하는 것에 집중해왔으나 이는 창작자가 완성한 단일 작품집 내부의 공간을 분석·이해하는 것을 어렵게 한다.

---

[17] 서준섭은 근대 문인들이 도시 공간 경험을 통해 확연히 "다른 문학"을 쓴 것은 확연하나, 단순한 퇴폐 경험의 나열에 불과한 것으로 볼 수도 있다는 시각을 부기하였다.(서준섭, 『한국 모더니즘 문학 연구』, 역락, 2017, 281면 참고.)

때문에 본고에서는 작품 내부의 공간 인식을 분석하기 위한 방안으로 두 가지의 기준점을 제시하고자 한다. 첫 번째는 시집 전체에서 확인할 수 있는 작품 내부 공간과 맥락적 위치를 정리하는 것이고, 두 번째로는 시적 공간 분석 과정에서 확인되는 공간 매개 시어[18]를 분석하여 각 시집에서 확인할 수 있는 내부적 공간 인식을 명시화하는 것이다. 이를 통해 외적 시선에서의 시적 공간 분석 외에도 내적 시선에서의 시적 공간 분석을 위한 방법론을 제언할 수 있으리라 기대한다.

2) 공간 인식 분석 방법론 제언

해당 절에서는 앞서 제시한 두 기준점에 대해 논의한다. 먼저, 개별 작품에서 공간 인식을 확인하기 위해서는 시집 내부에서 확인되는 공간에 대한 전체적인 분석이 필요하다. 이를 위해 본고에서 전제하는 공간적 논의는 푸코의 헤테로토피아와 르페브르의 공간 전유 개념[19]에 기반하는데, 이는 상술한 것과 같이 문학 창작자의 언어가 외부의 공간 경험이라는 외파적 근간을 지니는 동시에 '겹침'으로서의 기능, 즉 대안적 상상

---

[18] 공간 매개 시어에 대한 설명은 다음 논문 인용으로 갈음한다. "같은 주체에 의해 창작된 작품 사이에는 태생적인 친연성이 존재하며, 이러한 관점을 바탕으로 텍스트와 텍스트 사이 혹은 행간과 행간 사이에 자리잡은 공간적 간극이 있다 하더라도 이를 매개하는 시어가 있다면 작품 전반에 대한 교집합적 분석에서 발견하기 어려운 공백에 대한 분석이 가능하다. (중략) 시 작품 내부에서 공간을 매개하는 시어는 시어 자체로서 갖는 시적 기능에 더하여 문인의 시적 방향성을 암시하는 일종의 방향 잡이용 푯말이다."(김태형, 「근대 시인 공간 매개 시어 연구-윤곤강·이육사·백석의 작품을 중심으로」, 경희대학교 박사논문, 2022, 28면.)
[19] 르페브르는 지배받는 공간에는 구속과 폭력이 도처에 존재하며, 권력 역시 편재되어 있음을 주장했다. 공간의 사용자들이 영위하는 '주관적 공간'은 고정된 곳, 반만 고정된 곳, 이동 가능한 곳, 빈 곳 등의 성질을 갖는다.(앙리 르페브르, 앞의 책, 517면 참고.)

력이자 희망으로서 발현하는 내적 근저를 지닌다는 시선을 뒷받침한다.

이러한 공간 분석을 기반으로 시집 단위로 구축되고 있는 시적 공간을 발견·정리하는 것이 단계 ①의 목적이며, 해당 단계가 성공적으로 진행될 경우 단일 작품집을 통한 시인의 시적 공간 해명이 가능할 것이라 판단된다. 또, 발표한 시편 전체를 분석하여 시적 공간의 변모 과정과 함께 오랜 기간 동안 시인이 구축해 온 시의 공간적 형질을 학술적 입장에서 정립할 수 있으리라 기대할 수 있다.

다음 장에서는 본 논의의 분석 텍스트로 선정한 박주택의 『꿈의 이동건축』의 공간 인식을 분석하고, 이를 매개하는 시어를 정리하여 공간 인식 연구에 따른 작품 분석의 가능성을 논구한다.

3. 『꿈의 이동건축』(1991)의 공간 인식 연구

1) 『꿈의 이동건축』: 자성과 이상의 대비

박주택은 1986년 경향신문 신춘문예로 등단해 1991년 등단작 「꿈의 이동건축」을 표제작으로 하는 첫 시집 『꿈의 이동건축』을 발표하였다. 표제작을 포함하여 57편의 시작이 수록된 해당 시집에서는 도시·성·해변·숲 등 다양한 공간 지표가 발견된다. 이와 같은 공간들은 조정권에 의해 "우주적인 자연질서와 인간 존재의 내면적 어둠을 들여다보는, 거의 고독하기까지 한 공상의 세계"[20]로 해설된 바 있는데, 이러한 '고독의 공간'은 "오전의 대합실 문을 열고/ 뿔뿔이 어디론가 흩어지고 있"는 사람들(「광장」)이나 "영영 만나지 못하는 벽"(「늦어짐에 대하여」), "계절

---

20) 조정권, 앞의 글, 115면.

에게 빼앗기고 시드는 나무 밑"(「도로우의 시민 불복종 서시」) 등과 같은 지점을 통해 확인된다.

『꿈의 이동건축』에서 지속적으로 제시되는 공간은 도시·집·광장 등 일상 공간과 산·숲·들판 등 자연 공간, 그리고 그 사이에 발견되는 경계로서의 관념적 공간이 있다. 박주택 초기시편에서 서술되는 자연 공간은 단순한 자연 이미지를 그려내기 위한 도구적 공간으로 쓰이는 것이 아니라 도시 공간과의 자성적 대비를 드러내는 역할을 하고 있다.

①
그는 굳은 어조를 풀고 책상 위의 책을 정리한다.
저 진지한 표정의 축조물. 非詩的인 사무실.
(중략)
사무실을 빠져나온 그가 칼을 앞세운
많은 족속들을 지나쳤다.
―「저녁 뉴스」 부분

②
푸른 5월.
그는 내일 많은 빚을 갚아야 한다.
몇몇 남녀가 카페에서 나와
그와 합류했다.
―「점으로 가다」 부분

인용된 시는 초기 박주택 시에서 일상 공간이 갖는 "비시적" 면모를 드러내고 있다. 주체가 일상에서 마주하는 도시의 면모는 "진지한 표정"으로 "칼을 앞세운/ 많은 족속"들로 형상화되고 있으며, 이러한 환경 속에서 시인이 부여받은 일상에 대한 부채감은 "그"가 갚아야 할 "많은 빚"으로 그려진다. 이와 같은 부채감과 고독은 "문 밖에 세상은 한시도 편안하게 해주지 않고/ 컴컴한 밤 낯선 곳에 세워둔 후 나를 따돌린다"(「벤치에서·1」)라거나 "그들은 스스로의 집 속에 갇혀/ 스스로의 지친 숨결과 만난다"(「불투명」)와 같은 시선 속에서 재차 발견되고 있다.

일상 속에서 그려지는 주체의 태도는 기대감을 상실한 권태의 자세를 취하고 있다. 일상 속에서 그려지는 외부의 존재들은 주체가 용서를 하기도 전에 "모든 것이/ 용서됐음을"(「기회」) 고지하며, 도무지 "재미를 주지 못"(「우리들 세상의 성」)한다. 이와 같은 일상에 대한 고통스럽고 냉랭한 시선은 "삶은 불빛만큼 반짝이지 않고, 고삐에 묶인 말처럼 몸져 눕는, 불명"21)이라던 시인의 당선 소감에서 이미 예견된 바 있다. 이 "몸져 누운" 삶에 대한 시인의 시선은 주체의 지속적인 권태와 피로, 허무를 통해 "영영 만나지 못하는 벽"(「늦어짐에 대하여」)으로 굳어지고 있던 것이다.

③
산의 식도를 타고 차디찬 물이
열려진 기공 사이로 차오르는 동안
돌에도 피가 돌아 생의 부름에
힘찬 기운으로 상승한다.
— 「전신음악법·1」 부분

④
관목들이 영혼의 밑바닥에 잠긴다.

---

21) 박주택, 「불빛만큼 반짝이지 않는 삶 믿어」, <경향신문>, 1986. 01. 04, 7면.

> 빛나는 보석으로 달이 연거푼 숲을 비추는
> 그 즐거운 땅. 그 땅 위에 몸을 맡긴 채
> 정적의 감미로운 전망을 휩싸고 돌면
>
> —「전신음악법·4」 부분

　반면 『꿈의 이동건축』에서 그려지는 자연 공간은 "생의 부름"과 "감미로운 전망"이 온존되어 있는 "즐거운 땅"의 모습으로 나타나고 있다. 일상 속 주체가 눈에 "시커먼 연기"(「광장」)를 맞으며 밤강에 서서 밀려온 "얼룩진 감정들"(「검은 로망스·3」)을 관조하며 막막함에 잠겨 있다면, 자연을 호명하고 있는 주체는 그들에게서 "물레를 잣는 어머니"(「꿈의 이동건축」)와 같은 모성과 "그 어떤 허위의 표식도"(「해변의 묘지」) 없는 단지 "찬란한 싹의 벅찬 기쁨"(「聖者 복음서」)의 존재를 발견하고 있는 것이다.

　이와 같은 허무와 생명의 이분적 공간 서술은 같은 작품 내에서도 확인이 되는데, 예를 들어 「물 위의 노래」에서 주체는 스스로의 상태를 "먼지에 덮인 길을 뒤집어 쓴" 것으로 인식하며 "풀꽃 핀 들길"을 대비되는 공간으로서 희망하고 있다. 즉 『꿈의 이동건축』에서 확인할 수 있는 공간은 일상-자연의 이분법적 시각으로 볼 수 있는 것이다. 주체의 체험을 통해 구축된 일상은 그를 둘러싸고 있는 현실의 어두운 면을 드러낸다. 일상 공간에 존재하는 대상들은 주체에게 일방향적인 감정 소모를 강요하거나 불안과 실망을 안기며, 주체가 보기에 그 원인은 일상이 배태하고 있는 "악"(「志操論」)에 있는 것이다. 같은 작품에서 볼 수 있듯 이 일상과 대치되는 공간은 "견딜 때까지 견디"어낸 후 죽음을 맞이한 후에 "바위, 뻐꾸기, 청청한 나무/ 뭐 그쯤"으로 존재할 수 있는 자연이다. 일상 속에서 당장 갚아야 할 빚과 허락한 적 없는 용서에 시달리던 주체는 자연 공간에서 "숲속의 정적, 생명의 바다"(「나의 피는 O형」)를 갈구하는 모습을 보인다.

그러나 『꿈의 이동건축』의 공간을 일상-자연의 이분적 공간 구조로 이해하는 것은 합당한 분석인가? 그렇지 않은 것으로 보인다. 분명히 시의 주체는 일상 속에서의 고통을 감내하며 자연 공간이 갖는 성질에 대해 지속적인 희망을 내세우고 있으나 이를 단순한 일상→자연의 일차원적 동경 구조로 해석하기에는 어색한 지점이 존재한다. 이러한 '어색'의 지점은 남한강 일대에서 "지금 보이는 전경은/ 도무지 길이 되지 못한다"(「경사각도」)는 독백에서 확연히 드러난다. 즉, 이 시집에서 그려내고 있는 주체가 주목하고 있는 것은 '이상적인 자연으로의 회귀'가 아니라는 것이다.

그렇다면 주체가 인식하고 있는 현실은 과연 무엇에 의한 것인가? 여기에서 해당 시집의 주 공간이 '일상'도 '자연'도 아닐 것이라는 가정을 제시해보자. 이는 작품 내부에서 지속적으로 주체 자신의 내면을 직면하려고 하는 시도에서 발견할 수 있다. 『꿈의 이동건축』에서 주체는 책이나 내면에 침잠하여 "분할되고 갈라진 사유의 길"(「誤讀」)을 관찰하고 있는데, 이 '길'은 주체가 위치하는 공간으로 보기 어렵다. 앞서 살핀 「물 위의 노래」에서 주체가 자신을 "먼지에 덮인 길"에 위치한 것이 아니라, "먼지에 덮인 길을 뒤집어 쓴" 것으로 인식하는 것은 이러한 이해를 뒷받침한다. 이러한 상태에서 '길'은 공간이되 공간으로서의 성질을 상실한다. 즉 의미를 생산하고 있으나 지정학적 좌표를 부여받지는 못하는 것이다. 이런 관점에서 본다면 해당 공간은 '길'이 아니라 "경계"라고 지칭하는 것이 적절할 것이다.

다르게 말하면, 주체는 경계라는 부재이자 실존인 공간을 구축함으로서 일상과 자연을 모두 관조할 수 있게 된다. 나아가 스스로의 심리적 기제에 대해서도 객관적인 시선을 던지게 된다. "독선"과 "관용"(「독선과 관용의 수상록」), "비틀림의 굴종"(「닭」), 인간에 대한 부감적 시선(「인간·1, 2, 3」·「적들 사이에서」), 말로 인한 분란(「입·입」), 인간성의 양가적 파괴성(「혀-불분명한 인간성」) 등은 '경계'라는 공간을 인지한 주체의 시선 아래에서야 비로소 공간적 인식을 획득하게 된다.

"경계"는 위치를 지정받지 못하는 동시에 지속적으로 관조되는 공간이다. 주체는 책 속에서(「誤讀」), 상상 속에서(「우리들 세상의 성」·「전신음악법·1」), 실재하지 않는 자연 공간에서(「구름」) 수많은 경계를[22] 발견하고 있으나 그곳에 위치하고자 하지 않는다. 오히려 그것의 공간성을 부정하며 일종의 상태성으로 받아들인다. 시인에게 경계란 실존하되 실존하지 않는, 모순적 함축을 내포하는 일종의 헤테로토피아로서 기능하는 것이다.

⑤-1
우리들의 神經을 겨누는 狩獵 앞에
죽은 꽃을 꺾어들며 안개는 숲으로 간다.
하늘로 간다. 어디로, 그리고 어디로든지.

⑤-2
우리가 **하늘이라 부르는 곳**의 **지도**를 그리고 있다.

⑤-3
눈을 뜰 수 없다. **하늘과 땅**을 톱니바퀴처럼

---

22) "꿈", "집" 등으로 표현되는 경우도 있다. 자세한 내용은 후술한다.

물려 있다.
점령당한 지도 위에 우화는 깃발로 나부낀다.

⑤-4
창 밖에서 不在의 이름을 불러 빛을 바라보기는
병 속에서 빛을 바라다보지만 숲 건너로 보이는 빛.
땅을 지고 시간을 거슬러 **하늘**을 오르지 못하는
말들을 그리워하면서 이 하루 나는 울면서 **하늘을**
날았다. 날으면서 울었다. 오, 그리고 상징의 빛을
받으며 피는 아이들 뒤로
끝없이 내 郊外를 깨우치게 할 때
새 한 마리 정적에 깨어 **不死의 춤**을 추고 있다[23]

  인용한 ⑤-1~4는 해당 시집의 마지막 수록작 「爬行」을 일부 발췌한 것이다. 해당 인용문에서는 강조된 것과 같이 "하늘"이 지속적으로 호명되고 있다. 여기서 "하늘"은 "숲"이라는 자연 공간과 동치되고 있으며(⑤-1), 지속적인 관찰과 기록의 대상이기도 하고(⑤-2, 4) "땅"과의 대비 공간으로 그려지는 것(⑤-3) 또한 확인할 수 있다.
  전술한 것과 같이 『꿈의 이동건축』의 공간이 일상과 자연, 경계로 이루어져 있다고 할 때, ⑤-1의 "숲"은 "죽은 꽃", "묘실", "만가"와 같은 죽음 표상으로 수식되는 "안개"가 향하는 곳으로, 「나의 피는 O형」에서 주체가 죽음 이후의 공간으로 지칭했던 자연 공간과 성질을 공유한다. 즉 「爬行」에서의 "하늘"은 이상성을 내포한 자연 공간으로서 그려지고 있으며, 주체에 의해 지속적으로 관찰되고 있는 대상이라는 점(⑤-2)은 『꿈의 이동건축』을 관류하는 자연 공간의 성질을 공유하고 있다. 이러

---
23) 이상 「爬行」 부분(밑줄 인용자 강조)

한 시선 아래서 ⑤-3에서 "톱니바퀴처럼/ 물려 있"는 "땅"은 자연스럽게 일상 공간의 성질을 획득하게 된다.

그렇다면「爬行」의 주체는 일상 공간인 "땅"에 머무르고 있는가? 그렇지 않은 것으로 보인다. ⑤-4에서 확인할 수 있듯, 주체인 "나"는 "울면서 하늘을/ 날았다. 날으면서 울었다"고 진술하고 있는데, 이는 그가 땅의 존재가 아님을 암시하는 것으로 해석된다. 그렇다면 "나"는 "하늘이라 부르는 곳의 지도"를 제작하던 "우리"의 일원이었으나, "땅을 지고 시간을 거슬러" 하늘로 날아오른 상황이라는 해석이 가능할 것이다. 그러나 그렇게 되지 못한 "말들을 그리워하"고, "울면서 하늘을/ 날았다"는 진술로 미루어볼 때 하늘을 날고 있는 주체의 애정은 "땅"에 남은 "말들"을 향해 투사되고 있음을 알 수 있다.

즉 주체의 시선은 "땅"에 있을 때 "하늘"을, "하늘"에 있을 때 "땅"을 주시하고 있으며, 이는 주체가 두 공간 중 어디에도 진실로 속할 수 없는 존재임을 나타낸다.「爬行」에서는 "안개", "혼돈", "어둠", "침묵", "새" 등 두 공간 어디에도 속하지 못하고 방랑하는 시어가 다수 활용되고 있는데, 이들은 하늘과 땅이 톱니처럼 맞물리는 세계의 틈에서 방황하고 "몸부림"치고 있다.

다시『꿈의 이동건축』내에서 확인할 수 있는 공간의 개념으로 돌아가게 되면, 이 '속하지 못하는 시어'가 전하는 공간은 일상 공간도, 자연 공간도 아니라는 것이라 생각해볼 수 있다. 이들은 두 공간을 관조하는 입장에서 경계로서의 공간성을 획득하고 있는 것이다. 앞선 분석들을 통해 "경계"는 대치되는 양가적 공간 사이에서 실존하되 실존하지 않는, 공간이되 위치하지 않는 비현실성을 가지고 있음이 확인된 바 있으므로, 주체를 위시로 한 하늘과 땅 사이에서 '어디에도 속하지 못하는' 존재들은 "경계"의 공간성을 내포하고 있다 할 것이다.

정리하자면 『꿈의 이동건축』에서 확인할 수 있는 공간들은 ㉠ 일상 ㉡ 자연 ㉢ 경계의 세 부류로 구분된다. ㉠과 ㉡이 현실과 이상의 성질을 지닌, 르페브르의 말을 빌리자면 각각 "고정된 곳"과 "이동 가능한 곳"이라고 할 때 ㉢은 현상을 배태하고 현상에 대한 고찰로서 존재를 입증하는 "빈 곳"의 기능을 담당한다고 볼 수 있다. 다음 절에서는 이와 같은 분석 아래 수록 작품 각각에서 확인할 수 있는 공간 인식을 정리하고, 이를 매개하는 구절을 정리하는 방식으로 공간 인식에 따른 시적 공간 분석을 진행하고자 한다.

2) 작품 공간 분석: "경계"로부터

앞서 『꿈의 이동건축』에서 확인할 수 있는 공간 인식을 정리하였다. 이를 통해 해당 시집에서 발견되는 공간은 ㉠ 일상 ㉡ 자연 ㉢ 경계와 같이 세 종류로 카테고리화 할 수 있다는 것을 확인했으며, 각각 일상-현실(고정된 곳), 자연-이상(이동 가능한 곳), 경계-헤테로토피아(빈 곳)의 성질을 지녔음을 설명하였다.

이번 절에서는 각각의 수록 작품에서 확인할 수 있는 공간을 목록화하여 정리하고, 앞 절에서 분석한 공간 인식의 정합성을 확인하는 동시에 각각의 공간을 매개하는 공간 매개 시어의 존재를 확인하고자 한다. 해당 시집에서 확인할 수 있는 공간은 다음과 같다.

[표1] 『꿈의 이동건축』 수록작에 드러나는 공간[24]

종류(편수)	작품명
일상(26)	「저녁 뉴스」, 「실족」, 「우리들 세상의 성」, 「새디스트」, 「광장」, 「기회」, 「늦어짐에 대하여」, 「검은 로망스·3」, 「벤치에서·1, 2」, 「집으로 가는 사람들」, 「점으로 가다」, 「돌」, 「불투명」, 「물 위의 노래」, 「희망은 굳센 상처」, 「나는 무신론자가 아니다」, 「꿈의 이동건축」, 「갠 낮」, 「인간·1, 2」, 「적들 사이에서」, 「닭」, 「도로우의 시민 불복종 서시」, 「허-불분명한 인간성」, 「불면」, 「爬行」
자연(33)	「그 거짓들의 윤택한 입술로부터 교접되는 쓸쓸한 삶」, 「우리들 세상의 성」, 「해변의 묘지」, 「전신음악법·1, 2, 3, 4」, 「젊은 예술가」, 「구름」, 「나의 피는 O형」, 「志操論」, 「밤의 거실」, 「경사 각도」, 「검은 로망스·3」, 「벤치에서·1, 2」, 「물 위의 노래」, 「희망은 굳센 상처」, 「시퀀스」, 「정선 아리랑」, 「港口」, 「決行」, 「다시 물 위의 노래」, 「희망을 위하여」, 「꿈의 이동건축」, 「아침나무 그림자가 나의 오른손 부위를 지날 무렵」, 「聖者 복음서」, 「활화산」, 「인간·3」, 「닭」, 「설악에서」, 「도로우의 시민 불복종 서시」, 「爬行」
경계(44)	「誤讀」, 「해변의 묘지」, 「전신음악법·3」, 「새디스트」, 「젊은 예술가」, 「구름」, 「광장」, 「志操論」, 「렌즈-존재의 힘줄」, 「경사 각도」, 「기회」, 「검은 로망스·3」, 「벤치에서·1, 2」, 「집으로 가는 사람들」, 「점으로 가다」, 「돌」, 「불투명」, 「물 위의 노래」, 「희망은 굳센 상처」, 「시퀀스」, 「정선 아리랑」, 「港口」, 「決行」, 「다시 물 위의 노래」, 「희망을 위하여」, 「꿈의 이동건축」, 「聖者 복음서」, 「갠 낮」, 「활화산」, 「인간·1, 2, 3」, 「이 세상 밖」, 「벽」, 「적들 사이에서」, 「닭」, 「설악에서」, 「도로우의 시민 불복종 서시」, 「입·입」, 「열두시」, 「허-불분명한 인간성」, 「독신과 관용의 수성록」, 「爬行」

해당 표에서 확인한 각 공간의 개수 총합은 103개로, 수록작 57편에 비해 두 배 가량 많다. 해당 표에서 집중해야 할 부분은 먼저 이전 절에

---

[24] 복수의 공간이 나타나는 경우 중복하여 표기하였다.

서 잠시 언급한 바 있었던 ① "경계" 공간만이 확인되는 작품들[25])일 것이다. 또, ② "일상"·"자연"·"경계" 공간이 모두 등장하는 작품들[26]) 역시 분석이 필요하다. 물론 "일상"과 "자연", "일상"-"자연", "일상"-"경계", "자연"-"경계" 등의 공간 인식 역시 유의미한 공간적 분석이 가능하나, 이는 이전 절에서 정리한 바 있으므로 해당 절에서는 생략하기로 한다.

우선 ①의 경우를 살펴보자. ①에 포함되는 7편의 경우 "경계" 공간으로 분류할 수 있는 문장들을 명확히 확인할 수 있다. 다음은 각 작품에서 "경계" 공간을 드러내고 있는 구절을 표로 정리한 것이다.

[표2] "경계" 공간을 확인할 수 있는 구절 목록[27])

제목	공간을 확인할 수 있는 구절
「誤讀」	틈이 나면 나는 책 속에 들어가/ 어떤 짧은 틀에 갇힌다./ 그리고 **분할되고 갈라진 사유의 길**을 통해/ 많은 황홀함이 몰려오는 것을 본다.
「렌즈-존재의 힘줄」	나는 본다/ 우리들의 아픈 통점을 물빛으로 반사시키며/꿈틀거리는 향기 살 존재에 대한 자각/ 그리고도 **그들의 창으로는** 비갠 뒤의/ 언덕이 보이고 갈아야 할 땅이 보인다/ 나는 눈이 부시다
「이 세상 밖」	나는 투사가 아니다./ 이 세상 밖에서, 돌, 꿈을 꾸며/ **잠**을 잔다./ **잠**이 들지 못한다.
「벽」	비온 뒤./ 주체할 수 없는 억압의 도도함./ **엎어져 쓴 글이 열어주는 새벽 틈**으로/ 기어들어갔다.
「입·입」	말의 <가운데>./ **그 속**에는 뜨거운 혀가 있고/ 숨이 벅찬 입이 있지.

---

25) 「誤讀」, 「렌즈-존재의 힘줄」, 「이 세상 밖」, 「벽」, 「입·입」, 「열두시」, 「독선과 관용의 수상록」 등 총 7편.
26) 「검은 로망스·3」, 「벤치에서·1, 2」, 「물 위의 노래」, 「희망은 굳센 상처」, 「꿈의 이동건축」, 「닭」, 「도로우의 시민 불복종 서시」, 「爬行」 등 총 9편.
27) 밑줄 인용자 강조

「열두시」	아무 일도 없는 것이다./ 그리니치의 무사한 신호를 받고/ 풍만한 자정 감미로움 속에 **잠든 것이다.**
「독선과 관용의 수상록」	**너의 창으로는** 푸른 들판이 보이고 바다가 간간이 출렁이는 뒷켠에서는 일시에 눈이 부신 천상.

　인용한 구절에서 볼 수 있듯 "경계"는 이전 절에서 미리 살펴본 시처럼 '길'로서만 지칭되는 것만이 아니라 "꿈", "잠", "창" 등으로 언급되며, 심지어 "틈"이나 "속"과 같은 명칭에서도 확인할 수 있는 공간이다. 이들은 지속적이라기보다는 일시적이며, 어떤 관점에서는 공간보다 찰나라고 지칭되는 것이 적절해 보인다. 그러나 『꿈의 이동건축』 전체를 관류하는 주체는 "일상"에서 겉돌며 죽음 이후에나 "자연"에 귀의할 수 있는 존재로서 "경계"(꿈·잠·창·틈·속 등)에 소속되어 일상과 자연을 관조하고 있다는 점을 고려할 때 '찰나'보다는 공간으로 지칭하는 것이 적절하다.

　또 위의 작품들은 주체가 삶에 직면했을 때 취하는 태도를 객관적으로 그려내고 있다는 특징을 갖는데, 이는 경계에서의 관조하는 시선이 주체에게 실제적 삶(일상)과 이상적 세계(자연)라는 내지 공간에서 한 걸음 멀어져 호흡할 수 있는 여유를 부여하는 까닭이다. 이미 살펴본 바 있듯 박주택이 일상 속에서 드러내는 주체는 불안을 가중하는 "새로운 뉴스"(「저녁 뉴스」)와 "기회를 놓쳤"(「기회」)던 부정적 경험 등으로 인해 일상에 대한 허무주의적 태도와 권태를 강하게 표출하고 있으면서도 삶이 가지고 있는 "저항할 수 없는 어떤 강한 힘"을 직감하고 "무섭다"(「불투명」)는 감정에 사로잡혀 있는 존재이다. 그런가 하면 해당 주체가 지속적으로 이상적 가치를 발견하는 자연은 "영영 죽을 목숨일 때"(「志操論」)에야 실현이 가능한 비현실적 공간이기도 하다.

즉, 주체는 경계라는 공간을 인지하고 있을때에야 비로소 세계와 인간, 관계에 대해 고찰할 수 있는 것이다. 「이 세상 밖」·「입·입」·「렌즈-존재의 힘줄」·「독선과 관용의 수상록」 등은 이러한 경향을 노골적으로 드러내는 작품이다. 이들 작품에서 시적 주체는 "깊디 깊은 생명력"을 체감하며 "갈아야 할 땅"(「렌즈-존재의 힘줄」)을 포착하고 인간의 힘(감정)으로 실현할 수 있는 "눈이 부신 천상"(「독선과 관용의 수상록」)을 노래하는 모습을 보인다.

한편 "일상"-"자연"-"경계"가 모두 나타나는 작품에서 주체는 다른 양상을 나타낸다. 등단작이자 표제작인 「꿈의 이동건축」에서 "푸른 잎맥의 바다"는 주체에게 "물레를 잣는 어머니처럼" 자연의 은혜를 베풀고 있으며, 이 "처음으로 약속받은 땅의 일"은 "어떠한 경우에도 이것은 바뀌지 않는 것"이라 진술된다. 그러나 벽을 경계로 일상의 공간인 집 안의 "구조와 가구들"은 손쉽게 이동되는 대치적 성질을 지녔는데, 이는 자연에 부여된 신화적 성질과 일상 속에서 경험하는 절망과 고통을 서로 대척점에 위치시킨다. 이러한 대비의 태도는 "먼지에 덮인 길을 뒤집어 쓴 채"로도 "네게만은/ 풀꽃 핀 들길을 보여주고 싶었다"(「물 위의 노래」)는 진술에서 극대화되는데, "먼지"가 일상 속에서의 고통을 형상화한 표현이라면 이를 "뒤집어 쓴" 것은 주체가 먼지-들길 간의 경계로서 스스로를 정의하는 것이라 볼 수 있는 것이다. 이러한 관계를 다음과 같이 도식화할 수 있다.

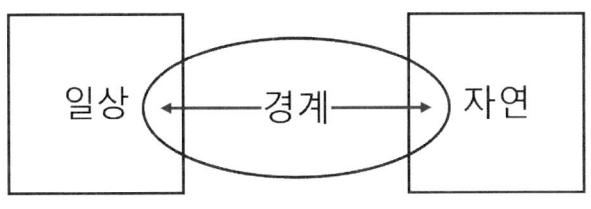

[그림1] 『꿈의 이동건축』의 공간 구조

「爬行」에서는 [그림 1]에서 확인되는 "일상←경계→자연"의 구조가 여러 차례 반복되는데, 이는 주체와 같은 처지의 "안개", "어둠" "새" 등의 시어들이 "하늘(=자연)"과 "땅(=일상)" 사이를 순차적으로 순례하는 과정을 그려내고 있기 때문이다. 이들은 "지도"를 그리고 "흰빛으로 몸부림"치며 하늘로의 순례를 이어나가는 존재들이다. 그러나 이 순례는 죽음과 상실, 절망을 전제로 하며 결국 "숲을「숲?」이라" 부르는 착란과 "떨어져 죽는 꿈의 공포"에 시달리게 되는 과정임이 밝혀진다.

"하늘을 오르지 못하는/ 말들을 그리워하면서 이 하루 나는 울면서 하늘을/ 날았다. 날으면서 울었다"는 진술은 주체가 순례에 성공해 일종의 '열반'의 단계에 올랐음에도 불구하고 하늘에 속하지 못하고 있다는 것을 의미한다. 이는 『꿈의 이동건축』의 주체가 시집 전체를 거쳐 발견한 스스로의 공간성이 "경계"임을 드러내는 장치로 볼 수 있다.

4. 마치며

공간은 인류의 역사와 함께 담지하는 의미와 위상이 지속적으로 변모해 온 개념으로서, 인간에 의해 창작된 문학 작품에서도 그 특성을 발견할 수 있었다. 고대에서 현대에 이르기까지 공간은 단순히 구체성의 대명사에서 의미의 생산 주체로 그 역할을 확장해왔다. 푸코의 헤테로토피아나 소자의 메트로폴리탄은 이와 같은 공간의 기능 확대를 명확하게 정립하는 과정이었다.

이에 따라 본고는 문학 내부의 공간 또한 외부적인 해석 없이도 스스로 의미를 생산할 수 있는 능력을 갖추었다고 판단하였다. 나아가 일종의 "겹침", 즉 외부의 의도적인 환경 조성이 없더라도 대안적 상상력이나 희망을 스스로 생성해낼 수 있는 텍스트로서의 가능성을 확인하고자 했다.

본 연구는 ① 단일 시집의 공간 분석 ② 전체 시집의 공간 분석 ③ 공간 분석을 바탕으로 한 적용 모델 방법론 개발의 3단계를 목표로 하며, 해당 논고에서는 단계 ①의 적용 가능성을 확인하였다. 또 차후 단계 ②와의 연계를 위해 (ㄱ) 작품 내에서 공간의식이 명확하게 노출될 것 (ㄴ) 단계 ②를 고려해 20년 이상 지속적으로 작품을 발표했을 것 (ㄷ) 혼선을 방지하기 위해 선행 공간 연구가 없는 시인일 것과 같은 조건을 설정하여 연구 대상을 결정하였다.

연구 텍스트로 선정된 박주택의 경우 1986년 경향신문 신춘문예 시 부문에 등단하여 지금까지 꾸준한 창작활동을 보이고 있으며, 지금까지 발표한 6권의 시집에서 명확한 공간 의식이 발현되고 있고 선행된 공간 관련 연구가 전무하여 본 논고에서 다루기에 충분한 조건을 갖추고 있다고 판단되었다. 6권의 시집 중 제 1시집인 『꿈의 이동건축』을 선정한 이유는 향후 단계 ②를 진행하는 과정에서 순차적인 분석이 진행될 수 있도록 하기 위함이었다.

『꿈의 이동건축』은 1차원적으로 볼 때엔 자성과 이상 공간이 "일상"과 "자연"의 모습으로 대비되는 형식을 갖추고 있으나, 공간의 관계성을 분석하는 과정에서 "경계"라는 관조적 공간이 존재한다는 것을 확인할 수 있었다. 일상 속에서 절망하고 있으나 이상적 공간으로 가 닿을 수 없는 주체에게 있어 경계라는 공간은 존재하되 실재하지 않는 일종의 헤테로토피아 공간으로 현현하고 있는데, 이는 주체가 현실을 보다 관조적인 시선으로 바라보며 스스로를 확장시키는 계기로 작용한다.

이와 같은 과정은 내면에 대한 깊은 사유(「입·입」·「혀-·불분명한 인간성」·「독선과 관용의 수상록」)로 확장되거나 관계에 대한 고찰(「기회」, 「점으로 가다」)로 발전하는 모습을 보이는데, 최종적으로 "일상"←"경계"→"자연"의 구조를 순차적으로 적층하여 수많은 순례 끝에 주체 스스로 자신의 지대가 "경계"임을 깨닫게 하는 결과를 획득하였다.

정리하자면, 『꿈의 이동건축』을 르페브르적 시선에서 바라보았을 때 해당 시집은 "고정된 곳=일상", "이동 가능한 곳=자연", "빈 곳=경계"의 공간을 갖추고 있음을 확인할 수 있었으며, 이는 외부적 시선 없이 내부 주체의 공간 인식을 통해서도 시적 분석이 가능함을 드러낸다. 본고는 단계적 방법론 발전을 위해 의도적으로 『꿈의 이동건축』 이외의 박주택 시편을 배제한 채로 분석하였다는 한계를 가졌으나, 차후 연속되는 연구를 통해 박주택의 작품세계를 공간적 측면에서 더욱 면밀히 분석하는 것을 목표로 한다.

| 참고문헌 |

1. 기본자료

박주택,『꿈의 이동건축』, 문학세계사, 1991.
_____,『방랑은 얼마나 아픈 휴식인가』, 문학동네, 1996.
_____,『카프카와 만나는 잠의 노래』, 문학과 지성사, 2004.
_____,『시간의 동공』, 문학과 지성사, 2009.
_____,『또 하나의 지구가 필요할 때』, 문하과 지성사, 2013.

2. 단행본

박주택,『2006 제20회 소월시문학상 작품집』, 문학사상, 2005, 97면.
서준섭,『한국 모더니즘 문학 연구』, 역락, 2017, 281면.
이현재,「공간을 둘러싼 철학적 물음들」, 공간에 대한 철학적 이해 , 라움, 2016, 13면.
전상인,『공간으로 세상 읽기-집, 터, 길의 인문사회학』, 세창출판사, 2017, 21면.
앙리 르페브르,『공간의 생산』, 양영란 역, 에코리브르, 2011, 517면 참고.
에드워드 소자,『포스트 메트로폴리스 1』, 이성백·남영호·도승연 역, 라움, 2018, 44면.
마르쿠스 슈뢰르,『공간, 장소, 경계』, 정인모 외 역, 에코리브르, 2010, 190면.
미셸 푸코,『헤테로토피아』, 문학과 지성사, 42면.

3. 논문 및 기타

김원경,「박주택 시에 나타난 허무의식 연구」,『국제언어문학』58호, 국제언어문학회, 2024.
김태형,「근대 시인 공간 매개 시어 연구-윤곤강·이육사·백석의 작품을 중심으로」, 경희대학교 박사논문, 2022, 28면.
박주택,「불빛만큼 반짝이지 않는 삶 믿어」, <경향신문>, 1986. 01. 04, 7면.
이병태,「헤테로토피아, 유토피아와 우토푸스 사이 – 푸코 '헤테로토피아'의 유토피아적 함축에 관하여」,『범한철학』99, 2020, 204면.
이성혁,「구원을 기다리는 바닥의 시」,『시현실』98호, 예맥, 2024, 40면.

1990년대 상징주의 시의 존재론적 자유 양상 연구*
― 박주택의 초기 시집을 중심으로

김웅기
(경희대학교)

1. 들어가는 글

1980년대 중·후반의 시적 상상력은 정치성을 경유함과 동시에 민족주의와 자유주의의 이분법적 구도를 변증하려는 예비적 태도를 보여준다. 민주주의와 자유의 적(敵)에 대항하는 강력한 시적 주체의 물신은 다름 아닌 시 자체에 있었으며, 시적 형식과 내용에 대한 포스트주의 (postism)적 탐색 또한 새로운 세대이자 시대를 예증하는 것이었다.[1] 이처럼 현대시의 시간성이란 시적 존재가 지니는 정당성에 대한 의구심으로부터 발아하면서도, 끊임없이 그 자생적 능력을 실험하는 존재론적 담론이라고 할 수 있다. 예컨대 이중언어세대에서 한글세대로 이양되는

---
* 본 글은 『현대문학이론연구』 98호(현대문학이론학회, 2025.4)에 게재된 논문을 가공한 것이다.
1) 이승하 외, 『한국현대시문학사』, 소명출판, 2019, 411-448면 참조.

문학사적 양상의 중심부에 도정되어 있는 존재론적 가치가 담화·구술적 특징뿐만 아니라 전(前)세대의 전복이자 문화적 탈바꿈의 시도를 내포하고 있는 것처럼, 1980년대에서 1990년대로 전화되는 시기 역시 담론의 변화 양상이 인간의 생활·문화 양식을 기반으로 뚜렷하게 변모하고 있었다는 점을 주지하지 않을 수 없다.

그러나 종래의 '세대론'이라 일컬어지는 문학사적 변화 맥락과 달리 1980년대와 1990년대는 변화의 범위가 보다 다맥락적이었으며, 한 시기를 초점하기에 난맥상인 문화적 교접이 다수 존재했다. 이 과정에서 인간 군상은 더욱 개인화되고, 존재론적 정의 또한 개별적으로 세분되었다. 1980년대 시적 주체가 무성(無性)의 의식과 공동체로서의 자각을 기반으로 집단적 육성이 시 안에서 효용을 얻었다면, 1990년대 전·후의 시적 주체는 이성(異性)과 중성(中性)의 시각을 넘나들며 스스로를 객체화하기도 하고, 서로 다른 육성을 중첩하여 시적 정황을 난해한 공간으로 이동시키기도 한다.2) 이를 통해 주지하고자 한 바는 새로운 주체의 탄생이 아닌 소외된 주체의 '현실적 목소리'를 상징하는 것이었다. 이 같은 까닭으로 1990년대 전후의 시적 담론에 대한 비평에서도 다양한 관점에 주목하였다. 비교적 주목도가 두드러진 관점은 여성주의시, 생태시, 도시시 등이라 할 수 있다. 이들 각각의 특징은 한반도 정치의 전통적 헤게모니가 일시적으로 해소된 가운데 '소외'를 기반으로 한 서발턴

---

2) 1990년대의 문학사적 고찰은 다음과 같은 동시대적 관점의 언급에서 확인할 수 있다. "정치적 변화와 더불어 그러한 순결한 파토스로부터 자유로워지기 위해 1990년대의 시적 자아가 감행하는 모험과 고투는 무엇인가. 이것은 어떻게 이전 시대의 이데올로기에 균열을 내고 이데올로기 자체를 넘어서고자 하였는가 등등이 모두 중요해진다. 전언, 메시지, 통합적 사유, 공동체의 우위, 윤리와 진리, 비판 의식과 대결하는 내용들이 구체적으로 주목되어야 하는 것이다."(이수명, 「시집으로 읽는 1990년대 시문학사」, 『서정시학』 제75호, 서정시학, 2017, 224면.

주체와 대중의 소비문화 발달3)에 의한 도시의 급격한 발달이 가져온 생래적 문제의식에 대한 지적을 기반으로 하고 있다.

중요한 점은 이 같은 문학사적 맥락이 단절적으로 이해되는 것이 아니라는 데 있다. 따라서 여성·자연·도시의 생성과 자각은 이전의 문학에서도 줄곧 기능해온 기표이자 상징이었음에도 불구하고 1990년대 시의 주요 특성으로 자리매김한 까닭에 주목할 필요가 있다. 이 같은 관점은 곧 억압되어온 '자유'의 불온성이 더 이상 불온하지 않게 된 시간성4)을 기반으로 확장되면서 진정한 자유를 위한 자유의 담론으로 변화했던 사정에서 비롯한다. 예컨대 1980년대 문학의 자유주의 운동은 동인지 『시운동』(1980)과 더불어 복간된 『문학과지성』의 새로운 지명(誌名) 『문학과사회』의 성격이 견지해온 것이기도 했다.5) 따라서 '형식으로서 자유'가 '내용으로서 자유'로 이행되는 과정에서 각각의 시간성을 고찰할 필요가 있는 것이다. 본 논문에서 주목하고자 하는 박주택의 시세계는 앞서 상술한 관점을 바탕으로 했을 때 소략된 감이 없지 않다. 『시운동』의 주요 동인으로 활동하면서 시간과 공간이라는 구체성을 추상성으로 타

---

3) "88년 서울올림픽 이후 소비자본주의 시대가 시작되자 확연히 동력을 상실하기 시작했다. 여전히 거리에는 시위대가 존재하고, 학생운동과 노동운동에 대한 폭력적 탄압은 계속되었지만, 다른 한편에서는 소비자본주의의 상징들, 예컨대 대중문화, 백화점, 놀이공원, 광고 등이 등장하여 대중의 시선을 사로잡기 시작했다. 해외여행의 전면적 자유화(1989)가 이루어진 것도 이 시기였다."(고봉준, 「1990년대 시의 사회 정치적 상상력과 소비자본주의」, 『한국시학연구』 73호., 한국시학회, 2023, 11면.)

4) 1980년대 민주화 운동과 민중의식은 권력자가 공동체에 행사하는 권력에 제한을 가하는 형태로의 '자유'의 대표적인 사례라 할 수 있다. 이 같은 자유의 전통적 의미론에 대해서는 존 밀 스튜어트, 이종훈 옮김, 『자유론』, 지식을만드는지식, 2012, 23면 참조.

5) 김응기, 「『시운동』의 견유주의 정신과 1980년대 문학의 정치주체 재론」, 『해방 이후 동인지문학』, 소명출판, 2025, 275면.

진하면서 감각으로써의 '참혹'과 '소외'를 시적 정동으로 승화한 시인의 시세계의 주요 테제 또한 '자유'에 있었기 때문이다.

박주택의 초기 시세계는 1990년대 시적 주체가 감행한 일종의 진정한 자유를 위한 행보를 제반하면서도 타자와 새로운 윤리를 위한 모험의 주체로 탈바꿈된다. 말하자면 정신적 자유가 순례의 몸이자 슬픔-주체의 몸으로서 '통감'의 형태로 감각된 것이다. 본 논문에서는 이 같은 시선을 통해 박주택의 초기 시집[6]을 고찰하여 1990년대 시의 '자유'의 의미와 그 맥락을 고찰하고자 한다.

2. 비선형의 시어 '물'과 자유세계 : 『꿈의 이동건축』(1991)

『꿈의 이동건축』에 대해 조정권은 "80년대의 여러 유형화된 감성과는 다른 감성의 시가 있을 수 있다는 기쁨을 분명히 感知할 수 있"[7]다고 말한다. 이 같은 언명이 '기쁨'이라는 단어를 통해 첫 시집에 대한 격려와 찬탄의 의미로 받아들여질 수도 있겠으나, '감지'의 형식에 있어서 여타의 시인과 구분 지으며 박주택의 새로운 '경험'이 1990년대 시에 편입되었다는 통시적 관점을 주목하지 않을 수 없다. 이는 시인이 그 스스로「自序」에서도 밝히고 있듯, "그가 그의 삶 속으로 가는 중에 만난 많은 감정들을 앞뒤를 재지 않고 말해 버린 어떤 보고서"이기 때문이다. 더불어 "존재의 정면"을 마주한 자신을 "잘못"[8]으로 감지함으로써 이것이

---

6) 본고는 박주택의 시를 시세계의 변모 양상에 근거해 초기 시집을 『꿈의 이동건축』 (1991), 『방랑은 얼마나 아픈 휴식인가』(1994), 중기 시집을 『사막의 별 아래에서』 (1999), 『카프카와 만나는 잠의 노래』(2004), 『시간의 동공』(2009), 후기 시집을 『또 하나의 지구가 필요할 때』(2013)로 나눠 분석함을 미리 밝힌다.
7) 박주택, 『꿈의 이동건축』, 조정권, 「속박과 순례」, 세계문학사, 1991, 112면.

始作이자 詩作으로서의 견지해야 할 자성의 태도임을 소명하는 것이기 때문이다. 중요한 점은 이 같은 자성의 태도가 박주택 시에 드러난 감상적 주체의 의미화를 달리 작용하는 방식으로 적용될 가능성을 가늠하는 데 있다.

박주택의 시에 드러난 시적 주체는 일반적으로 자전적인 진술과 상상력을 바탕으로 그 스스로 시간성과 공간성을 마련하며 새로운 상징을 끊임없이 구축한다. 이 같은 이미지가 현실태와 중첩되면서 화자가 실재하는 공간에는 일정한 균열이 가해진다. 다시 말해 시·공간의 선형적 구조에 대한 전복을 통해 시적 주체의 의미화가 이뤄지고 이를 바탕으로 박주택의 시는 일련의 자유를 도정하는 것이다. 주지하다시피 자유는 기존의 질서와 관습에 대한 불온적 태도로 말미암은 전복의 형태로 현현할 수 있다. 그러나 이 자유는 지속이나 영원을 담보하지 않는 형태로 자유 주체의 끊임없는 '고통'이나 '욕망'을 추동하는 기제로 작용한다. 이때 시로써 형상되는 자유란 기표적인 의미로만 추수되는 것이 아니라 시 또는 시인의 존재론적 차원으로 격상된다. 1990년대가 1980년대의 정치적 그늘에서 개인성을 회복하고 이것을 발판으로 과학 기술 및 신진 문화의 유입으로 인한 상징계의 재편이 이뤄지는 시기였다는 점을 감안할 때, '자유'는 표면적으로 선언될 수 없는—선언될 필요가 없는 '구태의연한 가치'로 전락해버린 것이었지만 실제로는 자유의 추동 기제가 인간-양식에 급속도로 체화되어버렸다는 사실을 간과해서는 안 된다. 따라서 다양한 방식으로 체화된 자유를 감지하는 방식으로 나아갔던 1990년대 시적 특징에 있어 박주택이 보여준 '새로운 감지'란 현실에 편재되어 있는 '자연스러운 상상력'을 견인함과 동시에 현실태의 선

---

8) 「自序」, 위의 책, 3면.

형을 거부하고 전복하고자 하는 의지로서의 인간상을 마련하고 있다는 점에서 주목할 만하다. 그것은 곧 민중, 공동체, 생명과 같은 상징을 재전유함으로써 그것을 특정 이데올로기로부터 시적 자유로 탈출시키는 것에 닿아 있기 때문이다. 다음의 시를 살펴보자.

> 여기에 책들이 있다.
> 그중의 한 권을 꺼내어 세상 속의
> 집을 지었다.
> 책에서는 이따금 작약이 핀다.
>
> 나는 귀가 어두웠다.
> 그보다도 더 많이 눈이 나빴다.
> 2호. 3호. 크기의 활자들.
> 세상의 책들은 활자 모양의 짧고 딱딱한
> 틀이 있다.
>
> 틈이 나면 나는 책 속에 들어가
> 어떤 짧은 틀에 갇힌다.
> 그리고 분할되고 갈라진 사유의 길을 통해
> 많은 황홀함이 몰려오는 것을 본다.
> 녹색의 풀이 꼬부라져 철사가 되는 것을
> 본다. 물에 잠긴다.
>
> ―「오독」 전문9)

---

9) 지금부터 모든 인용시는 2장에서는 박주택, 『꿈의 이동건축』, 문학세계사, 1991, 3장에서는 『방랑은 얼마나 아픈 휴식인가』, 문학동네, 1994의 원텍스트를 인용한 것이며 따로 면수는 표기하지 않음을 밝혀둔다.

박주택 시의 주체들은 '모험'을 감행한다. 모험은 해방 공간을 '황무지'로 규정하고 '거부할 수 없는 근대성'을 향해 돌진하는 "열차"에 몸을 실은 후반기 모더니스트처럼 1980년대 정치적 자장에서 벗어나 개인적 문제로 귀결되는 예술의욕을 통해 자기 존재의 당위성을 규명하는 1990년대 시적 주체의 필수불가결한 요소라 할 수 있다. 「오독」은 이 같은 모험을 신체에 기거(起居)할 공간을 마련해주는 것으로 의미화하며 그 '집'을 "이따금 작약이 핀다"는 "책" 안에 축조하고 있다. 이곳에서 새로운 세상을 감지한 '나'는 일종의 핸디캡을 지니고 있는데, "귀가 어두웠"다거나 "그보다도 더 많이 눈이 나빴다"는 것을 통해 알 수 있다. 그러면서도 '나'는 "틈이 나면" 책으로의 모험을 감행하여 자의적으로 "짧은 틀에 갇힌다". 이때의 틀은 현실의 틀과는 사뭇 다른 의미로 다가온다. "분할되고 갈라진 사유의 길"을 허용하면서도 "많은 황홀함"을 죄책감 없이 바라볼 수 있는 곳이 바로 이 틀이기 때문이다. 다시 말해 정치적 구조성을 담지하는 이데올로기적 표현을 용인하지 않는, 순수한 예술로서의 언어만을 감지하는 틀 속에서 시적 주체는 일종의 위안을 얻는 것이다. 그것이 곧 신체의 감각과 언어를 판단할 수 있는 능력을 마비시키는 행위라 할지라도 이곳에서 견지하는 자유의 황홀감이 주체의 존재를 더욱 강화시키는 테제로 현현하는 것이다.

중요한 점은 이 같은 시적 주체의 모험을 현실의 도피로 볼 수만은 없는 까닭에 있을 것이다. "녹색의 풀이 꼬부라져 철사가 되는 것"과 같은 비현실적인 이미지는 시간성의 왜곡을 의도적으로 보여주기 때문이다. 현실 세계에서는 시간이 지나도 풀이 철사가 될 수 없다. 물론 책 속의 세상에서는 어떠한 상상력도 용인될 수 있다. 그러나 시적 주체의 상상력은 여기에서 중단되지 않는다. "물을 본다"라는 언급을 통해 이 같은 비현실적 이미지가 현실에서 겹쳐질 수 있음을 예증하고 있는 데서 비선형성이 두드러진다. 풀이 생명력을 상징하는 것이라 볼 때 "철사"라는 환유는 "꼬부라"지는 풀의 이미지를 생명력을 거세당한 수동적 존재로 환원시키는 것이 아니라 오히려 더욱 단단하고 끊을 수 없는 영원으로 승화된다는 점에서 시적 의미를 찾을 수 있다. 그리고 이것이 시적 주체의 상상력이 아닌, 굴절과 전복의 상징인 "물"을 통해 삶의 의지로 전환되고 있다는 점에서 주목을 요한다.

> 뜨겁게 살아 움직이는 기호들이
> 뭉쳐서 만들어내는 선명하고도 집요한 문장들 사이
> 나는 판독을 시작한다
> 수족을 단 알 수 없는 것들이
> 떼로 일제히 꿈틀대는
> 살아 숨쉬는 기호 뜨거운 문장
>
> 나는 본다
> 우리들의 아픈 통점을 물빛으로 반사시키며
> 꿈틀거리는 향기 살 존재에 대한 자각
> 그리고도 그들의 창으로는 비 갠 뒤의
> 언덕이 보이고 갈아야 할 땅이 보인다
> 나는 눈이 부시다
>
> ―「렌즈-존재의 힘줄」부분

『꿈의 이동건축』에는 이처럼 관습적 상징이 된 일종의 시어들을 상상력으로 재위장하여 자유로 탈출시키는 모험의 진술이 드러나 있다. 예컨대 「렌즈-존재의 힘줄」에서도 주체는 "기호"에 천착해 그것을 "판독"

하는 동안 자신의 신체 일부를 소모시키면서 "본다"는 행위를 중단하지 않는다. 이 "기호"들은 "살아 숨쉬는" 것이며 "뜨거운 문장"으로 "꿈틀대는" "떼"이다. 여기서 '떼'는 분명 민중을 의미한다. 그 맥락을 "뜨겁게 살아 움직이는" 상태와 "선명하고도 집요한 문장"이라는 선언의 주체라는 점에서 증거할 수 있기 때문이다. 또한 "우리들의 아픈 통점"과 떼를 겹쳐보는 과정에 있어서도 그것은 1980년대 한국의 정치적 질곡을 건너온 민중의 고통과 일맥상통한다는 것을 어렵지 않게 유추할 수 있다. 중요한 사실은 여기서 한 번 더 물이 등장한다는 것이다. 이때도 물은 생명이나 시간을 상징하는 관습적 형태로 등장하지 않고 시적 주체가 현재 직시하고 있는 대상을 여과하는 장치로 나타난다. "물빛으로 반사시키며" 떼의 의미는 "존재에 대한 자각"으로 전화된다. 어떤 존재에 대해 이야기하는 것인지는 명확하게 드러나지 않지만, "향기"와 "살"과 함께 나열된 "존재"는 곧 불온한 삶에 대한 투쟁적 의지가 아닌 안온한 삶에 대한 인간적 욕망으로 떼를 선도하기에 이른다. "창으로는 비 갠 뒤의/ 언덕이 보이고 갈아야 할 땅이 보인다"는 언술을 통해 이는 더욱 명확해진다. 공동체로서 인간의 본질적인 삶으로서 생명력을 회복하고 생활을 회복하는 것이야말로 끊어진 존재의 힘줄을 다시 이어 붙이는 작업이기 때문이다. 시적 화자의 "눈이 부시다"는 고백은 바로 이 같은 인간의 본원적 삶의 회복을 타진하는 의지적 상상력에 말미암은 것이라 하겠다.

①
나는 내 생존의 끝에 살의를 만든다.
번뜩이는 광채가 몸 중간에서
그대들의 넋에 이른다.

(중략)

좁은 강을 질척이며 걷는
나의 넋에 그림자가 없다.
이 완전한 힘에의 순종.
거부할 수 없어 터질 듯이 팽팽한 환희.
—「새디스트」 부분

②
나는 지는 해를 만져 주고 있었다.
어깨에서는 저녁 별이 떼를 지어 뜨고
몇 장의 구름이 물 속에 그의 옷을 적시는 동안
내 손금에 서식하는 새들이 날아갔다.
내 눈안으로 날벌레들이 잠입해온다.
—「구름」 부분

③
문 밖의 세계에 너무 오래 서성이며 세계로부터의 回信에 가슴 죄며 때때로 분란을 일으켰던 것은 이제 지난 일이다. 광명한 날이 온다. 하늘 푸른 새 생각 속으로 밀려와 인고했던 나날 앞에 고개 숙이고 쑥꽃마저 새벽 창 밖으로 상처를 내 가슴에 묻으면 어느 먼 길을 걸어온 새벽이 열린 영혼에 자욱히 핀다.
—「다시 물 위의 노래」 부분

물 속을 통과한 시적 대상이 '자유'의 몸이 되어 현실의 고정된 의미로부터 새로운 상징을 찾아 탈출하는 동안, 시적 주체는 그것의 모험을 조력하는 '신'으로 간주된다. 그러나 동시에 '속박'의 시간은 시적 주체에도 당도하고 있었으므로, 그 몸 또한 새로운 기호보다도 먼저 "강"을 건너거나 "물 속"에 있음으로써 새로운 '인간상'을 구가한다. ①의 시에서 등장하는 새디스트(Sadist)는 가학(加虐)의 주체라기보다는 슬픔의 주체인 것으로 파악해봄직 하다. 그 이유는 끊임없이 "생존의 끝에 살의를 만"듦으로써 타자의 "넋에 이른다"는 삶의 태도에서 추수할 수 있다. 그리고 "나의 넋에 그림자가 없다"는 고백을 통해 "완전한 힘에의 순종"에 이르게 되는데, 이때 주체가 감각하는 정동은 "팽팽한 환희"다. 순례자로서의 삶의 태도를 묵묵히 받아들임으로써 이 시의 "새디스트"는 세계 혹은 현실의 고통을 자신의 '짐'으로 환원시키며 희생을 자처한다. 그리고 이 같은 희생의 대가로 ②의 "지는 해를 만져 주고 있"는 절대자의 자리에 스스로를 당도시킨다. 이 같은 장면에서도 어김없이 물이 등장하는데, "몇 장의 구름이 물 속에 그의 옷을 적시는 동안" "아들"로 보이는 시적 대상은 화자와 조우하는 상황을 통해 동일성을 발견해 가고, 시적 화자는 "손금에 서식하는 새들"을 날려보내고, "눈안으로 날벌레들이 잠입해" 오는 것을 받아들인다. ③에서도 이 같은 순례자의 희생과 이를 통해 시적 대상이 현실의 구원을 얻는 대비적 구도가 드러나 있다. 이때 화자는 "문 밖의 세계에 너무 오래 서성이며 세계로부터의 회신에 가슴 죄며 때때로 분란을 일으켰"다고 고백한다. 여기서 문 밖의 세계란 『꿈의 이동건축』의 시적 주체들이 공통적으로 보여주는 모험성의 시간을 단적으로 보여준다. 그러면서도 그 시간이 지나 "인고했던 나날 앞에 고개 숙이"자 "어느 먼 길을 걸어온 새벽이 열린 영혼에 자욱히 핀다"는 이미지를 제시함으로써 시간 속에 '나'가 있는 유한성이 아닌 '나' 안에 무한히 생성되는 시간을 통해 세계를 견지한다.

이처럼 박주택의 『꿈의 이동건축』에 등장하는 시적 주체는 앞서 상술한 모험의 자유로 자신의 존재론적 입지를 세우는 가운데, 그 실천으로서 타자와 현실을 바라보는 시각을 통해 무한한 희생과 통감의 의지를 내비춘다. 이 같은 숭고성은 다음과 같은 장면에서 더욱 견고하게 드러난다.

> 나는 태양을 얻고자 태양이 비치는 길가에 앉았다.
> 오랜 시간이 흘러 햇살이 내 가슴의 통로를 지나는 것을 보면서
> 나는 쓰러졌다.
> 어느날 빛이 정지하고
> 나는 태양을 태양이 되어 만났다.
>
> 이 비밀을 아는 사람은 태양과 나뿐이다.
> 그리고 이 비밀은 빛나는 약속을 가져다 준다.
> 만일 내가, 그대들 앞을 지날 때
> 불러보아라. 그때 나는 분명히
> 그대들 눈 위로 투영되는 하늘의 태양이 되어
> 그대들의 입술과 가슴으로 눈부신 빛의
> 화살을 당기리라.
> 그대들이 빛으로 침식되는 동안
> 물살이 순식간 그대들 앞가슴을 덮고
> 덮은 물살은 수족을 단 채 그대들을
> 잡아당기리라.
> 그리하여, 그대들이 태양과 물로 흥건히
> 적시어질 때
> 폭풍이 조용히 머리 숙이고
> 강한 골격 보이며 비상하는 독수리가
> 그대들 머리 위로 안수를 내리리라, 안수를 내리리라.
>
> ―「성자 복음서」 부분

「성자 복음서」는 태양에서부터 자기 동일성을 찾는 시적 주체의 비현실적 감각을 신화로 제시하는 대목에서, 하나의 이상적 공간을 제시한다. 이는 곧 태양이 아닌 '나'가 바라보는 현실을 환유한다. 박주택의 시에서 줄곧 중요한 이미지로 등장하는 '물'이 여기에도 등장하기 때문이다. 「성자 복음서」의 물은 태양과 동등한 의미를 가진다. 이제 물은 시적 주체의 자유에로의 실천 가운데 환시와 착시를 일으키는 모험적 요소가 아니라 현실을 수정하고 공동체의 의미를 전유하는 운동성을 지닌다. 그것은 태양과 뒤섞이면서 몽환적인 장면을 자아낸다. 작열하는 태양이 인간을 "빛으로 침식"시키는 가운데 "물살이 순식간 그대들 앞가슴을 덮고/ 덮은 물살은 수족을 단 채 그대들을/ 잡아당기리라"라는 언급을 통해 불과 물의 상충하는 속성이 조화를 이루는 뒤틀린 세계가 탄생한다. "태양과 물로 흥건히" 적셔진 "그대들 머리 위로 안수를 내리"는 "독수리"를 통해 새로운 상징계가 마련되고 있는 것이다.

박주택의 시에서는 이처럼 자유로운 시적 주체를 위해 시간의 선형성을 비트는 과정에서 새로운 상징을 끊임없이 발생시킨다. 그리고 이 각각의 '자유를 실천하는 모험가'는 박주택의 자성과도 맞닿아 있다는 점에서 연속적이며 선형의 굴절에서 파생되는 미의식을 감각하게끔 만든다.

    인간. 깊은 문장에서 나오는 동트는
    새벽 바다
    광활한 대지.
    황홀함의,

    그 숲에 떨 때

영혼의 곳곳마다에 울리는
맹렬한 打鐘

—「인간 3」 전문

이 같은 세계에의 인식을 통해 '인간'의 존재론적 의미도 재정의된다. 그것은 곧 "깊은 문장"을 사숙(私淑)하며 "새벽 바다"나 "광활한 대지", "그 숲"처럼 자연과 은유를 이룬다. 비록 그것은 두려운 현실에 맞설 때, 비관적인 태도를 보여주기도 하나, 다음의 시에서처럼 자기 삶을 선택하고 애정하는 인간의 생래적인 휴머니티로 전화되는 자유주의적 태도의 하위에서 느끼는 자연스러운 파토스에 해당한다.

그때는 겹겹의 사랑이 땅끝에서, 살아 있는 나를
눈물겹게 껴안아 주리라.

내 입의 불 어두운 저녁녘에 그려내는 내 눈의 太陽.
꿈의 세계로부터 빛나는 아름다운 약속.
지평을 밝히는 꿈으로 새는 날아가고
머리에 불꽃을 이고 아침.

나는 잠을 깬다 일찌기
내가 貨車를 타고 이주해 온 숲의 아침에
맑은 햇살이 거미줄을 투명하게 비춰주고
보물과 곡식들이 가득찬 나라에서, 말하리라.
깊이를 숨긴 고독 속 새로 남아
내 굴레가 무엇이며
어떤 속박으로 죄어드는가를.
그때, 사과나무에서 꽃이 피고

> 양떼들의 풀밭에 양떼구름이
> 어떻게 순례하는가를.

—「꿈의 이동건축」 부분

"겹겹의 사랑이 땅끝에서, 살아 있는 나를/ 눈물겹게 껴안아" 준다는 선언으로부터 순례자는 자기 존재의 당위성을 자유로운 꿈의 공간에 선명히 각인시킨다. "꿈의 세계로부터 빛나는 아름다운 약속"이란 "화차를 타고 이주해 온 숲의 아침"을 맞이하는 자유의 존재들과의 조우를 의미한다. "보물과 곡식들이 가득찬 나라"는 이제 권력자의 나라가 아니라 권력에서 벗어나 문 밖에—제도권 밖에 서 있어야만 했던 자들의 소유가 될 것임을 약속하는 것이다. 이 과정에서 화자의 이상적 공간은 특정한 좌표에 고정될 수 없는 운명의 "굴레"에 "속박으로 죄어"든다. 그럼에도 불구하고 "사과나무에서 꽃이 피고/ 양떼들의 풀밭에 양떼구름이" "순례"하는 희생은 정지하지 않는다.

박주택의 첫 시집 『꿈의 이동건축』은 『시운동』의 바슐라르적 상상력을 기반한 상징주의적 경향성에서 더 나아가 자유를 존재론적 관점에서 시에 접목시키고, 순례자로서의 삶의 태도를 제반하여 자유주의자의 길을 제시한다는 점에서 주목할 만한 것이었다. 특히 시인이 발생시킨 시적 수체는 현실과 이상의 교각으로 '물'을 배치함으로써, 이것을 경유·굴절·동화시키는 모험의 실천을 통해 신화적 내러티브를 만들어내고 있다. 그리고 이 신화적 내러티브는 시간 속에 그 스스로를 가두는 유한성이 아니라 시적 주체의 내면에 시간을 배치하는 무한한 시적 공간의 '이동성'을 담지하고 있다는 점에서 상징주의적 미의식을 감각하게 한다.

3. 슬픔-주체로서의 자유 :
『방랑은 얼마나 아픈 휴식인가』(1994)

첫 시집 이후 3년만에 선보인 『방랑은 얼마나 아픈 휴식인가』는 그 제목에서도 알 수 있듯 『꿈의 이동건축』의 상징주의적 이미지에서 깨어난 시적 주체의 현실을 선명하게 보여준다. 제2시집의 공간들은 도시의 '폐허'와 같이 인식되는데, 중요한 점은 시적 주체가 이 같은 비참을 관조하면서도 그것을 위한 '만가(輓歌)'를 마련하고 있다는 것에 있다. 이는 현실에 대한 단순한 페시미즘으로 시적 정동이 그치는 것이 아니라 『꿈의 이동건축』에서 폭발적으로 보여주었던 자유에의 의지와 타자에 대한 통감의 연속성을 보여주면서 그 스스로를 일종의 '슬픔-주체(grief-subject)'[10]로 상정하여 1990년대 현실을 재해석하고 있기 때문이다. 박주택의 시가 "상징주의적 수사학 대신에 일상적인 공간에 대한 묘사적인 태도가 강화"되었다는 해설과 아울러 "생의 스산한 뒷모습을 조용히 응시하고 싶어진 것일까"[11]라는 질문 역시 이 같은 관점에서 가능한 것이다. 그러나 "삶이 시들어간다는 것, 우주 전체가 시들어간다는 것을 일깨워줌으로써 그는 생의 한 부정할 수 없는 기초를 보게 만든다"는 타당한 시적 의식 이후에 도래해야 하는 새로운 세계에 대해 "시인의 조로"[12]로 판단하는 것에는 질문이 발생한다.

---

10) '슬픔-주체'는 본고의 연구자가 구조주의적 슬픔과 시적 주체의 응전 양상을 고려해 착안한 용어로 슬픔을 개인의 내면적 감정의 토로나 일반적인 파토스로 상정하는 것이 아니라 슬픔을 통해 현실이나 이상을 구조화하려는 주체적 의지를 반영한다는 개념을 갖고 있다.
11) 이광호,「세상의 늙은 풍경」, 박주택,『방랑은 얼마나 아픈 휴식인가』, 문학동네, 1994, 107-108면.
12) 위의 글, 119면.

박주택은 자서에서 "이제까지 살아오는 동안 겨우 깨우치기 시작한 것이 나는 '나'일 뿐이라는 사실"이라면서 시에서의 주체적 의식을 강조한다. 그러면서도 "모든 신은 아니지만 많은 신들이 사라져갔다"는 언급을 통해 상징주의적 틀을 벗고 새로운 시세계를 암시한다. 실제로『방랑은 얼마나 아픈 휴식인가』에 수록된 시편에는「풍진 세상 살아가기」,「보성 여인숙」,「밥집 여자」,「사기꾼을 위하여」,「회충」,「화진포」,「객지인」,「하품하는 사내」,「풍뎅이」,「애기 무덤」등 구체적인 현실태가 시에 전포되어 있다는 사실을 짐작할 수 있는 제목이 다수이다. 이 같은 장면이나 풍경은 현실적이면서도 동시에 핍진하다는 점에서 주목을 요한다. 인간의 슬픔은 바로 이와 같은 현실의 핍진성에서 촉발되는데, 한국문학에 있어 전통적인 슬픔의 의미로서 '한(恨)'과 달리 '슬픔(grief)'은 개인 감정의 해방이 아닌 사회적 감정의 구조화에 초점을 맞춘다는 점에서 중요하다. 슬픔의 상위 개념으로서 감정이 문학에 있어 주체의 정체성을 결정하는 요인이면서도 무분별한 토로의 방식보다 구조화된 어떤 감각의 한 단면을 보여준다는 차원에서도 슬픔은 시적 주체의 응전에 있어 분명한 역할을 하고 있는 것이다.

> 저 벌레.
> 머리칼을 쭈뼛 일어서게 하는
> 땅바닥에 멈칫 죽은 척하다
> 바위 밑이며 풀 틈새로 잽싸게 끼어들어
> 기고만장 미끌거림에 들뜰
> 고약한 노린내를 쿵쿵 풍기며
> 납작 엎드려 기적을 바라는 듯
> 자존심을 죽이며

죽은 척
납작하게 엎드려 있는
—「風塵 세상 살아가기-노래기」 전문

이 시집의 첫 번째 관찰 대상은 바로 '노래기'이다. 이 "벌레"는 "고약한 노린내"를 유일한 방어기제로 삼은 나약한 존재이지만, "납작 엎드려 기적을 바라는" 풍진 세상의 의지적 존재이기도 하다. 벌레는 "자존심을 죽이며/ 죽은 척"하고 있지만 그 내면에는 현실을 극복하고 자기 존재를 입증하려는 주체성이 내포되어 있는 것이다. 미물에 대한 시적 주체의 조밀한 시선은 곧 주체의 삶의 의지와 태도와도 동일시된다. 비교적 객관적으로 진술되어 있는 시적 정황 속에서도 벌레를 쳐다보며 "자존심"이라는 인간의 의식을 추수해낸다는 점에서 이 장면은 그 자체로 핍진한 것이다. 이 같은 핍진성을 바탕으로 시적 주체는 가장 작은 존재로부터도 삶의 의지를 발견하는 예민성을 지닌 것으로 파악할 수 있다. '예민(sensitiveness)'은 곧 신체의 감각을 슬픔의 정동으로 이끌리게 하는 가능성을 증폭시키는 기제로 작용할 수 있다. 다음의 시를 살펴보자.

저 집의 초라한 눈빛
늙은 개처럼 꼬리를 늘어뜨리고
게저분하게 웅크리고 있네

삭정이 삐져 나와
눅눅한 햇볕을 쬘 때까지

사연 많은 사람들
초라한 집 뱃속에 누워

일어나질 않네

순대국처럼 모락모락
김이 성기는 굴뚝 위로

곰삭은 바람
길을 잃고 머뭇거리네

―「보성 여인숙」 전문

시적 주체의 시선은 벌레에서 "삭정이", "개", "집", "바람"을 순환하며 일종의 폐허 같은 풍경을 구조화한다. 그리고 각각의 시적 대상을 수식하는 단어는 "삐져 나와", "늙은", "초라한", "곰삭은"과 같은 '늙음'이며 죽음을 앞둔 존재의 유한성을 상정한다. 그럼에도 불구하고 이곳에 존재하는 "사연 많은 사람들"만큼은 "초라한 집 뱃속에 누워/ 일어나질 않네"와 같은 정황을 통해 확인되는 것처럼 안식을 취하고 있다. "순대국처럼 모락모락/ 김이 성기는 굴뚝"과 같은 포만감을 포착하면서 전포되어 있는 휴머니티를 감각하는 존재로도 인식된다. "보성 여인숙"에 숙박하는 사람들의 시간은 폐허로 비치는 공간의 시간성과 대비되는 안정과 회복을 표현한다는 점에서 이 역설적인 장면은 더욱 슬프게 다가온다. 시적 주체는 이 같은 예민을 발휘하여 단순히 가난하고 핍진한 현실의 풍경을 노래하는 것이 아니라 죽음 위에 삶을 도정시킴으로써 내면의 슬픔을 구조화하고 있는 것이다.

이는 "눈발이 쌓였다/ 쌓이는 정적 위에 겨울 나무 한 그루/ 등을 껴안아 주고/ 마을 어귀 밥집 유리창에서는/ 김이/ 뿌옇게 솟아올랐다"(「겨울의 벽화」 부분)라거나, "그가 세상의 낮은 부류에 섞여/ 짧고 빛나는 예감과 노란 고깃덩어리와 만날 때/ 그는 어떤 위대한 힘을 모아/ 사회를 모방했다"(「사기꾼을 위하여」 부분)와 같은 시구에서도 드러난다. 여기에서 『꿈의 이동건축』의 시세계를 겹쳐볼 수 있다면 방랑하는 존재들― 즉 외지인, 투숙객의 형태로 나타나는 이방인의 정체는 시인이 자서에서 밝혔던 그 "신"들이자 '모험가'들이다. 박주택의 상징주의적 시세계를 지탱하고 있는 신화로서의 이방인이 당도한 현실은 이상과는 거리가 먼 비참의 공간이자 핍진한 시간이었던 것이다. 이 같은 존재와 풍경의 대비적 구도를 통해 슬픔을 극화(dramatization)함으로써 시적 주체 또한 내면의 그 슬픔으로 끊임없이 침잠하는 것이다. 이와 더불어 「사기꾼을 위하여」의 마지막 대목에 이르면 "시민들 모두는/ 이 도시가 배반했던/ 그의 잃어버린 꿈들을 위하여// 조용히/ 묵도를 해야 한다// 아픈 숨을 골라야 한다"는 종용을 하는데, 여기서 "아픈 숨을 골라" 슬픔을 자처해야 한다는 그 의지에서 현실에서 자생할 수 없는 이방인에 대한 동정을 극대화하고 있는 것이다. 『방랑은 얼마나 아픈 휴식인가』는 이처럼 『꿈의 이동건축』에서 축조된 상징계의 신화적 인물들이 현실에서 겪는 비극을 노래하고 있다는 점에서 여전히 억압된 자유와 습관화된 투쟁과 정치적 관습이 건재한 1990년대의 현실을 비판함과 동시에 슬픔-주체로서의 자유[13]를 언명한다.

---

[13] 이 같은 자유의 구조주의적 관점은 상징주의와 상통하는 낭만주의에 있어 푸코의 회의주의 또는 견유주의 이론에서도 그 연유를 찾을 수 있다. 푸코는 자연사적 관점 혹은 전근대적 관점에서 지속되어 온 구조주의를 탈피하는 것이 아니라 "체계화된 이성의 원리와 토대론적 인본주의라는 관념에 강박적으로 매달려 있는 문화를 대신할 수 있는 낭만적 대안을 모색했다. 그는 정신병이 아닌 광기와 언어의 표상적 패러다임에서 벗어나는 글쓰기를 발견했고, 이 둘은 위반적 '대항담론' 내에서 서로 결합되었다."(존 라이크먼, 심세광 옮김, 『미셸 푸코, 철학의 자유』, 그린비, 2020, 13면.)

> 언젠가 세상 사람들로부터
> 도전을 받아 도망쳤다
> 춥고 꿉꿉한 바람 속에는 욕들도 섞여 있어
> 견디기 어려웠다
> 비겁하지만 잊어버리기로 했다
>
> 세상 사람들이 지나간다
> 아예 나를 무시하며 지나간다
>
> ―「싸움」 전문

"세상 사람들로부터/ 도전을 받아"왔지만 화자는 대결이 아닌 "도망"을 선택했다. 이는 표면적으로는 소극적인 태도로 보인다. "욕들도 섞여 있"는 현실에서의 삶의 녹록지 않음을 "비겁하지만 잊어버리기로" 함으로써 사회로부터 해방되기를 염원한다는 점에서 의도적인 소외의 의지를 보이기까지 한다. 그런데 중요한 점은 "세상 사람들이 지나간다"는 언급을 통해 시적 화자의 시선이 다시금 출발한다는 것에 있다. "아예 나를 무시하며"라는 말의 뉘앙스에는 분노감도 표출되어 있다. 말하자면 "싸움"은 바로 여기에서부터 시작되는 것이다. 박주택의 시에 나타난 주체는 자유로운 존재로서 세상을 관망하고 관조하는 것이 테제이므로, 불특정 다수의 시시비비에는 견유주의적 태도를 일관한다. 그러면서도 견유주의적 태도가 불특정 다수의 관습이자 문화가 되는 것에는 일말의 의심을 품는 것이다. 이는 존재론적 차원의 자유와 사회구조적 차원의 자유에는 인식의 차이가 있어야 한다는 사실을 말해 준다. 다시 말해 인간으로서 가져야 할 자유는 슬픔이나 애정 등 개인적 감정을 운용할 수 있는 권리일 테지만, 사회 공동체로서의 자유는 부정적 의식과 긍정적 의식의 변증법적 합일에 이르는 윤리를 말하는 것이므로, 무시와 냉소라는 감정은 시에서 "싸움"을 촉발시키는 요인이라는 것이다. 이 같은 태도는 시적 화자의 '자성'에서도 드러난다. "박해한 많은 사람들과/ 길거리의 개들에게 부친다// 생각없이 남을 들뜨게 하거나/ 가슴 아프게 하여/ 실의에 젖게 했던/ 수많은 말들의 성의없음을, 용서하라"(「불만의 거울」 부분)와 같은 시구가 바로 이런 태도를 짐작하게 한다.

> 소리가 지내온 계절은
> 집들이 눅눅해져 있었다
> 그 눅눅한 기후에 사람들은
> 기침을 쿨룩거리며 지나가고
> 그 소리의 곁을 지나친
> 더 많은 사람들은
> 식당에서 밥을 기다리거나
> 차를 타고 교외로 빠져나갔다
>
> 간혹, 지각있는 어떤 이들이
> 소리의 말을 경청하려고
> 소리의 방을 찾아가기도 했지만
> 말없는 소리를 바라 보다
> 곧 지쳐 돌아가곤 했다
>
> 그러던 소리가
> 입을 열었다
> 깊숙한 곳에서 몸부림치던

> 분노의 소리가 입을 열었다
>
> ―「소리가, 드디어」 전문

　이 같은 분노와 자성은 결국 인간성이 지워진 "소리"의 형태로만 남아 현실에 남게 된다. "눅눅한 기후"에 "기침을 쿨럭거리"는 디스토피아적 공간에서 "사람들"에게 소리는 일종의 신격화된 존재인 것처럼 묘사된다. "간혹, 지각 있는 어떤 이들"에 의해 "경청"과 "방을 찾아가기도 했"던 순간들을 보면 알 수 있다. 그런데 이 같은 순간에도 소리는 역설적으로 소리를 내지 않는다. 결국 사람들은 "식당에서 밥을 기다리거나/ 차를 타고 교외로 빠져나갔다". 이렇게 마련된 공허의 감각 속에서 "소리가/ 입을 열었다"는 진술은 소외로 가득한 이 공간에서 진정한 소통을 바랄 수 없는 현실을 비판하는 것이면서도 소외될 자유를 허락하지 않았던 사회적 '지성'에 대한 비판으로도 볼 수 있다.

> 여행자처럼 돌아 온다
> 저 여린 가슴
> 세상의 고단함과 외로움의 휘황한
> 고적을 깨달은 뒤
> 시간의 기둥 뒤를 돌아 조용히 돌아 온다
>
> 어떤 결심으로 꼼지락거리는 그를 바라다 본다
> 숫기적은 청년처럼 후박나무 아래에서
> 돌멩이를 차다가
> 비가 내리는 공원에서
> 물방울이 간지럽히는 흙을
> 바라다 보고 있다

물에 젖은 돌에서는 모래가 부풀어 빛나고
저 혼자 걸어갈 수 없는
의자들만 비에 젖는다

기억의 끝을 이파리가 흔들어 놓은 듯
가방을 오른손으로 바꾸어 들고
느릿한 걸음으로 돌아 온다

저 오랜 투병의 가슴
집으로 돌아 온다
지친 넋을 떼어 바다에 보탠 뒤
곤한 안경을 깨워
멀고 먼 길을 다시 돌아 온다
―「방랑은 얼마나 아픈 휴식인가」 전문

    이처럼 시적 주체의 감정은 타자에게서 비롯되는 슬픔과, 자기 분노 사이를 오가며 현실에서 자생할 수 있는 '자유 상태'를 탐색한다. 그러나 그 탐색의 여정은 오히려 더 슬픔이라는 감정을 구조화하고 스스로를 현실로부터 소외된 존재로 인식하게끔 만든다. 이때 감각하게 되는 비의는 때로는 체념과 회피로 드러나기도 하고 때로는 직접적인 분노로 표출되기도 한다. 그럼에도 불구하고 박주택의 시에서 슬픔은 정지된 바 없다. 그것은 "여행자처럼 돌아"오는 것이고, "세상의 고단함과 외로움의 휘황한" 장면이 동시에 목격되는 현실에서 여전히 목도되는 것이다. "후박나무 아래에서/ 돌멩이를 차다가/ 비가 내리는 공원에서/ 물방울이 간지럽히는 흙을/ 바라다 보고 있"는 것을 통해 '물'이라는 새로운 '렌즈'로 현실을 굴절시키고 그 균열된 질서 사이로 모험을 감행했던

'신'이자 '순례자'였던 이방인들을 상기하는 장면에서 박주택의 시는 다시금 상징주의적 세계관의 복권을 기한다. "물에 젖은 돌에서는 모래가 부풀어 빛나고" "지친 넋을 떼어 바다에 보탠 뒤/ 곤한 안경을 깨워/ 멀고 먼 길을 다시 돌아" 오는 자유인의 모습에서 현실과 신화가 겹쳐 현현한다.

『방랑은 얼마나 아픈 휴식인가』는 『꿈의 이동건축』에서 보여주었던 상징주의적 세계관의 이상적이고 초현실적인, 그리고 초자연적인 이미지와는 달리 현실의 핍진성을 시적 대상으로 삼았다는 점에서 의미가 있다. 시에서 나타난 현실과 이상의 충돌과 고투는 자유인으로 표상된 이방의 존재들의 '재림'과 '방랑'을 통해 대비적 이미지를 구축하며 인상 깊게 표현되었다. 이러한 이미지는 곧 슬픔으로 재현되는 것이고, 슬픔에 대한 시적 주체의 적극적인 태도와 통감의 의지를 통해 현실에서의 자유에 대한 일말의 희망을 타진하게끔 하는 것이었다.

4. 나오며

지금까지 박주택의 초기 시집 『꿈의 이동건축』과 『방랑은 얼마나 아픈 휴식인가』를 통해 1990년대 시에서 상징주의시가 갖는 존재론적 자유로서의 의미를 고찰하였다. 1990년대 시의 경향을 명명하기에 앞서 자유의 의미론적 질곡을 생각해볼 때, 그것은 정치적인 차원에서 권력에 대항하는 불온성에서 개인의 감정과 실재하는 존재로서의 이상적 가치를 표상하는 새로운 상징계로 전화되었다는 점에서 박주택 시의 의의를 선제적으로 살필 수 있다. 예컨대 『꿈의 이동건축』이나 『방랑은 얼마나 아픈 휴식인가』에서 도출된 1990년대의 시적 주체는 '자유'를 직접적.으로 언명하고 나서는 존재는 아니므로, 지금까지 상징주의적 관점의 미의식을 추종하는 존재 또는 현실의 비참을 관망하는 존재로만 상정되어 왔다.

그러나 삶은 '동요(動搖)' 그 자체이다. 박주택의 시에서 포착하고 있는 현실태의 '동요'는 "'삶의 계획'을 명백하게 하는 조건"을 끊임없이 방해하는 요소이자 "'실제로 존재하는 것과 다른 상태로 존재할 수도 있다는' 자유의 원천"14)이기도 하기 때문이다. 이 같은 관점에서 박주택의 시가 갖는 의미란 1990년대의 표면적인 삶의 안정과 소비 문화의 발달, 그리고 내면으로 침잠하는 주체의 다맥락적 관계성에 시의 본질적인 미의식이라 할 수 있는 상징주의를 기투할 수 있는 자유주의적 사유 방식이 자유의 원천으로서 주체와 타자 사이를 진자하는 '슬픔'과 '통감'의 동요를 '감지'하고 있다는 데 있을 것이다. 본고는 이와 같은 관점에서 박주택의 중기, 후기 시집의 맥락도 살피어 현대시의 자유 담론이 전화되는 양상을 살필 계획이며, 아울러 1990년대 상징주의 시의 다른 예시도 고찰함으로써 관점을 폭을 넓혀가고자 한다.

---

14) 사이토 준이치, 이혜진 외 옮김, 『자유란 무엇인가』, 한울, 2011, 193면.

| 참고문헌 |

1. 기본자료

박주택,『꿈의 이동건축』, 문학세계사, 1991.
____,『방랑은 얼마나 아픈 휴식인가』, 문학동네, 1994.

2. 단행본 및 논문

고봉준,「1990년대 시의 사회 정치적 상상력과 소비자본주의」,『한국시학연구』73호, 한국시학회, 2023.
김웅기,「『시운동』의 견유주의 정신과 1980년대 문학의 정치주체 재론」,『해방 이후 동인지문학』, 소명출판, 2025.
사이토 준이치, 이혜진 외 옮김,『자유란 무엇인가』, 한울, 2011.
이광호,「세상의 늙은 풍경」, 박주택,『방랑은 얼마나 아픈 휴식인가』, 문학동네, 1994.
이수명,「시집으로 읽는 1990년대 시문학사」,『서정시학』제75호, 서정시학, 2017.
이승하 외,『한국현대시문학사』, 소명출판, 2019.
조정권,「속박과 순례」, 박주택,『꿈의 이동건축』, 세계문학사, 1991.
존 라이크먼, 심세광 옮김,『미셸 푸코, 철학의 자유』, 그린비, 2020.
존 밀 스튜어트, 이종훈 옮김,『자유론』, 지식을만드는지식, 2012.

박주택 시에 나타난 타자윤리와 환대의 시학*
— 『또 하나의 지구가 필요할 때』를 중심으로

인수봉

1. 서론

박주택 시인은 1959년 6월 17일 충청남도 서산에서 태어나 1986년 ≪경향신문≫ 신춘문예에 시 「꿈의 이동건축」이 당선되어 문단에 등단하였으며 주요 시집 『꿈의 이동건축』(1991), 『방랑은 얼마나 아픈 휴식인가』(1996), 『사막의 별 아래에서』(1999), 『카프카와 만나는 잠의 노래』(2004), 『시간의 동공』(2009), 『또 하나의 지구가 필요할 때』(2013)[1] 등을 통해 삶과 존재·고통과 침묵에 대한 깊은 사유를 시적으로 표현했다.[2]

---

* 『리터러시연구』 16권 2호에 게재한 논문임을 밝혀둠.
1) 박주택, 『꿈의 이동건축』, 문학과 세계사, 1991.
   _____, 『방랑은 얼마나 아픈 휴식인가』, 문학동네, 1996.
   _____, 『사막의 별 아래에서』, 세계사, 1999.
   _____, 『카프카와 만나는 잠의 노래』, 문학과지성사, 2004.
   _____, 『시간의 동공』, 문학과지성사, 2009.
   _____, 『또 하나의 지구가 필요할 때』, 문학과지성사, 2013.
2) 박주택의 시세계는 시집 간의 주제적 흐름과 시적 감수성의 변화를 통해 점진적으

『또 하나의 지구가 필요할 때』는 박주택 시인이 지금까지 발표한 시집 중, 타자성과 존재론적 사유가 유기적으로 교차하며 시인의 윤리적 상상력이 두드러지게 전개되는 한 시기적 전환점이라는 점에서 주목할 만하다. 특히 공고한 세계에 일부러 기획된 틈3)인 생태적 감수성과 존재론적 불안을 기반으로 인간, 자연, 타자에 대한 응시와 응답의 윤리학을 깊이 있게 형상화하고 있으며 이전 시집들에 비해 도시성과 이방성, 죽음과 애도, 인간 바깥의 존재에 대한 사유가 더욱 뚜렷하게 드러난다.

이러한 점에서 『또 하나의 지구가 필요할 때』는 타자윤리와 환대의 철학을 시적으로 구현하는 텍스트로서 가장 적합한 분석 대상으로 평가된다.

에마뉘엘 레비나스(Emmanuel Levinas)의 환대(hospitality) 개념은 타자성과 윤리적 책임을 강조하며 존재 중심의 사유를 넘어 윤리적 관계로

로 확장되어왔다. 데뷔작 『꿈의 이동건축』(1991)은 도시적 감각과 공간에 대한 실험적 상상력을 바탕으로 현대인의 내면 풍경을 탐색하며 존재의 부유함과 불안을 형상화하였다.

『방랑은 얼마나 아픈 휴식인가』(1996)에서는 방랑과 고독, 상처의 이미지들이 두드러지며 주체의 고립된 감각이 더욱 심화된다. 『사막의 별 아래에서』(1999)는 내면의 고요와 죽음 이후의 감각을 사막이라는 공간 속에서 시적으로 구상한 시집으로 비어 있음과 응시의 미학이 돋보인다.

『카프카와 만나는 잠의 노래』(2004)에서는 실존적 고통과 무의식의 세계가 접목되며 인간 존재의 이면에 대한 탐구가 강화된다. 이 시집에서 박주택은 카프카적 상상력과 더불어 언어의 경계를 시험하며 시의 사유적 밀도를 높인다. 『시간의 동공』(2009)은 시간과 죽음, 기억을 통해 존재의 유한성과 윤리를 사유하며 과거와 현재, 주체와 타자 간의 교차를 시적으로 구현한다.

이러한 시집들을 거치며 박주택의 시는 점점 더 '타자'의 세계로 열린 윤리적 상상력으로 나아가고 인간 중심적 인식에서 벗어난 비인간 존재와의 관계로까지 확장된다. 그 결과물이 『또 하나의 지구가 필요할 때』이며 앞선 시세계의 사유를 집약하면서도 타자윤리의 시학으로 도약하는 전환점으로 평가된다.

3) 김원경, 「박주택 시에 나타난 허무의식 연구」, 『국제언어문학』 58호, 국제언어문학회, 2024, 25면.

나아가는 철학적 방향을 제시한다. 『또 하나의 지구가 필요할 때』에서 박주택은 자연을 인간 중심의 배경이 아닌 고유한 윤리적 타자로 바라본다. 이는 자연과 인간의 관계를 레비나스의 무조건적 환대 개념에 비추어 재구성하려는 시도로 읽을 수 있다. 자연을 착취하거나 배제할 대상이 아니라 응답하고 책임져야 할 존재로 인정할 때 인간과 자연은 비로소 윤리적 공존의 가능성을 갖게 된다.

이는 레비나스적 환대에서 '타자의 리듬4)을 인정하는 것'과 유사하다. 자연과 동물을 단순한 자연물이 아니라 존재로 대하는 태도는 윤리적 관계 형성의 과정으로 볼 수 있다. 이러한 시적 접근법은 '타자를 환대함으로써 자신을 성찰하는 과정'과 밀접하게 연결된다. 김연숙은 레비나스 철학의 핵심을 요약하며 그의 사유를 이해하는 데 중요한 출발점을 제공한다.

> "윤리적 주체의 핵심은 타자가 부여하는 윤리적 요청으로 고통받는 상처 속에서도 박해자에 대하여 책임을 짊어지는 것에 있다. (……) 그러나 이 같은 고통에도 불구하고 타자의 윤리적 요청을 받아들이는 것은 사실상 나의 희생을 감수하는 것이다. (……)
> 윤리적 자아는 타자를 위해 자기를 희생하는 형태로 나타나지만, 타자는 단지 자아에게 희생을 요구하는 부담스런 존재인 것만은 아니다. 우리가 타자성의 윤리적 관계에서 살펴보겠지만, 자아는 타자를 통해 무한성에 다가갈 수 있다."5)

---

4) 레비나스는 타자와의 관계를 동일화의 조화가 아닌, 타자의 말걸음과 요청에 응답하는 비동시적이고 불협화적인 사건으로 이해하며 이러한 긴장 속에서 타자의 리듬에 귀 기울이는 윤리적 감수성이 요구된다고 본다. '타자의 리듬'은 Gary Peters가 그의 논문 「The Rhythm of Alterity: Levinas and Aesthetics」에서 레비나스의 사상을 리듬과 관련지어 논의한 바 있다.(Peters, G, 「The Rhythm of Alterity: Levinas and Aesthetics」, 『Radical philosophy』, 82, Radical philosophy, 1997, 9-16면

본 연구는 박주택 시에 나타난 타자윤리가 단지 철학적 개념의 반영에 그치지 않고 시적 언어를 통해 실천적 윤리의 가능성을 구현하고 있음을 밝히는 데 의의를 둔다. 이는 인간과 자연을 비롯해 침묵하는 자, 고통받는 자, 말할 수 없는 자들까지 포괄하는 타자성과의 관계 속에서 시가 어떻게 윤리적 응답의 장소가 될 수 있는지를 탐색하는 시도로 이어진다. 레비나스의 '존재보다 선행하는 윤리'의 철학은 박주택의 시세계에서 시적 주체의 응답성과 무한책임의 감각을 통해 구체적으로 형상화된다.

시는 시선적 한계를 벗어나 사회와 존재에 대한 새로운 상상을 가능하게 한다.『또 하나의 지구가 필요할 때』는 현대 문명 속 도시와 자연의 대립, 인간의 존재론적 불안 그리고 타자에 대한 윤리적 응시를 중심으로 시적 성찰을 전개한다. 본고에서는『또 하나의 지구가 필요할 때』에 나타난 박주택의 시세계를 분석함으로써 현대시가 타자성과 윤리·생태와 공존의 문제를 사유하는 하나의 실천적 가능성으로 기능할 수 있는지를 조명하고 존재적 고통에 대한 응답의 시학적 실현 양상을 규명하고자 한다.

2. 존재의 경계와 타자: 기억, 침묵, 죽음의 시학

레비나스는『존재와 다르게: 본질의 저편』에서 윤리를 존재보다 앞서는 철학의 근본으로 제시하며 전통적 존재론의 우위를 전복한다.[6] 그에

---

5) 김연숙은 레비나스가 주체성을 자기 자신을 위한 존재가 아니라 타자를 위한 존재로 보며 윤리적 자아는 타자의 요청을 내 안에서 수용하고 응답하는 데서 형성된다고 보았다. 또한 타자를 향한 감성이란 결국 타인의 필요에 응답하고 배려하는 감각이며 이는 나눔과 자기 희생의 행위 속에서 실현된다고 설명한다.(김연숙,『레비나스 타자윤리학』, 인간사랑, 2001, 18-19면.)

게 '타자'는 동일자에 의해 파악되거나 소유될 수 없는 절대적 타자이며 이러한 타자에게 무조건적인 환대와 책임을 지는 것이 인간 존재의 윤리적 기초이다. 환대란 타자의 도래를 열린 얼굴로 맞이하는 것으로 "마음이면서 물질이다. 빈손이 아니라 주는 것이다."[7] 주체는 타자의 요청 앞에서 응답의 주체가 되며 이 관계는 자발적 계약이 아닌 무조건적 책임에 기반을 둔다.

레비나스는 『시간과 타자』에서 타자와의 관계를 처음으로 '얼굴'의 개념을 통해 설명하며 사물과 맺는 관계와 달리 타자와의 만남은 대면을 통한 윤리적 관계로 파악한다. 얼굴은 타자의 존재를 가장 직접적으로 드러내는 위치[8]이며 주체에게 응답을 촉구하는 윤리적 현존이다. 이러한 '얼굴'은 단순한 외적 형상이 아니라 윤리적 요청을 담은 타자의 현존으로 읽힌다. 이는 시적 상상력 속에서 시인이 '보는 것'과 '듣는 것', '응답하는 것'의 윤리학으로 구현될 수 있다.

『또 하나의 지구가 필요할 때』는 존재론적 불안을 바탕으로 타자에 대한 윤리적 응답을 시도한다. 시 속에는 버려진 자, 죽은 자, 잊힌 자들에 대한 애도의 서사와 타자에 대한 침묵 속의 응시가 반복적으로 등장한다. 화자는 고통받는 존재들 —버려진 자, 소외된 자, 죽은 자— 에게 무한책임을 느끼고 그들의 목소리를 복원하며 때로는 침묵조차 윤리적 응답으로 끌어올린다. 이는 동일자의 언어로 환원되지 않는 타자의 얼굴을 마주하는 윤리적 태도[9]로 해석될 수 있다.

---

6) E.레비나스, 김연숙 옮김, 『존재와 다르게: 본질의 저편』, 인간사랑, 2010, 참조.
7) 여진숙, 「김종삼 시에 나타난 환대의 양상」, 『교방문화연구』 4(3), 한국교방문화학회, 2024, 231면.
8) 김도형, 『레비나스와 정치적인 것: 타자 윤리의 정치철학적 함의』, 그린비출판사, 2018, 18면.

『또 하나의 지구가 필요할 때』에서 타자는 단순한 외부의 타자(Other)가 아니라, 기억과 침묵 그리고 죽음을 통해 주체 내부로 스며드는 존재이다. 그는 상처 입은 존재들, 발화하지 못한 죽은 자들, 침묵하는 자들에 대해 응답하는 시적 주체를 창조한다. 이는 레비나스가 말한 무한책임의 윤리, 타자의 얼굴 앞에서 주체가 책임을 떠맡는 존재 방식과 긴밀히 연결된다.

> 나는 온다, 안개의 계단을 내려와 홀로 남은 빵처럼, 팔리지 않는 침울처럼
> 나는 내 발자국을 따라와 가느다란 빛이 이어주고 있는 기억 사이에 서 있다
>
> 나는 사람들이 그리워하는 것을 그리워하며 살았다
> 그러나 어느 곳에 서 있었는지 작은 것조차 어두웠다
>
> 나는 온다, 밤이 다할 때까지
> 기억에서는 또 잡귀가 태어나리라
>
> ―「언제나 기억의 한가운데」 전문10)

"나는 사람들이 그리워하는 것을 그리워하며 살았다"고 고백하는 시적 화자는 단순한 향수에 머무르지 않는다. 「언제나 기억의 한가운데」에서 '기억'은 죽은 자와의 관계 맺기이며 '홀로 남은 빵', '팔리지 않는 침울'과 같은 이미지들은 주체의 외로움 속에서 타자의 부재를 고통스

---

9) 정과리, 『문학과 윤리의 거리』, 민음사, 2012, 20면.
10) 박주택, 『또 하나의 지구가 필요할 때』, 문학과지성사, 2013, 9면.

럽게 감각하는 장면이다. 화자는 안개의 계단을 내려와 "가느다란 빛이 이어주고 있는 기억 사이에" 선다. 이 빛은 곧 타자와 이어지는 마지막 윤리적 통로이며 기억은 사라진 존재의 자리를 환대하는 공간이 된다. 시의 마지막 문장 "기억에서는 또 잡귀가 태어나리라"는 환대가 곧 또 다른 고통의 시작이 될 수도 있음을 암시하지만 그럼에도 불구하고 기억을 통해 타자를 맞이하려는 윤리적 의지를 나타낸다.

장례 집행자는 시신에 화장을 하고 있었다

침묵이 무겁게 가라앉고 언제든지 흐느낌은 냉동 시신을 녹일 준비를 하고 있었다 짐승 가죽처럼 노란 얼굴, 서늘하게 풍겨 나오는 잎사귀, 희미한 촉감, 이제 떠난다면 무서운 귀신으로 남을 것인 영혼 루주로 입술을 덧칠하고 검은 눈썹을 그리는 장례 집행자는 채광창을 뚫고 들어오는 햇살에 반이 환해졌다 바닥을 핥으며 비로소 자신이 되는 것, 죽기 전에 기다리고 있는 자신과 만나게 되는 것, 구부정하게 숙여 거즈로 얼굴을 닦아내는 장례 집행자의 눈빛에서 등을 돌리는 창문들 파르르 떨다 깃털로 가라앉는, 수북한 찬기 잃은 기억의 곤죽들 어느덧 시신은 자신으로 바뀌어 시트 위에 창백하게 누워 있다, 시신을 바라보는 자들 장례 집행자의 손에 두 다리는 묶이고 손도 가지런히 묶인 채 입을 틀어막은 거즈에 숨이 막히는 듯 이제는 참을 수 없다는 듯 노란 짐승 가죽 속을 서둘러 빠져나온다
―「장례 집행자」 전문[11]

시적 화자인 장례 집행자는 죽은 자의 육체를 처리하는 존재로 등장하지만 단순히 시신을 정리하는 기능적 인물이 아니라 죽은 자의 마지

---

[11] 박주택, 앞의 책, 49면.

막 얼굴을 존엄하게 정리하고 떠나보내는 윤리적 주체로 나타난다. 시는 "침묵이 무겁게 가라앉고 언제든지 흐느낌은 냉동 시신을 녹일 준비를 하고 있었다"는 문장을 시작으로 죽음의 현장을 하나의 윤리적 무대로 전환시킨다. 이때의 침묵은 공포가 아니라 경청의 공간이고 장례 집행자는 그러한 침묵 속에서 타자의 마지막 목소리를 듣고 응답하는 존재자이다.

시신은 "짐승 가죽처럼 노란 얼굴", "서늘하게 풍겨 나오는 잎사귀"처럼 묘사되며 인간성과 비인간성 사이에 놓인 존재로 제시된다. 그러나 장례 집행자는 루주를 바르고 검은 눈썹을 그려주는 행위를 통해 그를 다시금 '존재로서' 복원한다. 이는 레비나스가 강조한 '죽은 자에게조차 무한책임을 져야 한다'는 윤리 명제를 시적으로 실현하는 장면이다. 죽음 앞에서도 타자의 얼굴은 여전히 말을 걸고 있으며 주체는 그것에 응답하지 않을 수 없다.

특히 "시신은 자신으로 바뀌어 시트 위에 창백하게 누워 있다"는 표현은 죽은 자가 철저히 대상화되지 않고 관계 속 존재로 복원되었음을 암시한다. 장례 집행자의 행위는 죽은 자를 다시 세계 속으로 연결시키는 윤리적 환대의 실천이다. 그 과정에서 주체는 타자의 얼굴과 마지막으로 마주한 응답자로 존재하게 된다. 「장례 집행자」는 죽은 자가 타자로서 어떻게 마지막 윤리를 요청하는지를 섬세하게 그려낸다.

> 그러니 당신이 있는 곳에 위안이 있으라
>
> 1
> 당신은 일찍이 누구를 죽이려고 한 적도 없고 십자가 아래에 아이를 버린 적도 없으니 당신의 봉변은 유래가 없는 것이다 아무리

힘들어도 견딜 수 있는 것은 태어나기도 전의 기억이 없는 곳으로 데려가는 기억 때문만은 아니다 이렇게 슬퍼해도 저녁이 아름다운 것은 죽은 자들의 압도하는 사연 때문이다 폭염에 갇힌 채 스쿨버스의 유리문을 긁다 죽은 아이의 공포를 기억하자 정신착란자에게 찔려 죽은 자의 록은 또 어떠할 것인가?

2
그러나 이것은 멀고 먼 일 어쩌면 일어나지도 않을 일 작은 집을 얻고 기뻐했던 순간은 가고 볼모가 내 집이어야 하는 시간은 어김없이 오는 법 그것이 시간의 평등한 법, 여기 길을 물었지만 잘못된 길에 갇혀 우는 사내들 모여 있고 구원에도 헤픈 사랑을 요구하는 여인들 모여 둥글게 매달려 있는 천체를 바라보며 냉동된 고기를 뜯고 있으니 식은 찻잔은 이렇게 가르친다
(……)

―「불타는 육체」 부분[12]

「불타는 육체」는 타인의 죽음을 외면하지 않고 감각적으로 수용하는 시인의 윤리적 태도를 극대화한 작품이다. 시적 화자는 직접적으로 참혹한 사건들을 언급한다. "폭염에 갇힌 채 스쿨버스의 유리문을 긁다 죽은 아이"와 "정신착란자에게 찔려 죽은 자"는 비극적인 현실 속에서 말할 수 없는 타자들의 고통을 상징한다. 시적 화자는 이 고통을 구경하거나 비판하지 않고 자기 자신의 감정과 존재 속으로 끌어들인다.

"이렇게 슬퍼해도 저녁이 아름다운 것은 죽은 자들의 압도하는 사연 때문이다"라는 구절은 애도 자체가 윤리적 실천이며 타자의 고통을 기

---
[12] 박주택, 앞의 책, 32면.

억하는 것이야말로 환대의 시작이라는 인식을 드러낸다. 슬픔과 아름다움이 교차하는 시적 정조 속에서 죽음은 대상이 아니라 관계의 요청으로서 남아 있다.

2연에서는 "냉동된 고기를 뜯고 있으니 / 식은 찻잔은 이렇게 가르친다"는 표현을 통해 일상에 은폐된 폭력과 망각의 구조를 꼬집는다. 고기를 먹고 있는 인간들의 무감각한 행위는 곧 사회 전체가 타자의 고통에 얼마나 무심한지를 상징하며 시적 화자는 이러한 구조에 대한 인식과 동시에 윤리적 감응의 가능성을 제시한다.

「불타는 육체」는 윤리를 일상과 죽음 기억과 식사라는 구체적 이미지 속에서 재현한다. 시인은 자신이 직접 경험하지 않은 타자의 고통에 대해 말한다. 그리고 그것을 자신만의 언어로 감각하고 응답한다. 이는 '무한책임'이라는 윤리적 요구에 대한 시적 화답이자 시를 통한 애도의 윤리적 구현이라 할 수 있다.

> 연극, 돌의 오디세이, 무대 불빛
> 작중인물로 변해가는 배우, 그 사이로
> 끼어드는 낙담에 대한 견습―
> 존엄성을 보여주는 것은 죽음뿐이에요,
> 배우는 미간에 고통을 떠맡으며 분노를 유지한다,
>
> (......)
>
> 칠흑과 싸우며 얼마나 올라갔을까, 어둠 속에서 사내는 눈을 하얗게 덮고 있는 노인을 보았다, 죽음이 만든 것처럼 허공을 향해 얼어붙은 바위―

무대 정면, 평계를 대체하는 증언들
배신으로 차가워진 배우, 그 사이로 섞여 오는
산 중턱, 어두운 눈길을 헤치고 오던
사내를 위해 기도하던 노인
─기다림이란, 그래야지
배우, 기어이 독을 삼키며 죽는다

―「돌의 오디세이」 부분13)

「돌의 오디세이」는 연극과 현실이 뒤섞인 구조 속에서 배우의 분노와 사내의 고통, 노인의 기도가 교차하는 시이다. "존엄성을 보여주는 것은 죽음뿐"이라는 대사 그리고 "기어이 독을 삼키며 죽는" 배우는 극한 상황 속에서 타자에 대한 응답을 실현하려는 존재다. 한편, 산중에서 노인을 마주하는 사내는 '두려움'과 '후회'를 끌어안고 폭설을 헤쳐간다. 이 노인은 "사내를 위해 기도하던 노인"으로 기다림을 통해 존재하는 윤리의 화신처럼 등장한다. 이 시에서 기다림과 기도는 언어 이전의 응답이며 타자를 위해 존재하는 시간이 윤리적 환대의 가능성을 드러내는 방식으로 제시된다.

고통과 침묵의 무대는 「뮤지컬 타임캡슐」로 이어지며 타자의 윤리를 한층 더 형이상학적이고 실존적인 차원으로 확장한다. 시는 '뮤지컬'이라는 집합적 공연의 형식을 통해 '죽음 이전의 고통', '윤리 이전의 욕망', '응답 이전의 침묵'을 복합적으로 포착한다.

오프닝 코러스―너는 너를 지나고 // 언제나 오늘뿐인 내일 모든

---

13) 박주택, 앞의 책, 20면.

문은 열려 있고 / 걱정은 욕망으로부터 상속받은 것 / 여인이 날개로 가득 찬 도시에 앉아 있네 붉은 자국이 남아 있는 이마
/이미 다른 생애를 살았던 듯 / 주위를 옮겨놓고 혼자 자신을 지키고 있다네 // (......) // **더할 나위 없이 바람 앞에** / 문은 열려 있지만 열리지 않지 / 모든 실패는 우리의 것 그러기에 장의사는 더욱 엄숙해지지 / 죽 음 만 이 최 대 의 것 / 지금까지 사라진 것들은 모두 물든 숲 / 자꾸만 죽은 뒤에 행복하다고 말하지 마ㅡ눈물은 안쪽에서 터질 테니 / 문은 열려 있지만 열리지 않고 / 잠은 속눈썹에 물들고 고통들은 유전되어 / 운명을 만들고 있다네 // (......) // 아무것도 없이, 아무것도 없이, 아무런 핏기도 없이 / 자신의 몸으로 다가오는 현재 속에서ㅡ욕망이 그에게 다가오기 전 / 두려움이 벅차오르기 전 / 순간, 바람은 파닥거리고 모래는 날아오르고 / 입을 벌려 숨을 내뿜는 여인에게서 사라지는 것 / 어제와 내일이 손잡고 오늘을 밀고하다 / 헐뜯는/ 유 / 희 / 속으로 사라지는 것이란 / 오오, 핏기도 없이 사라지는 감정의 문병들 (생략)
―「뮤지컬 타임캡슐」 부분14)

"너는 너를 지나고 / 언제나 오늘뿐인 내일"이라는 대사는 주체가 스스로 정체를 끊임없이 밀어내는 불안 속에서 살아가며 타자를 만나는 순간마다 사라지고 다시 새롭게 자신이 되는 윤리적 긴장을 암시한다. 이는 '주체는 타자 앞에서 매 순간 새롭게 호출되는 존재'라는 주장과 맞닿아 있다.

무대 위의 여인은 "날개로 가득 찬 도시에 앉아 있"고, "불타는 햇빛 아래에서" 존재 자체로 소진되어간다. 그는 타자의 고통을 재현하는 상징이 아니라 타자의 고통에 응답하기 위해 끊임없이 자신을 비우고 사

---

14) 박주택, 앞의 책, 128면.

라지는 인물이다. 시인은 이 과정을 단순한 연기로 묘사하지 않는다. "덮어버리는 거야 애써 페이지를 뒤로 넘기는 거야"라는 말은 우리가 얼마나 자주 타자의 고통을 외면하고 망각하며 윤리의 책임을 지우려 하는지를 반성하게 한다.

또한 "문은 열려 있지만 열리지 않고 / 잠은 속눈썹에 물들고 / 고통들은 유전되어"라는 구절은 레비나스가 강조한 '무조건적 책임'이 얼마나 회피되기 쉽고 사회 구조와 기억, 일상의 피로 속에서 반복적으로 지워지는지를 비판한다. 고통이 유전되고 실패가 축적되는 이 무대는 단지 예술의 장이 아니라 타자와의 윤리적 교차점으로 작동한다.

무대에 등장하는 인물들은 끊임없이 "사라지는 감정의 문병들"이다. 이들은 완전히 기억되지도, 응답받지도 못한 존재들이다. 시인은 그 사라짐을 가볍게 허용하지 않는다. 오히려 "핏기도 없이 사라지는" 존재들의 흔적을 끝까지 바라보며 독자로 하여금 타자의 윤리적 요청 앞에 멈춰 서게 만든다.

「돌의 오디세이」에서 "존엄성을 보여주는 것은 죽음뿐"이라는 선언이 있었다면 「뮤지컬 타임캡슐」에서는 그 죽음을 반복 재현하면서도 매번 윤리적 응답을 유예하고 마는 인간 조건의 비극이 강조된다. 이로써 시인은 존재와 예술, 삶과 연극, 응답과 침묵 사이의 경계를 지워가며 타자의 얼굴 앞에서 발생하는 윤리적 가능성과 그 실패를 동시에 시 속에 펼쳐놓는다.

박주택의 시는 기억, 침묵, 죽음이라는 경계 상황을 통해 윤리의 근원을 탐색한다. 존재론적 불안 속에서 시적 화자는 타자의 고통을 회피하지 않고 오히려 응시하며 이를 시적 언어로 기록함으로써 응답한다. 「언제나 기억의 한가운데」에서는 사라진 존재의 자리를 기억 속에 환대하며, 「장례 집행자」와 「불타는 육체」에서는 죽은 자의 고통을 자신의 감각으로 끌어안는다. 또한 「돌의 오디세이」와 「뮤지컬 타임캡슐」은 기다림과 기도를 통해 말 없는 타자에게 다가가는 윤리적 시간의 실현을 보여준다.

이러한 시들은 모두 무조건적인 책임과 환대의 윤리를 시적 감각으로 변형하여 구현하고 있다. 말할 수 없는 존재에게 말을 걸고, 응답할 수 없는 존재에게 응답하려는 이러한 시적 태도는 동일자를 넘어서는 타자성과의 관계를 모색하는 윤리적 시학으로써 의미를 지닌다.

3. 경계와 일상 속 타자: 불안, 이질성, 응답의 시학

현대 사회에서 타자는 더 이상 먼 존재나 특정한 인물에 국한되지 않는다. 일상 속 무수한 존재들 이웃, 동물, 사물, 자연, 심지어 침묵하는 공간조차 이제는 타자의 얼굴을 띠고 주체와 마주하게 된다. 박주택의 시는 이러한 일상적 타자들과 마주한 순간에서 비롯되는 윤리의 가능성을 탐색한다. 시인은 익숙한 공간과 정서의 경계를 의심하며 그 경계를 넘어서는 감각을 시를 통해 발현한다.

레비나스에 따르면 윤리는 타자와의 대면에서 발생하며 이 관계는 추상적 원칙이 아닌 구체적인 현실의 층위에서 실현된다.[15] 중요한 점은 이러한 윤리적 관계가 결코 거창한 이념의 차원이 아니라 일상의 구체

---

15) "'나'라는 존재는 타자들과의 만남에서 그 계시들 받아들여야 하며 그들을 환대해야 한다는 것이다. 타인과 윤리적 주체로서의 '나'의 관계는 상호적인 윤리의 관계를 넘어서서 불평등한 것임에도 아랑곳없이 이런 비상호성은 희생적인 인간의 가치를 윤리의 근원으로서 제시할 수 있게 된다."(윤대선, 『레비나스의 타자철학-소통과 초월의 윤리를 찾아서』, 문예출판사, 2017, 265-267면.)

적인 경험 속에서 형성된다는 것이다. 박주택은 도시의 엘리베이터 안, 낯선 이방인의 말, 도축장 안의 생명, 화장실 속의 미물 등과 같은 구체적 장면을 통해 타자와의 우연한 조우를 시화하며 응답의 가능성을 실험한다.

3장에서는 도시적 일상과 인간과 비인간 존재 사이의 경계 그리고 이방적 공간에서의 낯섦과 마주침이 어떤 방식으로 타자윤리의 계기가 되는지를 살핀다. 특히 불편함과 경계, 불안이라는 감정조차도 타자성과의 윤리적 접속을 가능케 하는 조건으로 전환되며 그 지점에서 말 없는 타자의 요청에 귀를 기울이는 사유를 제시한다. 『또 하나의 지구가 필요할 때』는 존재론적 중심에서 벗어나 일상 속 타자에게 열린 윤리의 실천이자 환대의 시학이라 할 수 있다.

『또 하나의 지구가 필요할 때』에는 도시의 단절된 공간, 이국적 풍경, 비인간 존재들과 마주하는 순간들이 반복적으로 등장한다. 이러한 장면들은 시인이 자기 동일성의 경계를 벗어나 타자를 인식하고 환대하려는 윤리적 실천의 현장이다. 레비나스는 타자를 '내가 아닌 자', '내가 될 수 없는 자'로 보았으며 그 타자성과의 조우 속에서 윤리가 발생한다고 본다. 박주택의 시에서 '국경', '가죽이 벗겨진 소', '도마뱀', '이방인', '말 없는 존재'들은 타자성의 다양한 얼굴을 상징하며 시인은 이들에 응답함으로써 무한책임을 실현한다.

> 이웃집은 그래서 가까운데
> 벽을 맞대고 체온으로 덥혀온 것인데
> 어릴 적 보고 그제 보니 여고생이란다
> 눈 둘 곳 없는 엘리베이터만큼 인사 없는 곳
> 701호, 702호, 703호 사이 국경

> 벽은 자라 공중에 이르고 가끔 들리는 소리만이
> 이웃이라는 것을 알리는데
> 벽은 무엇으로 굳었는가?
> 왜 모든 것은 문 하나에 갇히는가?
>
> 문을 닮은 얼굴들 엘리베이터에 서 있다
> 열리지 않으려고 안쪽 손잡이를 꽉 붙잡고는 굳게 서 있다
> 서로를 기억하는 것이 큰일이나 되는 듯
> 더디 내려가는 엘리베이터를 쏘아본다
> 엘리베이터 배가 열리자마자
> 국경에 사는 사람들
> 확 거리로 퍼진다
>
> ―「국경」 전문16)

「국경」은 현대 도시의 일상에서 발생하는 이웃 간의 단절을 다룬다. "701호, 702호, 703호 사이 국경"이라는 표현은 타자와의 경계를 물리적으로 시각화하며 "문을 닮은 얼굴들"은 닫힌 주체성을 상징한다. 이웃은 '같은 건물에 살고 있음'에도 타자로 인식되지 못하고 망각된다. "엘리베이터 배가 열리자마자 국경에 사는 사람들 확 거리로 퍼진다"는 장면은 공동체의 허상을 보여주는 동시에 타자와의 관계를 회피하는 현대인의 윤리적 결핍을 지적한다.

윤리란 타자의 얼굴과의 대면에서 발생하는 무조건적 책임이지만 「국경」의 세계에서는 그 윤리가 구조적으로 봉쇄되어 있다. 그러나 시인은 그 침묵과 회피 속에서 오히려 윤리의 가능성을 사유하게 한다. 이 시는 말 없는 타자성의 현실을 드러내며 우리 주변의 일상이 이미 타자와의

---

16) 박주택, 앞의 책, 19면.

만남의 장소임을 역설한다.

이러한 공간적 단절과 거리의 문제는 「내게 너무 많은 집」에서도 반복된다. 이 시에서 '집'은 더 이상 안온한 거처가 아닌 낯설고 배제된 장소로 전도된다. 시적 화자는 낯선 땅에서 외국인 노인의 접근에 공포를 느끼고, "여기서는 아무도 내 편이 돼주지 않을 것이라는 것"이라 고백한다. 이는 '국경'이 형성하는 심리적 거리와 유사한 정서를 내포한다.

> 어두워지는데 검은 피부에 / 터번을 둘러 쓴 술 취한 노인이 노래를 불러 / 비틀비틀 걸어오더니 내 앞에서 벵골어로 뭐라 말해/(......) / 그 순간 무슨 생각이 들었느냐면 / 여기서는 아무도 내 편이 돼주지 않을 것이라는 것 / (......) / 그때 저만치 숙소 불빛이 보였어 / 그리고 개가 꼬리를 흔들며 / 어둠 속에 있는 나를 향해 달려왔어 / 그때 무슨 생각이 들었는지 알아? / 아, 내가 여기에 또 집을 지었구나 했어
> ―「내게 너무 많은 집」 부분17)

그러나 이 시는 또 다른 빈진의 순간을 내포하고 있다. "개가 꼬리를 흔들며 어둠 속에 있는 나를 향해 달려왔어 / 아, 내가 여기에 또 집을 지었구나 했어"라는 구절은 낯선 타자에게 응답하지 못했던 주체가 또 다른 생명체(개)를 통해 타자의 환대를 체감하는 순간이다. 이 장면은 타자와의 접촉이 '공포'를 넘어서 '책임'과 '돌봄'의 윤리18)로 전환될 수 있음을 보여준다.

「국경」과 「내게 너무 많은 집」은 모두 현대인의 삶 속에서 타자성과

---

17) 박주택, 앞의 책, 70면.
18) 김연숙, 앞의 책, 2001, 18면.

경계의 문제를 다루며 거리와 불안의 심연 속에서도 타자를 인식하고 환대하려는 감각의 회복을 요청한다. 박주택은 이러한 시를 통해 윤리는 타자에 대한 완전한 이해가 아닌 불안과 혼란 속에서도 타자의 얼굴에 시선을 거두지 않는 태도에서 비롯됨을 강조한다.

> 발버둥을 치다 이제 목숨이 다한 것이 틀림 없는 소는
> 거푸 숨을 몰아쉬다 잠잠하다
> 입에 고여 있다 흘러나오는 침은 바닥으로 흐른다
>
> 낮게 열린 눈을 에워싸고 있는 발자국
> 툭툭 막아서고 있는 칼날
>
> 공기는 끈적거리고 입구는 빛이 어둡다
> 칼이 가죽과 살점 사이로 들어간다
>
> 가죽이 벗겨진 소
> 하얗게 누워있다
>
> ―「가죽이 벗겨진 소」 전문[19]

「가죽이 벗겨진 소」는 죽음 직전의 소를 묘사하며 인간이 타자의 고통을 어떻게 무감각하게 소비하는지를 강렬한 이미지로 드러낸다. "툭툭 막아서고 있는 칼날", "거푸 숨을 몰아쉬다 잠잠하다"는 묘사는 생명의 마지막 순간을 응시하는 시적 화자의 시선을 보여준다. 죽어가는 소는 저항조차 하지 못한 채 해체되고 "가죽이 벗겨진" 상태로 하얗게 누

---

19) 박주택, 앞의 책, 18면.

워 있는 그 모습은 존재가 언어와 주체성을 모두 상실한 채 사라지는 과정을 상징한다.

「가죽이 벗겨진 소」의 핵심은 인간의 무관심 속에 이뤄지는 생명의 소멸이다. "낮게 열린 눈을 에워싸고 있는 발자국"은 고통 속에 방치된 존재를 둘러싼 인간 군상의 냉담함을 나타내며 "입에 고여 있다 흘러나오는 침"은 말할 수 없는 고통을 시각화하는 상징적 장면이다. 고통은 언어가 되지 못하고 침묵 속에 흘러내린다. 레비나스는 타자의 고통 앞에서 주체가 응답해야 한다고 말했지만 「가죽이 벗겨진 소」에서 인간은 침묵하고 외면한다. 그렇기에 시는 윤리의 부재를 날카롭게 고발하며 동시에 그러한 현실을 목도하고 기록하는 시적 화자의 응시를 통해 윤리의 회복 가능성을 시사한다.

도축이라는 일상적인 행위가 사실상 비윤리적 현실임을 드러내며 시인은 그 속에서 침묵하는 타자의 고통에 응답하려는 시적 윤리를 실현한다. "공기는 끈적거리고 입구는 빛이 어둡다"는 구절은 도축장이라는 공간이 생명 존중의 윤리에서 멀어진 폐쇄적 공간임을 나타내며 인간이 윤리적 책임을 져야 할 타자의 '얼굴'을 마주하지 못하도록 구조적으로 차단된 공간임을 드러낸다.

침묵하는 고통과 존재의 해체를 통해 인간 외 존재의 고통을 시적 언어로 감각하고 그것을 통해 타자에 대한 응답이 가능성을 열어두며 무조건적 책임의 윤리를 생명 정치적 현실 속에서 구현하고 있다.

    네게 들려줄 말이 있어
    뭔데요?
    아까 화장실 변기에

네
갑자기
네네
오줌 누려는데
한꺼번에 말씀해주세요
작은 도마뱀이
귀엽다……
너무 무서웠어
놀라셨구나 에구
밤새 내 몸을 핥고 물어뜯을 것 같았어 그래서
네
변기물을 내려버렸어
그랬더니 세찬 물을 따라가버렸어
에구
……그간 미안했어
……

—「도마뱀」 전문[20]

　「도마뱀」은 아주 작고 하찮은 생명에게조차 윤리적 책임이 있음을 자각하는 순간을 담아내며 인간이 쉽게 지나치거나 혐오의 대상으로 여기는 미물을 통해 타자에 대한 감수성과 윤리 의식을 환기시키고 있다. 시적 화자는 "화장실 변기"에서 도마뱀을 마주친다. 만남은 우연적이고 일상적인 사건이지만 시적 주체에게는 윤리적 계기로 전환된다. 놀라고 두려운 감정 속에서 도마뱀을 변기물로 내려보내는 행위는 곧 윤리의 결여를 드러낸다. 이후 시적 화자는 "그간 미안했어"라고 고백한다. 여기서 '미안함'은 단순한 감정이 아닌 윤리적 반성의 결과이자 침묵 속 존재에게도 응

---

20) 박주택, 앞의 책, 71면.

답해야 한다는 자각을 의미한다. 이 사소한 행동 뒤에 남는 죄책감은 윤리가 거창한 선택이 아니라 일상의 작은 실천에서 비롯됨을 보여준다.

레비나스는 윤리를 선택이 아닌 불가피한 책임이라 보며 타자의 도래 앞에서 주체는 이미 응답하게 되어 있다고 주장한다. 윤리는 '얼굴'이라는 개념을 통해 타자의 현존을 말없이도 요청하는 것으로 본다. 도마뱀은 말을 하지 않지만 존재 자체로 화자에게 윤리적 요청을 보낸다. 시 속 화자는 그 요청을 늦게나마 깨닫고 말 없는 타자의 고통에 응답하려는 주체로 변화한다. 이는 곧 "종을 구별하지 않는 확장된 환대"21)이자 윤리의 탄생이다. "밤새 내 몸을 핥고 물어뜯을 것 같았어"라는 과장된 상상은 화자의 내면에 자리한 공포심과 동시에, 타자에 대한 거리두기의 심리를 보여준다. 그러나 이 감정이 "그거 아니?"라는 물음으로 전환되며 존재의 윤리성에 대한 질문을 스스로에게 던지게 한다. 도마뱀이라는 미물조차도 '타자'로 인식되고 그 침묵이 윤리적 요청으로 들리는 순간 주체는 이미 책임을 지고 있다. 레비나스는 탈무드 구절을 인용하며 인간은 우주 전체에 대한 책임이 있는 존재임을 역설한 바 있다.22) 박주택은 이러한 순간을 시로 포착하며 존재의 위계가 해체된 세계에서 누구나 환대의 대상이 될 수 있음을 말한다. 일상의 가장 미세한 접촉조차도 타자와의 관계임을 깨닫게 하는 박주택의 시적 태도는 '타자에 대한 감각'을 회복시키는 문학의 윤리적 가능성을 잘 보여준다.

『또 하나의 지구가 필요할 때』는 인간이 얼마나 쉽게 타자를 외면하고 타자성을 부정하는지를 드러냄과 동시에 시적 사유와 감각을 통해

---

21) 최예슬, 「SF로 사유하는 환대의 미학, 환대의 교육-천선란의 『천 개의 파랑』을 중심으로」, 『한국어문교육』 49호, 한국어문교육연구소, 2024, 222면.
22) 윤대선, 앞의 책, 263면.

그러한 외면의 순간들에 '책임'과 '응답'의 윤리를 다시 호출한다. 윤리는 변화와 개선 그리고 새로운 방향과 존재 의의를 부여하는 데까지 나아가야 한다.23) 박주택의 시는 독자로 하여금 존재론적 중심에서 벗어나 일상의 가장 작은 순간 속에서 타자의 얼굴을 인식하고 응답할 수 있는가 하는 윤리적 가능성을 묻게 만든다.

아울러 레비나스가 강조한 '타자의 리듬'24)에 귀 기울이기라는 윤리적 명제를 일상적 장면 속에 형상화하면서 존재론적 주체를 넘어선 감응적 주체의 가능성을 제시한다. 박주택의 시는 거창한 도덕적 선언보다, 작고 사소한 존재에 대해 감응하는 감각의 회복을 요구하며, 오늘날 타자성과 환대의 윤리가 절실히 요청되는 시대에 문학이 수행할 수 있는 실천적 역할을 모색한다.

4. 결론

이상에서 본 연구는 박주택의 시집 『또 하나의 지구가 필요할 때』를 중심으로 시에 나타나는 타자윤리와 환대의 시학을 에마뉘엘 레비나스(Emmanuel Levinas)의 철학을 바탕으로 분석하였다. 박주택의 시는 존재론적 불안과 상실을 바탕으로 죽음, 침묵, 고통을 겪는 타자들에 대한 응답의 시학을 펼쳐 보이며 시적 주체가 어떻게 윤리적 존재로 재구성되는지를 보여준다.

2장에서는 기억과 침묵, 죽음이라는 주제를 중심으로 시인이 어떻게 사라진 존재들에게 윤리적으로 응답하는지를 살펴보았다. 「언제나 기

---

23) 김도형, 앞의 책, 50면.
24) Peters, G, 앞의 책, 참조.

억의 한가운데」에서는 고통의 기억을 통해 타자의 부재를 환대하고, 「불타는 육체」와 「장례 집행자」에서는 죽은 자의 고통에 감응하며 응답하는 시적 주체의 모습을 통해 윤리적 감수성이 드러났다. 「돌의 오디세이」와 「뮤지컬 타임캡슐」에서는 무대라는 상징 공간 속에서 타자의 고통과 실패를 반복적으로 재현하며 주체가 무조건적 책임을 수용할 수 있는 가능성과 그 한계를 동시에 보여준다. 이 시들은 모두 말 없는 타자의 얼굴과 마주함과 동시에 그들에게 무한책임을 감당하려는 주체의 윤리적 실존을 강조한다.

3장에서는 도시 공간과 일상의 장면들 속에서 마주하는 타자성과 생명의 윤리를 중심으로 시를 분석하였다. 「국경」에서는 이웃 간의 단절과 심리적 거리감을 통해 현대인의 고립을 드러내고 「내게 너무 많은 집」에서는 낯선 공간 속에서 주체가 타자화되는 불안과 그 안에서 다시금 환대를 체험하는 장면을 통해 이방인의 윤리를 시적으로 형상화한다. 「가죽이 벗겨진 소」는 인간의 무관심 속에서 말 없이 죽어가는 존재의 고통을 감각화하고, 「도마뱀」은 하찮은 생명에게도 죄책감과 응답을 느끼는 순간을 통해 타자에 대한 감수성을 회복시킨다. 이는 환대가 단순히 타자를 받아들이는 태도를 넘어서 타자의 침묵을 '요청'으로 듣는 감각이자 존재를 향한 근원적인 응답[25]이라는 점을 시적으로 드러낸다.

시인은 단순한 사회적 고발이나 존재론적 성찰에 그치지 않고 타자의 고통을 수용하고 응답하려는 시적 윤리를 구현한다. 특히 인간과 자연, 죽은 자와 산 자, 타국과 자국 사이의 경계에서 발생하는 윤리적 긴장을

---

[25] 레비나스에서 책임은 타자의 부름에 의해 촉발된다. 그 책임은 타자에 대한 연민이나 동정에서 기인하는 것이 아니라 나와 마주하는 타자의 요구와 부름에서 기인하는 것이기에 그렇다.(김도형, 앞의 책, 39면.)

섬세하게 포착하고 있다. 그의 시는 타자를 배제하지 않고, 타자의 고통 앞에서 침묵하지 않으며, 오히려 타자의 목소리에 기울이고 그 자리에 함께 서 있으려는 무한책임의 윤리를 제시한다. 이러한 점에서 박주택의 시는 현대시가 지닌 윤리적 가능성을 극대화하는 작품으로 평가받을 수 있다.

박주택의 시는 동일자 중심의 언어와 인식이 아닌 타자에게 열려 있는 윤리적 사유의 공간을 창조한다. 시인은 말할 수 없는 자, 보이지 않는 자, 침묵하는 자들의 목소리를 시로 복원하고 그들에게 책임지는 주체의 윤리를 구현한다. 이는 레비나스의 윤리 철학이 말하는 "존재보다 선행하는 윤리"의 정신과 깊이 맞닿아 있으며 시를 윤리의 실천이자 타자와의 응답으로서 사유하게 만든다.

결론적으로 박주택의 시는 오늘날의 문학이 어떻게 타자성과 윤리를 회복할 수 있는지를 탐색하는 중요한 지점에 서 있다. 독자로 하여금 존재의 테두리를 넘어 타자의 얼굴을 마주하고, 응답하며, 책임질 수 있는 감수성과 사유의 깊이를 환기시키는 윤리적 시학의 한 예로서 문학적·윤리적 가치를 드러낸다.

또한 본 연구는 박주택 시에 드러난 복합적 상상력과 시적 감수성이 단지 문학 내부에 머무는 것이 아니라 타자와의 관계 속에서 현실의 윤리적 변화를 촉진할 수 있는 가능성을 제시함을 보여주었다. 레비나스적 환대 개념을 통해 박주택의 시는 환경과 생태를 넘어서는 더 근본적인 윤리적 관계 맺기를 다층적으로 사유하게 만든다는 점에서 학문적 함의를 지닌다.

| 참고문헌 |

1. 기본자료

박주택,『꿈의 이동건축』, 문학과 세계사, 1991.
_____,『방랑은 얼마나 아픈 휴식인가』, 문학동네, 1996.
_____,『사막의 별 아래에서』, 세계사, 1999.
_____,『카프카와 만나는 잠의 노래』, 문학과지성사, 2004.
_____,『시간의 동공』, 문학과지성사, 2009.
_____,『또 하나의 지구가 필요할 때』, 문학과지성사, 2013.

2. 단행본

김도형,『레비나스와 정치적인 것: 타자 윤리의 정치철학적 함의』, 그린비출판사, 2018.
김상환,『레비나스, 타자의 얼굴』, 문학과지성사, 2005.
김연숙,『레비나스 타자윤리학』, 인간사랑, 2001.
박주택,『현대시의 사유구조』, 민음사, 2012.
윤대선,『레비나스의 타자철학-소통과 초월의 윤리를 찾아서』, 문예출판사, 2017.
정과리(2012),『문학과 윤리의 거리』, 민음사, 2012.
E.레비나스, 강연안 옮김,『시간과 타자』, 문예출판사, 1996.
_____,『존재와 다르게: 본질의 저편』, 인간사랑, 2010.
E.레비나스, 문성원·손영창 옮김,『전체성과 무한』, 그린비, 2018.
E.레비나스, 서동욱 옮김,『존재에서 존재자로』, 민음사, 2004.

3. 논문 및 기타 자료

김원경,「박주택 시에 나타난 허무의식 연구」,『국제언어문학』58호, 국제언어문학회, 2024.
어진숙,「김종삼 시에 나타난 환대의 양상」,『교방문화연구』4(3), 한국교방문화학회, 2024
최예슬,「SF로 사유하는 환대의 미학, 환대의 교육-천선란의『천 개의 파랑』을 중심으로」,『한국어문교육』49호, 한국어문교육연구소, 2024.

최병학·오정대,「환대와 포용의 윤리, 그리고 포옹」,『윤리교육연구』49호, 한국윤리교육학회, 2018.

Peters.G,「The Rhythm of Alterity: Levinas and Aesthetics」,『Radical philosophy』, 82, Radical philosophy, 1997.

박주택 시에 나타난 선택적 불행과 시적 불안 의식 연구*

― 박주택 시집 『카프카와 만나는 잠의 노래』를 중심으로

이수빈
(경희대학교)

1. 서론

시문학에서 비애는 세계와 존재의 고통에 대한 근본적인 주제로 지속적으로 다루어져 왔다. 특히 박주택[1]의 시에서 비애는 삶의 어두운 면에 깔린 주요한 정서로 작용한다. 그의 시에서 비애는 슬픔과 애수를 동시에 느끼게 하는 감정 상태로, 상실과 고독, 인생의 무상함을 주제로 하

---

* 이 글은 『백록어문교육』 제35집(백록어문교육학회, 2025)에 게재한 논문을 수정·보완했다.
1) 박주택 시인은 1986년 『경향신문』 신춘문예로 등단하여 『꿈의 이동건축』(문학세계사, 1991), 『방랑은 얼마나 아픈 휴식인가』(문학동네, 1996), 『사막의 별 아래에서』(세계사, 1999), 『카프카와 만나는 잠의 노래』(문학과지성사, 2004), 『시간의 동공』(문학과지성사, 2009), 『또 하나의 지구가 필요할 때』(문학과지성사, 2013) 등 7권의 시집과 시선집 『감촉』(뿔, 2011) 등을 통해 지속적이고 풍성한 시적 세계를 확립해 왔다.

여 깊은 감정적 울림을 제공하는 요소로 기능한다. 이는 단순한 슬픔을 초월한 복합적인 감정으로, 아름다움과 슬픔이 공존하는 상태를 표현한다. 따라서 박주택의 시에서 드러나는 시적 주체의 삶을 바라보는 방식과 삶의 고통 속에서 가장 지배적인 정서가 비애임을 전제하고, 이러한 관점에서 박주택 시에 나타난 실존 의식을 조명할 필요가 있다.

박주택은 현재까지도 활발한 시작 활동을 지속하며, 동시대 시인들과 구별되는 독창적인 시적 세계를 형성해 온 시인으로 평가받고 있다. 그의 시는 신화성과 도시성, 모더니티와 아방가르드의 관점에서 분석되어 왔으며, 신화적 상상력, 방랑, 죽음에 대한 응시, 일상의 입체화 및 주체의 다성화라는 측면에서 비평적 해석의 대상으로 자리 잡고 있다.[2]

박주택의 시편들은 시간을 경유하여 존재의 심층을 입체적으로 탐구하는 세계관을 특징으로 한다. 그의 시편들에서는 인간 존재에 대한 깊은 성찰과 현실을 향한 물음이 반복적으로 나타난다. 주체의 시선은 인간의 실존과 고뇌, 고립과 죽음에 집중하며 삶의 의미에 대한 끊임없는 탐구를 반영한다. 이처럼 박주택의 시는 존재의 불안과 번민, 삶의 부조리함을 탐구하면서도, 개인적인 정서와 사회적 맥락이 결합된 복합적인 면모를 지니고 있다. 그 안에서 실존주의적 의식이 나타나는 방식은, 삶에 대한 깊은 불안과 동시에 인간 존재의 본질적인 물음에 대한 고민으로 드러난다.[3] 무의식에 적층 되어 외부 세계에서 벗어난 채 언급되는

---

[2] 박성준은 박주택의 지속적인 시작 성취와 비평적 호명에도 불구하고, 연구가 협소한 측면이 있음을 지적하였다. 그는 박주택 시 연구의 기초적 관계에서 검토해야 할 부분을 종합적으로 제시하고, 각 시기의 특징을 포괄적으로 살피며 박주택 시 세계의 변모 과정을 면밀히 분석하였다. (박성준, 「박주택 시 연구의 정립을 위한 시론적 검토」, 『국제언어문학』 60, 국제언어문학회, 2025, 100-102면). : (박성준, 「박주택 시 연구의 정립을 위한 시론적 검토」, 국제언어문학 60, 국제언어문학회, 2025, 100-102면.)

실존이더라도, 실존이라는 존재론적 사고는 결코 세계를 벗어나서 모색될 수 없을 것이다. 이에 자유, 고독, 죽음 등의 개념을 중심으로 인간의 본질적인 고민을 탐구하는 실존주의의 관점을 박주택 시의 문학적 요소와 결합시키면, 시인이 작품 속에서 표현하는 현실의 불안정함과 모순된 감정들이 실존주의적 의식과 밀접하게 연결된다는 것을 알 수 있다. 따라서 박주택 시에서 나타나는 시적 주체들의 내면적 고뇌와 그들이 겪는 사회적 모순, 그리고 개인적인 삶의 의미를 찾으려는 노력을 분석하는 것은 박주택 시의 실존 의식을 깊이 이해하는 데 중요한 과정이 된다. 동시에, 박주택 시인이 인간 존재의 문제를 시적으로 어떻게 풀어나가는지를 탐구하는 것은 중요한 문학적 접근이 될 것이다.

박주택의 시는 생의 모순에서 오는 환멸과 허무를 바탕으로, 비극적 세계를 성찰하며 새로운 가치를 창출하려는 능동적 탐색과 자율적 의지를 통해 존재의 의미를 추구한다. 김원경은 박주택 시에 나타난 허무 의식에 주목하며 이를 존재론적 본질로 파악한다.[4] 그는 고립과 유폐의 불안이 엄습하여 발화된 언어가 현실적 가치를 무화하거나 전복함으로써 능동적 허무의식으로 나타난다고 주장한다. 그의 논의는 박주택의 시 전반에 나타나는 허무주의적 세계관이 현실에 대한 비판적 인식을 기반으로 존재의 근원적 문제에 대한 심층적 탐구로 이어진다는 점에서

---

[3] 박주택은 <현대시작품상 특집> 대담을 통해 자신의 견해를 밝히고 있다. 그의 설명에 따르면, 특유의 환멸과 폐허 의식은 외적인 요인보다는 생득적 자의식에서 기인한 것임을 인식하고 있다. 시인의 세계에 대한 비극적 인식과 사유 방식은 무의식 속에 누적된 감정 구조의 산물이며, 그는 자기 서사의 고착에 대한 염려와 밝은 세계를 진정성 있게 표현하는 데 한계를 느낀다고 언술한다. (박주택·오형엽, 「환멸, 기억, 망각, 몽환(대담)」, 『현대시』 2004년 5월호, 한국문연, 2004, 74면.)
[4] 김원경, 「박주택 시에 나타난 허무의식 연구」, 『국제언어문학』 58, 국제언어문학회, 2024, 7-30면.

본 연구의 관점과 맞닿아 있다. 본 연구는 이러한 관점을 더욱 확장하여 고찰할 필요성을 제기하며, 이를 위해 박주택 시에 나타난 비애의 정서가 실존주의 철학의 개념과 상통하는 측면이 있음을 연구의 출발점으로 삼는다. 나아가 시적 주체가 실존적 차원에서 경험하는 불안으로부터 비롯된 비극적 인식에 주목한다. 이에 본 논문은 초기 시로부터 일관되게 지속되어 온 환멸적 자의식과 비극적 세계 인식이 제4시집 『카프카와 만나는 잠의 노래』에서 특히 두드러지게 표출된다는 점에 주목하고, 이에 대한 심층적인 분석을 시도하고자 한다.

박주택의 시작 중기인 이 시기는 그의 시가 평단과 문단에서 가장 주목받고 많이 언급되며, 그의 시 세계가 내실화된 시기이다. 이 시기는 주체를 속박하는 시간의 장력에 맞서 주체의 초월 의지를 드러내는 방식으로 전개되었다. 심연 속 기억의 밑바닥이나 망각을 포용하면서도, 시적 자아의 구심력을 통해 주체의 목소리를 크게 확장한 시기였다.[5] 이 시기의 시편들은 "어조 전반을 물들이고 있는 불안·우울·방황·격정의 파토스는 그 자체로 절대적 무의 "정적"을 향한 역동적인 에너지로서의 의미를 지니"[6]는 점에서 의미를 지닌다. 이 강렬한 파토스적 에너지는 "유장하고 장엄한 독백의 목소리"[7]로 표현되는 자기 서사와 내면성으로, 시인의 귀결된 시선과 유폐된 언어가 만날 때 부정적 정동으로 새롭게 재현 된다.

그리하여 또 하나의 다양성으로 융합되는 주체의 사유는 시간의 모티

---

[5] 박성준, 앞의 글, 2025, 103면.
[6] 홍용희, 「불협화음의 미의식과 열반의 정적 - 박주택의 시세계」, 『제20회 소월시문학상 작품집』, 문학사상, 2006, 97면.
[7] 오형엽, 「기억과 망각의 회로」, 『카프카와 만나는 잠의 노래』, 문학과지성사, 2004, 126면.

브를 통해 변별성을 드러내며 새로운 차원으로 전개된다. 역동적인 시적 주체의 불온한 상상력은 태초의 지향을 통해 존재론적 입지를 확립하는 것이다. 따라서 본 연구에서는 박주택의 시에 나타난 비애와 그 속에 숨겨진 불안의 양상을 고찰하고 그의 시를 새롭게 해석하고자 한다. 그동안 박주택의 시에 대한 논의가 회피와 현실에 대한 환멸 및 자기부정의 '부정성'에 집중되어 있다는 점에 대한 문제 제기와 함께, 박주택 시편에서 나타나는 주요 감정인 불안의 특징과 이를 유발하는 본유 감정을 분석함으로써 그의 시에 대한 새로운 이해를 제시하고자 한다. 즉, 박주택의 시에서 지배적인 감정은 불안이며, 이는 '사회적 구성물'로 간주된다는 전제를 바탕으로 논의의 시작과 문제를 설정하고자 한다.

박주택의 시에서 불안은 외부 세계의 구조와 그 구조가 가하는 압박이 내면의 감정으로 변형되어 형성된다. 이 감정은 시적 자아를 통해 표출되며, 발화된 기분은 시의 중심이 된다. 그에게 있어 불안 자체는 욕망이자 독창적 시의 창조를 위한 원동력이 된다.[8]

이처럼 박주택의 시에서 불안은 내면의 현실 감정으로 구성되어 시 쓰기의 한 방식이자 방법적 시학으로 이해될 수 있다. 이러한 불안의 양상은 박탈된 존재적 의미와 실존의 가치를 회복하기 위한 방법적 시학을 기축으로 하여 시대에 대한 깊은 각성을 일으킬 뿐만 아니라 감정의 시적 수행으로 나타난다. 이 수행은 창의적인 시 쓰기를 촉진시키는 불

---

[8] 헤럴드 블룸에 따르면, "강한 시"가 되고자 하는 욕망에서의 불안은 안주하지 않고 나아가는 동력이 되며, 독창적 시를 창조하기 위한 원동력으로 작용한다. 문학적 영향의 가장 큰 진리는 불가항력적인 불안이며, 훌륭한 글을 쓰고자 하는 욕망은 자신만의 시간과 공간, 독창성, 그리고 영향에 대한 불안이 복합적으로 작용하여 새로운 지평을 여는 것이다. (헤럴드 블룸, 양석원 옮김, 『영향에 대한 불안』, 문학과지성사, 2012, 28면.)

안의 감정적 자극이며, 궁극적으로 불안의 심리적 현상을 통해 자유에 이르고자 하는 긍정적 가치로 쓰인 것을 확인할 수 있다. 시적 주체에게 불안은 세계의 실체를 가시화하는 방법적 시학이며, 실존의 고유한 개별성을 형성할 수 있도록 돕는 자유의 기제라 할 수 있다. '가치 있는' 시의 창작은 시인에게 차별화의 수단이 되는 것이다. 따라서 본 연구는 박주택의 시에 나타난 불안의 양상을 고찰하면서, 시에서 불안이 인간으로서의 존재적 가치를 회복하고 자유로의 지향을 수행하려는 방법적 시학이 되며, 존재에 대한 가치 이해의 지평을 넓히고 삶의 진실에 접근하려는 실천 시학의 한 모습이라는 새로운 해석을 제시할 수 있다.

따라서 본 연구에서는 박주택의 시에서 불안이 단순히 부정적인 감정으로 머무르지 않고, 창의적 시 창작의 심리적 현상으로 반영된 점에 주목하고자 한다. 또한, 그가 경험한 시대의 불합리성과 경험의 진위가 외부 세계의 조건으로 작용하여 내부 감정 형성에 영향을 미치는 과정을 추론하고 살펴보고자 한다.

2. 비애 속 불안

박주택의 제4시집 『카프카와 만나는 잠의 노래』(2004)는 죽음으로 인한 시간의 모티브를 통해 전작의 작품들과 변별성을 보이며 새로운 차원으로 전개된다. 세계에 대한 비판적 통찰은 죽음에 대한 인식의 시간적 구조를 형상화하고, 존재론적 자각과 함께 다른 생의 불가능성을 직관과 감각을 통해 기시감으로 드러낸다.

그간 의식과 무의식의 경계를 넘나들며 초현실적 이미지를 통해 심오한 사유를 형상화하는 데 주력했던 시인은, 이번 시집에서 한층 심화된 내면의식의 파동에 집중하며 인간 존재의 불완전성을 탐구한다. 또한, 고착된 세계의 메커니즘을 파헤치며 시적 사유의 기반을 확장하고, 이면의 복합성을 드러내며 발상의 전환을 통한 희망의 가능성을 모색한다는 점에서 주목할 만하다.

박주택의 시는 탈 시간성을 통해 자신의 내면으로 복귀하며, 부조리한 삶과 어두운 현실에 대한 비극적 인식과 마찰하면서 자유를 지향하는 내적 자아 성찰을 모색한다. 이러한 시적 전략은 상실과 소멸의식에 근거한 삶의 고난, 죽음, 시간 등의 실존적 질문에 대해 심층적으로 탐구하는 데 있다. 또한, 대상과 세계에 대한 해석을 통해 인간 존재의 의미와 행동에 관한 가치관을 미시적 차원으로 승화시키는 방향으로 나아간다.

박주택의 시 세계는 세계에 대한 환멸 의식과 내면의 자기부정을 통한 자기 성찰을 추구하며, 황폐한 현실을 상징적으로 묘사하며 비극을 표출한다. 운문으로 된 언어를 사용하여 설명하고 모방하는 것이 시라면, 이는 비극과 여러 공통점을 지니고 있음이 분명하다.[9] 극적이거나 비 설명적 형태로 연민과 공포를 일으키는 사건들로 이루어지는 비극의 양상은 감정의 정화, 즉 카타르시스를 이룩하게 한다. 즉, 비극은 억눌려 폭발할지도 모르는 감정에 출구를 제공하여 심리적 걱정과 근심을 해소하는 정화작용을 하며, 박주택의 시에서도 비극의 감동은 감정의 완화제로 작용한다.

---

[9] "비극을 논할 때 빼놓을 수 없는 요소는 진지함과 심각함이다. 진지성에 심각성을 더하고, 여기에 파국과 죽음, 고통을 채워놓는다면 비극의 세계에 근접해진다고 할 수 있다. 즉 비극은 진지하고 일정한 크기를 가진 완결된 행동을 모방하며, 쾌적한 장식을 가진 언어를 사용하되 각종의 장식은 작품의 상이한 여러 부분에 따로따로 삽입된다." (아리스토텔레스, 김재홍 옮김, 『시학』, 고려대학교 출판부, 1998, 60면.)

비극의 세계는 선이 반드시 보답받는 것도 아니고 악이 반드시 처벌받는 것도 아닌 세계이다. 또한 처음부터 선과 악이 분명한 이분법으로 구획되어 있지 않은 세계이기도 하다.[10] 인간의 역사는 억압의 역사이다. 문화는 인간의 사회적인 실존 뿐 아니라 본능적인 실존까지, 인간 존재의 일부뿐 아니라 인간 본능의 구조 자체까지 제약한다.[11] 이성과 정의를 넘어 세계를 상기할 때, 인간은 언제나 파국과 재앙에 노출되어 있다는 점에서 존재의 근원적인 취약성을 마주하게 된다. 박주택은 이러한 취약성의 국면을 넘어 좌절하지 않고 비극의 본령인 숭고한 비장미로 비극의 갈등을 정면으로 맞서고자 한다.

박주택은 섣부른 우연이나 사나운 선택에 의한 파괴적인 행위, 혹은 인간과 사회가 위협받고 있다는 의식을 극화하는 행위를 통해 그에 대한 책임을 떠맡으면서 고통과 깨달음을 동시에 성취한다. 이는 비극 앞에서 단순한 희생자로서의 수동적인 자세가 아닌, 능동적인 자세이다. 자발적 유폐와 방황은 현실 지배 질서를 맞서 비극적 운명에서 벗어나고자 하는 신화적 상상력으로 변모하여 인간의 위대성을 제시하며, 그는 현실 원칙 앞에서 결코 왜소해지는 법이 없다. 비극이 발휘하는 인간 본성의 위대함에 대한 호소력과 고통과 재앙을 견디려는 의연함은 박주택 시가 가진 비극 장르의 압도적인 우월성과 호소력의 또 다른 원천이 된다. 따라서 박주택의 현실 부정에 대한 고통과 일상적 재앙을 견디어 내는데 드러내는 의연함은 비극을 압도적으로 드러내는 우월성과 호소력으로 또 하나의 원천이 된다. 박주택의 비극에 대한 상대적 우월성과 영속적 호소력은 인간의 가능성에 대한 믿음과 인간의 긍정하는 증거라

---

10) 유종호, 『문학이란 무엇인가』, 민음사, 1989, 280-282면.
11) 마르쿠제, 김인환 옮김, 『에로스와 문명』, 나남출판, 1999, 29면.

고 할 수 있을 것이다. 그의 점진적인 성숙을 통해 도달하게 되는 죽음을 마주하는 통찰은 현대 사회 이면의 모순을 드러내며, 그의 온전한 비극은 단순한 비관론적 세계관이나 인간 이해와 구별되는 중요한 특징이 된다. 박주택의 시가 비극적인 분위기와 느낌으로 가득 차 있음에도 불구하고, 시인의 정념을 표현하는 객관적 상관물을 좀처럼 드러내지 않는 이유는 시인이 자신의 감정을 표현하는 데 인색해서가 아니다. 오히려 그는 항상 마음을 불태우며 타자의 기미를 받아들이고, 마침내 자신이 기억하지 못한 기억의 말들을 불러내려 하기 때문이다.[12] 이처럼 비극은 그의 시에서 미적 성취를 이루는 동시에 감정의 해소와 카타르시스 효과를 발휘한다.[13]

그리하여 공허하고 불안한 내면의 공간에서 현실의 제약에 얽매이지 않고 방황하는 박주택의 시편들은 주관적 공간에서 의식과 무의식, 현실과 비현실, 생과 사가 뒤엉키는 복잡한 양상을 보여준다.

그가 인식하는 비극은 고독한 자아가 상실되어 가는 존재들과 죽음의 표상에 대한 구현과 욕망에 집중되어 있으며, 이 현실에 대한 비애와 상실된 세계관에서 비롯되는 운명적 비극은 곧 불안으로 이어진다.

1) 고독을 통해 구현된 불안의 시적 양상

불완전한 존재로서의 인간에게 끝까지 배제되지 않는 것은 바로 고독

---

[12] 강동호, 「기억의 빛」, 『또 하나의 지구가 필요할 때』, 문학과지성사, 2013, 163면.
[13] "비극의 카타르시스는 비극에 재현된 내용을 충실히 이해함으로써 연민과 공포의 감정이 본성에 맞게 환기되고, 실생활에서 부적절하게 환기되던 상태에서 이성적으로 정련되는 과정을 의미한다. 이 과정에서 이러한 감정의 활동은 그 기반이 되는 이성의 활동처럼 즐거움을 동반한다." (권혁성, 「아리스토텔레스와 비극의 카타르시스」, 『서양고전연구』 53, 한국서양고전학회, 2014, 158면.)

과 불안이다.

고독은 시 세계에서 매우 중요한 공통 테마가 되며, 이는 인간의 정체성에 대한 탐색으로 이어진다. 이 고독은, 인간이란 저무는 육체라는 인간의 유한성과 원죄 의식으로 귀결되는 존재이며 본질적으로 만들어진 존재라는 사실에 대한 고독이다. 이는 존재의 불안과 맞닿아 있다.

박주택의 시는 대담한 상징과 이미지 표현을 통해 실존적 개인의 불안한 내면세계를 탐구한다. 시적 언어에 드러난 무의식은 단순히 체험을 묘사하는 데 그치지 않고, 실존적 긴장과 금기에 대한 억압을 반영한다.

> 가을이면 다 하리라, 나는 벌레도 죽이지 않고
> 술에 취해 바다에도 거닐지 않았으니 밤이 깊으면
> 이별이 주는 슬픔에 문을 닫은 채 울음에 배인
> 가슴의 녹물들을 씻어내리라, 별이 뜨고 또 누가
> 죽어가는 노래를 밤의 잎사귀에 적시고 또 누구는
> 오래 걷다 지쳐 어둠이 몰려 있는 시골 버스 정류장에
> 우두커니 서서 남은 생수를 마실 때 고독은 병이라고
> 말하지 않을 사람은 누구인가, 산속의 원추리꽃은
> 밤의 무덤가에서 시커멓게 무리진 어둠의 곡성에
> 창백하게 풀물을 들이고 잠이 없는 사람은 잠의
> 나머지를 아침에게 바친다, 벌레 우는 밤, 달이 높이 떠
> 거짓으로 자신을 무장한 사람의 어깨 위로
> 떨떠름하게 빛을 비춘다
> 고독에 또 문이 열리고 또 그 문에 고독이 들어앉아
> 술에 취한 자들은 오래된 배에서
> 나와 육지를 걷고 꽃들은 어둠의 사슬이 주는 무거운
> 침묵에 휩싸여 마지막 노래를 부른다,

누군들 슬프지 않으랴
문을 닫고 우는 사람아,

―「코스모스를 노래함」 전문

고독을 바라보는 시적 주체의 시각은 명확하게 드러난다. 시인은 "고독은 병이라고 말하지 않을 사람은 누구인가"라고 되묻는다. "죽어가는 노래를 밤의 잎사귀에 적시"거나, "잠의 나머지를 아침에게 바치"는 불가능한 행위들의 연속은 고독한 주체로서의 '나'가 결국 총체적으로 인간일 수밖에 없음을 깨닫고, 이로 말미암아 방랑과 고행의 사유를 시작하게 된다.[14]

개인적인 고립감 속에서 심화된 내면세계로 침잠한 시인이 "걷다 지쳐" 부르는 노래는 강렬한 허무에서 비롯된 실존 의식으로 나타난다. 본질에 대한 탐색과 현실의 벽에 부딪혀 나타나는 좌절은 반복된 결핍을 불러일으키며, 이러한 과정을 벗어날 수 없는 "어둠의 사슬"이라고 형상화한다. "무덤가"에서 반복되는 밤의 움직임은 유한한 존재의 절망과 고독을 드러내며, 시간에 대한 알레고리로 작용한다. 유한성에 대한 사유가 현전하는 삶에 대한 감각으로 전환되는 순간, 끝은 다시 시작과 연결되며 죽음은 역설적으로 유예된다[15]는 것을 고독을 상징하는 이미지들로 포착해 낸다.

박주택 시에서 불안 의식은 삶에 대한 불안과 고통 속에서 표현되는 허무함과 맥락이 닿아있다. 인간이 자신의 자유와 선택의 무게를 인식할 때 느끼는 불안과 절망은 실존의 중요한 주제가 된다. 이는 인간이 자

---

14) 박성준, 「박주택 시인의 시 세계」, 『시와 편견』 32, 실천, 2024, 36면.
15) 정끝별, 「최하림 시의 시간성과 말년성」, 『국제한인문학연구』 31, 국제한인문학회, 2021, 205면.

신의 존재와 선택의 결과에 대해 책임져야 한다는 사실에서 비롯된다.

여기 고요가 있다 고요는 분노의 무덤이다 보라, 연못의 둘레에 고요가 있다 저 고요는 오래되지 않은 것이어서 명상을 가장하지만 성난 황소의 뿔처럼 치명적이다
고요가 고요를 밀어내고 고요가 고요를 갈아엎는다 고요를 보라, 팽팽히 당겨진 시위에 걸려 있는 화살같이 독이 차 있다

무엇이 이토록 굴욕을 고요로 만들었는가? 왜 고요는 핏물을 입 안 가득 물고 있는가?
노란 제 몸에다 왜 창백한 유서만을 새기며 싸늘히 웃음 짓고 있는가?

—「고요」 전문

박주택의 시에는 막연한 불안이 원형질을 형성하지 못하도록 하는 대립적 시어들이 자주 등장하며, 시적 긴장의 혼란 속에서 숨겨진 비애가 드러난다. 이는 죽음에 가까운 내면적 성찰과 함께 생의 심층부에 깊게 침잠된 불안 의식이 시적 대상을 비판적으로 형상화하기 때문이다.

의식을 가진 시인은 어떤 억압으로도 기존의 질서에 통합되지 않는 타자가 된다. 전 세계를 상대로 싸우는 일에는 위안이 있지만 자기 자신과 싸운다는 것은 무서운 일[16]이 된다. "불안"이라는 기분은 교묘하게 은폐되어 의식하지 못하고 있던 "현존재의 심연"을 드러내[17]며, 불안은 항상 예측할 수 없는 것에서 생성된다[18]는 점을 주목해 볼 때, 시 「고요」

---

16) 키에르케고르, 임춘갑 옮김, 『공포와 전율』, 치우, 2011, 233면.
17) 이기상·구연상, 『존재와 시간 용어해설』, 까치, 1998, 96-97면.
18) "불안은 의미 자체를 배제한 결과를 도출하며, 인간을 인간답게 만드는 요소를 삭제해 버린다. 불안은 세 가지 차원으로 나뉘는데, 첫째, 외부의 자극에서 오는 불안

에서 시적 주체는 고독 위에 유유히 흐르는 고요에 대해 삶을 형성하거나 파괴하는 힘이 이성이나 정의의 관장 밖에 있다는 사실을 재차 인식하며 동원된 기표들을 통해 불안을 상기시킨다. "무덤" 체험을 통한 파토스적 에너지의 표출은 유한한 존재의 영속적인 호소력을 가지며 주체가 발설하는 시의 상징물들인 "분노의 무덤"이자 "황소의 뿔", 치명적 화살 같은 "독"은 분노로 구축된 삶에 대한 성찰로 집중되어 초점화된다. "성난" 의지로 강력하게 구축된 주체의 발화는 존재의 지향에 대한 의문을 강하게 제시하며, 상실감으로 시행을 가득 채운다.

  현실 인식은 본래적 자아의 상황 속에서 선택된 기억을 바탕으로 이루어진다. 다시 말해, 과거의 자아로 상정된 '나'는 현재의 자아와 동일시되며, 현실 부정과 소외와 같은 불안 의식을 투사한다고 볼 수 있다.

> 경기도 양주군 광사리 해평 윤씨
> 선산 도로 확장 공사에서 키 102cm, 성기와 치아, 혀, 손,
> 발톱, 맣은 머리까지 완벽하게 남아 있는 17세기 중엽
> 남자 어린아이의 미라가 국내에서 처음으로
> 완형으로 발견되었다는 신문의 사진을 오린다
> 서울시 서초구 서초동 제일생명 뒤
> 카페 루브르에 앉아 마치 여름 벌레처럼 보이는 진눈깨비 몇이
> 유리창에 붙어 물로 반짝이고 몇은 유리에 어룽거리다
> 시선 밖으로 사라지는 것을 본다

과 둘째, 어린 시절의 기억이 불러일으키는 불안, 셋째, 체험과 학습을 통해 내면에서 새로이 구성되는 불안이 있다. …… 불안은 혼돈의 미지근한 물속에서 번식한다. 분열과 부주의, 구조의 결여가 높은 수위의 불안을 유발한다. 불안은 위협당한다는 인식에서 나오는데, 삶을 통제하지 못할 때 잠재적 위험이 극대화되기 때문이다." (크리스 코트먼, 곽성혜 옮김, 『불안과 잘 지내는 법』, 유노북스, 2020, 91면 참고.)

> 불꽃은 흩어지지 않으려 자신의 몸속에
> 추억을 간직한다, 시간은 몸과 더불어 움이 트고
> 구두는 피어오르는 김에 다녔던 길을 섞는다
> 키를 세우는 카페 루브르의 그림들, 가벼운 것들을
> 애써 붙잡는 싸락눈들, 미라는 졸음을 깨우며 생명을
> 육체 안에 담아 어두운 땅속에서 이빨로 깨물고
> 성기로는 자꾸만 도망치는 꽃잎을 좇는다
> 갇혀 공간을 밀어내는 팔과 다리
> 물이 찬 목관에서 천공을 향해 내민 코와 혀
> 새가 바람을 받아 날아오르듯
> 죽음을 밀어내며 기를 쓰고 인기척을 내는 몸짓들
> ─「미라」 전문

시「미라」에 나타난 세계는 폐허와 무덤과 같은 세계로, 이 세계는 수수께끼와 같은 과거와 현재의 파괴와 미래의 왜곡이 일어나는 곳으로 화자를 비밀스럽고 낯선 세계로 이끈다. 대상의 관찰과 내면적 상념이 교차하며 나타나는 여러 층위의 이미지와 상징은 내면화된 파국의 풍경과 함께 생명과 죽음, 시간과 기억, 현실과 비현실의 경계를 탐구한다. 주체에게 비애는 말초적인 감정이나 사건에 대한 동정심에서 나오는 것이 아니라, 무심함에 대한 방관과 이질감에서 나오는 목격담에 가깝다. "진눈깨비"가 "유리창에 붙어 반짝이는" 장면의 묘사는 일상과 자연 순간의 변화를 섬세하게 포착한 것으로, 시적 화자는 현실의 순간과 비현실적인 상상을 교차시킨다. "그림", "싸락눈"은 추억을 간직하려는 노력으로 나타나며 "미라"의 발견을 통해 과거와 현재를 연결한다. "기를 쓰고 인기척을 내는 몸짓들"은 생명의 강인함과 죽음에 대한 저항을 표현한다. "미라"는 한 개인의 수난이자 한 시대의 수난으로, 다양한 상징으

로 작용한다.

이처럼 시적 주체가 겪는 죽음이라는 가장 극단적인 실존의 체험은 공포의 경험이자, 공포를 통한 경이로움 또는 강렬한 파토스로 이어진다. 이러한 공포의 경험은 시인에게 새로운 언어로써 기록된다. 이를 통한 세계를 둘러싼 문명의 비판과 실존 의식의 강렬한 체감은 장대한 정념을 일으켜 시적 자아 뿐만 아니라 인간 공동체 전체를 성찰하게 만든다. 따라서 이 주체가 성찰하는 죽음의 전체성은 다시 비애의 망각으로 연결된다. 불안과 망각은 서로 다른 감정이나 상태이지만, 특정 측면에서는 비슷한 역할을 하거나 상호 연관되어 있다. 망각은 과거의 고통이나 불안을 잊게 해주는 역할을 할 수 있지만, 극한의 상황에서는 불안이 다시 떠오르며 서로 얽히게 된다. 따라서 망각은 불안을 완전히 지울 수 없다. 불안은 여전히 존재하며, 생의 시간 속에서 망각과 평행하게 자리한다. 그리하여 불안은 망각과 평행한 듯 보이지만, 결국 수직의 끝에서 만나게 된다.

2) 망각의 서사적 양상

박주택의 시 세계에서 기억은 핵심적인 위상을 차지하고 있다. 그의 시가 "기억과 망각이 충돌하며 휘감기는 복잡한 몸의 회로(오형엽)"[19]로 구성되어 있다는 진단처럼 시인은 어둠을 배경으로 기억의 한계를 찾아 숨은 기억을 기억해 내고자 한다. 시인이 지닌 시적 상상력의 가장 깊은 근원인 어둠 속에서 미묘하게 흐르는 언어적 파동을 바탕으로 형성되는 그의 시는 독특한 미적 구성을 이룬다. 어두움과 밤을 선호하는

---

19) 오형엽, 앞의 책, 2004, 126면.

시인이 상상하는 세계는 주관적이면서도 존재론적인 배경을 지니고 있다. 심화된 내면세계에서 떠오르는 시적 상상력 속에서 어둠은 단순히 빛의 부재를 의미하는 것이 아니라, 오히려 빛을 발생시키는 잠재적 근원을 응시하는 지점으로 제시된다. 빛과 어둠은 서로 독립적인 존재로 정의될 수 없으며, 상호 간에 존재 가능성을 부여하는 부재의 조건으로 정의될 수 있다.

> 그러나 기적을 믿으리라, 흉포한 시간은
> 비바람을 몰고 거친 들판을 지나 하늘의 별로 떠 있다
> 꽃나무들은 봄이 오면 몸에 가지를 뻗고 길은 길대로
> 몸 안으로 들어왔다 몸을 빠져나간다, 어슴푸레 새벽이
> 다가와 동녘을 물들여놓는다, 그 빛 속에서
> 아침의 꽃밭 속에서, 잠이 덜 깬 사람들이 꽃물에 든다
> 광야에, 바람이, 온갖 풀이란 풀을 다 쓰러뜨리고
> 미움이란 미움을 다 분질러버리면서 눈보라 건너
> 불어온다, 고독하게 산길을 넘어가는 자는
> 오늘밤, 달을 만나 그 숨결 속에서, 그 품의 살 냄새
> 속에서 새벽이 어슴푸레 떠 오는 것을 보게 되리라
> 사랑하고 용서하는 자는 그 용서의 쓰라림으로
> 사랑이 불멸하다는 것을 믿게 될 것이다, 몸에
> 가지를 뻗은 저 꽃나무들, 입에, 눈에, 귀에, 꽃잎이
> 저 스스로 눈보라를 견디며 얼굴을 내민다
> 잠을 못 이루며 엎드려 있는 골짜기마다에 쩌렁쩌렁
> 생의 햇빛이 울려 퍼지며 기적의 시간을 건너간다
> ―「광야에서」 전문

새벽의 "빛"과 "생의 햇빛"으로 표상되는 밝음과 "광야"의 밤으로 표

상되는 어둠의 대비는 각각 내면의 세계와 외부 현실로 확장되며, 이러한 대비는 내면을 통해 외부 현실을 투사하는 과정으로 작용한다.

빛은 영원한 생명으로 이끄는 동시에, 이 세상에 새로운 질서를 창출하는 역할을 한다. 새로운 질서를 이해하기 위해서는 새로운 시각이 필요하며, 이러한 새로운 시각은 새로운 생명 없이는 실현될 수 없다. 또한 어둠은 죽음 직전의 상태로 내몰리고 꿈과 현실 사이의 이상을 견뎌야 하는 고통과 환각으로 남겨진다. 어둠이라는 삶의 무상함이 공간화된 시간이 깃든 그의 시에서 밤이 발화될 때는 실재를 피하기 위한 도피처로서의 표상이 된다. 밤은 모든 정신이 자기 자신에게 집중할 수 있는 시간대이기 때문에, 밤이 되면 부정적인 감정을 포함한 복잡한 감정들이 마음 깊은 곳에서 떠오른다. 이는 현실의 어둠을 상징할 뿐만 아니라, 내면의 심층과 마주할 수 있는 실존적인 밤의 시간으로 작용한다. 밤의 시간대에서 빛과 어둠이라는 두 개의 세계를 설정한 그는 깊고도 혼란스러운 내면을 현미경 삼아 외부 세계를 관찰하고 있다. 시인이 차용하는 밤에 관한 이미지는 "흉포한 시간"이 되어 현실적 괴로움에 근거하는 적극적 언표로 기능한다. 시적 화자는 현실을 부정적인 것으로 받아들이며 현실의 중압에 지쳐 있다. 낮이 사라져야만 나타나는 밤에 대한 시적 정체성은 기억과 동경으로 드러난다. 밤은 삶에 대한 비탄이라는 구조물로, 시인이 시적 상상력을 발휘할 수 있는 언어의 기반이 된다. 밤이 되면 시간과 공간은 분리 여부를 모두 지양하고, 밤 자체로서 정체성을 확보한다. 시간과 공간을 넘어선 내면성과 지상성을 초월한 밤은 하나의 원리로 자리한다. 낮의 세계와 철저히 대비되는 밤은 내면적 세계의 힘을 지니며, 동시에 "사랑"을 잉태하는 시간이자 공간이 되는 것이다. 밤은 대지의 자궁이 되며, 사랑은 밤과 동행하여 동일성의 원리를 지닌다. "오늘밤"의 주체는 "달"을 만나 합일을 통해 사랑의 원리를 강력하게 언술하며 자기 정체성을 확인한다.

박주택의 시는 기억이 시인의 추억 속 풍경 속에서 술래잡기를 하듯, 때로는 숨겨진 비밀처럼 기능하기를 원하는 듯하다. 박주택에게 있어 기억이라는 낱말은 통상적으로 시에서 기억이 차지하고 있던 역할과 정반대의 일, 다시 말해 그 자신도 기억하지 못하는 미지의 기억과 만나는 일에 가깝다.[20]

기억은 단순한 과거의 회상이 아닌, 시간의 흐름에 따라 변형되고 왜곡되는 복잡한 과정이 된다. 기억은 고정된 실체로서 존재하는 것이 아닌, 현재의 생각으로 끊임없이 '재기록'되고 '재구성'된다. 기억의 유지나 부재는 정보의 중요성, 반복성, 정서적 반응에 따라 다르게 나타날 수 있다. 즉, 현재의 '기억 방식'은 과거에 대한 편린을 새로운 의미로 전달하는 것을 의미한다. 반면 망각은 단순히 기억의 소실에 그치지 않고 특정 경험이나 감정에 대한 의도적인 억제나 회피의 과정으로 이해될 수 있다. 이는 특정 정보나 경험이 의식적으로 회상되지 않거나 무의식적으로 배제되는 현상으로, 인간의 인지 및 정서적 균형을 유지하기 위한 방어 기제로 작용할 수 있다. 때로는 개인의 정신적 안정을 위한 필수적인 메커니즘으로 작용하며, "망각은 신의 선물"이라는 니체의 말처럼 인간 존재와 정신 건강에 중요한 역할을 한다. 망각은 과거의 고통이나 트라우마를 극복함과 동시에 새로운 시작과 가능성을 제공하며, 새로운 의미와 가치를 창조하는 과정으로 작용한다. 즉, 망각은 인간의 정신적 자유와 가치를 창조하는 데 필수적인 요소로 간주된다. 프로이트에 따르면 '망각'이란 행하는 것만이 가능한 기억의 한 부류이며, 기억과 망각

---

20) 강동호, 앞의 책, 2013, 163면.

은 의미를 부여하는 '사후적' 작업에 의해 이루어진다.[21] 따라서 기억과 망각은 상호보완적이며, 인간 경험의 복잡성을 드러내는 중요한 역할을 한다. 기억이 단순히 의식적인 회상의 결과가 아니라, 무의식적이고 감각적인 경험에서 비롯된다는 점을 강조할 때 망각이 시간의 흐름과 기억의 변질에 따라 후에 의도하려 해도 기억이 완전히 사라지는 과정이 된다. 즉 기억과 망각은 서로 얽히고, 때로는 기억이 망각을 극복하기도 하며, 망각이 기억의 깊이를 더욱 강조하기도 한다. 결국, 기억은 고정된 실체로서 존재하는 것이 아니다. 현재의 생각으로 끊임없이 '재기록'되고 '재구성'되는 "회상"[22]인 것이다.

이처럼 박주택의 시에서 교차 된 기억과 망각의 모티프는 시간에 대한 저항과 복속이라는 시적 테마로 표현되고 있다. 어둠이 근저가 되는 밤은 시간을 공간의 차원으로 물리적으로 변환시켜 과거로부터 지속되는 현재를 분리하고 비애적 세계 인식을 강화한다. "밤"은 현실과 대응하던 말과 마음이 잠들게 되는 시간이기에, 이후 어둠 속에 감춰져 있던 기억은 비로소 드러나게 된다. 기억할 수 없었던 기억은 망각을 통해 의미 있는 시적 기억으로 되살아나 재구성되는 것이다. 즉, 불현듯 어둠 속에서 "떠" 오르는 '기억'과 "햇빛"을 통한 '망각'의 상호작용은 존재가 시간의 흐름 속에서 재생되고 소멸한다는 인간 경험의 본질을 투시하는 사유와 탐구 장치가 된다

박주택 시에서 자주 드러나는 어둠 속의 빛의 원형은 '정신의 본성'을 표상하며, 이는 밤의 확실성에 대한 반어적 표현으로 작용한다. 흘러가

---

[21] 지그문트 프로이트, 이한우 역, 『일상생활의 정신병리학』, 열린책들, 1997, 200-201면.
[22] '회상'은 기억이라는 저장소에 잠들어 있던 것이 불현듯 드러나는 작업이다. (발터 벤야민, 최성만 역, 『서사·기억·비평의 자리』, 길, 2012, 48면.)

는 시간 속에 갇혀 있던 불안은 "달을 만나" 시작되는 "새벽"의 빛을 통해 극복되며, 본질을 향한 동경과 마주하며 기대감을 형성한다. 원형의 소멸은 곧 생성으로 이어지며, 밤이 되어 모두가 잠드는 시간 속에서 고통을 거쳐 자기 정체성을 획득한 후, 새벽의 망각을 통한 자기 충족으로 치환된다. 확장된 시적 양태를 통해 과거는 단지 박제된 시간이 아니라, 파편들의 재조합을 통해 "현재화"[23]된다. 이윽고 "거친 들판"을 지나고 "눈보라"를 넘어 도달하는 "기적의 시간"을 통해, 시적 주체는 현실 속 고통과 번민의 한계에 서서, 고통과 "미움"으로 가득한 쓰라린 기억을 지우고 "용서"한다. 이는 유한한 존재의 완전한 전개와 "불멸"을 염원하는 완전함을 향한 희망이자 절대적 믿음의 투사이며, 시적 정동을 전면화한다.

> 사닥다리가 내려오는데 눈이 부셨다
> 십 년을 가까이 산 집엔, 잠으로 가득 찼는데
> 숨기둥 밖에서 잠이 담뱃내가 밴 벽지와 비애를 이기고
> 긴긴 지옥의 창고를 부수어버렸다, 지붕에는 다시
> 망초꽃이 피고 밤에는 자작나무 가지들이
> 지쳐 있는 창문을 향해 바람을 빨아들이고 있었다
> 가장 깊은 잠이 이 세상에는 있어
> 죽음조차도 몸을 빼앗긴다, 서해까지, 무덤까지
> 고요히 길을 내며 비자나무 숲을 만든다
> 저 깊은 마음에서 뛰쳐나와 기쁨의 꿈을 꾸며
> 구름의 서식지에 가서 지식으로 구름의 파수꾼이
> 되는 창문들, 강의 목숨을 끊고 바닥을 기어

---

[23] 벤야민은 과거 기억의 서술에 대해 "저작의 중심에는 기억하는 작가가 아니라 기억을 직조하는 '행위'가 있다"고 말한다. (발터 벤야민, 앞의 책, 2012, 253면.)

하구로 몰려가는 모래들처럼 서걱거리며 흩어진다
보라! 내려온다, 금빛, 허무의, 햇빛이 다디단 열매를 달고
중천에서, 기도하는 망초꽃 뒤에 숨어 흙먼지를 일으키며
지붕 위로 고요하게 내려앉는다
―「잠」 전문

　박주택의 기억은 주체가 겪었던 사건을 완전히 재현하는 것이 아닌, 서로 다른 평행 우주가 순간적으로 연결될 수 있다는 시적 상상력에 더 가까워진다. 따라서 그가 기억을 언급할 때 목표로 하는 것은 기억의 구체적인 내용보다는 기억이라는 인간적 행위의 형식 자체이다.
　시「잠」에서 역시 인간 지상적인 삶의 표상인 "집"의 세계에서 현실의 폐허를 서술하며 일상적인 삶의 행위들을 표출시킨다. 그러나 동시에 시적 주체는 능동적 행위로서의 높은 이상을 추구한다. 집의 낙원적 이미지는 시에서 역시 상징적 소통을 가능하게 하는 시적 무의식의 상징으로 작용한다. 존재의 낙원적 거소에서 "깊은 마음"에서 뛰쳐나오는 상상력의 비상은 눈부신 수직적 이미지의 "사닥다리"를 통해 "기쁨의 꿈"을 꾸는 "구름의 서식지"인 원초적 세계에 도달하고자 한다. 지상에서의 삶은 쾌락 위주를 지향하지만 "가장 깊은 잠"인 죽음으로 인해서 단절될 수밖에 없기에, 시의 전개에서는 죽음에 대한 절박한 인식이 급박히게 대두된다. 주지히듯 박주택의 죽음 의식은 외부 세계나 현실 세계로부터 단정되거나 유폐된 상황에서 출발한다. 이때 시인이 시적 자아의 고립감이나 유폐 의식을 효과적으로 표출하기 위해 사용하는 모티브는 "잠"이다. 본래 "잠"은 인간의 의지를 현재에 붙들어 매어두며, 현실로의 복귀를 가져온다. 모리스 블랑쇼가 "잠"을 세계에 대한 무관심이자 부정으로 보면서도, 동시에 자아를 세계 속에 보존하고 이 세계를 긍

정하는 부정이라고 지적하는 이유가 여기에 있다.[24] 따라서 "잠"을 통한 망각의 평안이야말로 유한한 존재가 죽음을 인식하고 체험을 견딜 수 있게 한다.

보르헤스에 따르면, 망각은 각 개별 순간의 차이를 상쇄하고 이를 동질화함으로써 추상적 사고를 가능하게 하는 전제조건이 된다. 유한한 존재인 인간이 자아를 지속적으로 유지할 수 있는 근본적인 이유는, 잠이라는 행위를 통해 삶과 죽음의 반복적 순환을 일상적으로 경험하며 죽음에 대한 인식을 연기할 수 있기 때문이다. 잠의 기능은 죽음에 대한 인식을 연기하는 수단일 뿐만 아니라 망각의 필수 조건이 된다. 망각은 기억의 부재나 결핍으로 환원될 수 있는 소극적 현상이 아니라, 오히려 기억을 향한 저항이자 주체적이고 능동적인 사유의 산물로 간주되어야 한다. 이는 추상적 사고의 근본적인 원동력이다. 궁극적으로 기억은 망각에 기반할 때 비로소 참된 기억으로 성립할 수 있다.

박주택 시에서의 망각 역시 시간의 지속성을 벗어나는 저항의 한 방식이자 상실의 아픔을 무화 시키려는 시도가 된다. 망각의 회로가 된 "잠"의 방향성은 시간의 비애를 이기고 죽음조차 이겨내는 발자취가 된다. "금빛", 혹은 "허무"로 인해 형상화된 시간의 육체가 흩어질 때, 붉은 구름을 피우며 죽음이 엉겨있던 시간도 "저녁밥"의 시간이 되면 "슬픔의 막은" "주름 잡힌 침묵"으로 평온을 가져다줄 것임을(「부음」), 시인

---

24) 모리스 블랑쇼에 따르면, "잠은 본질적으로 현실로부터의 도피를 가능하게 하지 않는다. 잠은 중심과의 내밀성이며 인간은 잠을 통해 분산되는 것이 아니다. 인간은 인간이 있는 "이곳"에 온통 집약되어 있으며 이 지점이 바로 인간의 궁극적 자리인 것이다. 따라서 인간은 자신이 잠자는 곳에 자신의 위치를 고정시키며 세계를 고정시키게 될 뿐이다." (모리스 블랑쇼, 박혜영 옮김, 「잠과 밤」, 『문학의 공간』, 책세상, 1990, 365-368면.)

은 비애를 읊으며 고대한다. 이윽고 "숲"을 발견하며 낙원을 체감하는 순간이 찾아올 때, 주체는 의식의 중심부에 놓여 죽음을 피할 수 없는 존재의 유한성과 마주한다. 죽음을 미화하거나 폄하하는 어떤 시도도 결국 망상에 지나지 않는다는 것임을 흩어지는 "모래"로 표상하는 것이다. 자기 쇄신의 혼돈 이후 완전함에 대한 "꿈"과 의식의 변화는 초자연적인 힘과 초인간적인 관계를 설정하는 신화적 상상력으로 나타나며, 이는 "망초꽃"으로 표상된다. 그리하여 "기도"라는 행위는 스스로 계몽의 시작이 될 뿐만 아니라 인간성의 성숙을 향한 시도가 된다. 이는 새로운 시적 영역을 개척하고 그 스펙트럼을 확장하는 역할을 하게 되는 것이다. 그리하여 비애와 환상으로 채워진 잠의 벌판에서는 온전한 꿈꾸기가 가능해지며, 어둠 속에 지워진 침묵의 시대에서는 "시간은 망각을 가르치고 망각은 평안을 가르쳤다"(「소금의 포도」).

3) 욕망의 해방과 새로운 가능성으로의 회귀

박주택의 기억에 대한 탐구는 불화하는 현재에 대한 저항이자 회귀에 대한 욕망이 된다. 실존 아래서 불안을 경험하고 있는 시인은 회귀에 대한 욕망으로 실제 사건의 반추 과정이 아닌 무의식 속 기억으로 주조한다. 이 가능성에 중점을 둔 기억에 대한 욕망은 완성된 과거나 낭만적 치장으로 영원히 박제화되는 것을 거부하는 현존이다. 박주택의 시는 기억에 대해 일반적인 회고록과 같은 편안하고 안정적인 감정을 전달하기 위한 구체적인 재료를 활용하지 않으며, 이는 회고담이 허용된 미화와는 전혀 관련이 없음을 시사해 볼 때, 그가 제시하는 기억의 실상은 기억의 근본적인 존재론적 성격과 밀접하게 연관되어 있다.

시간에는 의미심장한 또 다른 현상으로 지속의 양상이 존재한다. 지속이란 우리가 시간을 연속적인 흐름으로 경험하는 방식으로 정의할 수 있다. 우리의 시간 경험은 순간의 영속성과 변화의 다양성뿐만 아니라, 이 연속성과 변화 속에 스며드는 어떤 지속성에 의해서도 특징지어진다.[25]

시간이란 마음속에 생겨나는 연속적인 생각에 대한 우리의 의식이다. 고통이나 쾌감과 같은 분명한 감각은 시간을 더 길게 느껴지도록 만들기 때문이다.[26] 시간은 인간의 존재와 깊은 연관을 가지며, 인간은 시간의 법칙을 어길 수 없다. 시간이 인간의 성장과 노화를 주관하며, 시간의 작용이 완성되면 인간은 결국 시간으로부터 자유로워지게 된다. 즉, 죽음만이 인간을 시간의 제약에서 벗어나게 한다. 프루스트에 따르면 시간은 단순한 개념 이상의 것으로, 모든 현실의 근본적인 추진력으로 작용하며, 이는 현실의 특정 형식이나 국면, 속성을 넘어서 현실 그 자체를 의미한다.[27] 즉 시간은 인간을 일정 시점이라는 상태에 머물게 하지 않으며, 지속적으로 압박을 가한다. 시간은 상실과 박탈을 상징하며, 늙음과 죽음을 향한 흐름을 대표한다. 시간의 흐름에 따라 청춘은 상실되며, 시간의 진행에 따라 제공되는 미래는 본질적으로 늙음과 죽음으로 귀결된다. 과거의 시간은 추억과 기억을 통해 지속적으로 되살아 남아야만 미래의 시간이 지연될 수 있다. 현재는 과거를 회상하기 위한 존재로 자리매김하며, 늙음과 죽음만을 남기는 미래는 실질적으로 존재하지 않는 시간처럼 인식된다. 따라서 기억은 체계적이고 과학적으로 연결되어 나

---

25) 한스 마이어호프, 김준오 역, 『문학과 시간현상학』, 삼영사, 1987, 29-32면.
26) 멘딜로우, 최상규 역, 『시간과 소설』, 예림기획, 1998, 155-156면.
27) 멘딜로우, 위의 책, 1998, 196면.

타나지 않는다. 그것은 재인식하는 과정에서 단절과 혼란과 같은 장애로 인해 변화되고 조작되어 나타날 수 있다. 죽음을 딛고 다시 태어나는 만물의 원리처럼 기억도 죽음을 딛고 재생되는 것이다.

박주택 시에서 경험하는 문맥적 혼란은 과거를 기억하는 과정에서 오는 혼란일 수도 있다. 박주택의 시는 과거 체험을 전달하는 관찰자나 전달자를 취하며 화자의 담화 방식에서의 언표적 층위, 즉 언어 의미론적인 것을 절제한다. 이와 같은 태도는 화자의 거리 조정과도 일정한 궤를 이룬다. 특히 그의 시는 내면 의식의 파동이나 물결들이 흘러가는 대로 표현하려 애쓰며, 순간 떠오르는 시상을 훼손하지 않고 나타나는 데 주안점을 둔다. 시적 주체의 경험과 직관이 통일화되지 못한 채 기억의 나열들, 경험한 표상들을 떠오르는 대로 진술한 기억들은 지속화되어 변화하고 조작된 기억이 아니다. 그의 시가 과거지향적 자세를 갖는 것은 향수의 근원으로서 고요한 정관에의 동경에 해당된다.

동경은 예술 창작에 있어서 인식의 원천으로 이해할 수 있다. 동경은 수많은 우리의 행위의 신비로운 원천이다. 그것은 철학적 인식의 원천이며, 예술적인 창작과 향수의 근원으로 작용한다. 특히 예술은 우리가 실제적인 삶에서 도달할 수 없는 것을 최소한 소규모로 그리고 반조 속에서 우리에게 부여할 수 있으므로, 동경은 형이상학적인 특질들의 고요한 정관이다.[28]

영원히 돌아오지 않는 시간은 돌이켜보면 언제나 신비와 경외로 가득 차 있다. 만날 수 없는 과거는 동경의 대상으로 다가오며, 이 가보지 못한 행로에 대한 갈망은 곧 외면된 진실을 마주하려는 현재적 공포와 근원 불명의 불안 의식을 해소하려는 상상적 욕망으로 변주된다. 꿈의 실

---

28) 가스통 바슐라르, 이가림 역, 『촛불의 미학』, 문예출판사, 1995, 84면.

현은 시인이 간절히 원하는 존재의 해방이 된다.

> 그 무렵 잠에서 나 배웠네
> 기적이 일어나기에는 너무 게을렀고 복록을 찾기엔
> 너무 함부로 살았다는 것을, 잠의 해안에 배한척
> 슬그머니 풀려나 때때로 부두를 드나들 때에
> 쓸쓸한 노래들이 한적하게 귀를 적시기도 했었지만
> 내게 병은 높은 것 때문이 아니라 언제나 낮은 것 때문이었다네
> 유리창에 나무 그림자가 물들고 노을이 쓰르라미 소리로
> 삶을 열고자 할 때 물이 붙잡혀 있는 것을 보네
> 새들이 지저귀어 나무 전체가 소리를 내고
> 덮거나 씻어내려 하는 것들이 못 본 척 지나갈 때
> 어느 한 고개에 와 있다는 생각을 하네
> 나 다시 잠에 드네, 잠의 벌판에는 말이 있고
> 나는 말의 등에 올라타 쏜살같이 초원을 달리네
> 전율을 가르며 갈기털이 다 빠져나가도록
> 폐와 팔다리가 모두 떨어져나가
> 마침내 말도 없고 나도 없어져 정적만 남을 때까지
> ―「카프카와 만나는 잠의 노래」 전문

"잠"이 주는 공간은 유토피아 지향 의식으로 가득 찬 휴식의 공간이다. 세계의 지배와 현실의 논리로 온전한 자유가 가능하지 않은 삶의 시간에서 "잠"은 현실의 탈출이자 반항이며 구원의 통로가 된다. 즉, "잠"은 거대한 억압의 세계로부터 필연적인 이탈을 가능하게 하는 행위로 이해될 수 있다. 존재의 기억과 흔적을 되살리고자 하는 시인의 의식은 다시 "잠" 속에서 무의식의 세계를 거슬러 과거의 흔적과 상처를 만나는 것이다. 불화된 세계의 지배와 시간의 제약을 벗어나 "말"을 타고 달리

는 행위는 과거의 향수로 회귀되며, 지나온 시간의 압축은 "잠"을 통해 완전한 꿈을 꾸려는 시도가 된다. 일상의 풍경과 기억, 의식과 무의식, 현실과 환상이 교차하면서 다채로운 무늬의 결을 형성하고, 궁극적으로 "잠"의 지점에 도달하는 것이다. 시적 주체를 구조하고 있는 안과 밖의 경계에 대해 사유와 감각을 적절하게 가로지르며 생의 경험이 곧 시의 경험이라는 것을 보여주고 있다. 창조를 위해 비축해 둔 에너지의 해방과 원형적 이미지들을 따라 탈주하며 모호하게 진술된 시의 문장은 균질한 이성과 다양한 총체를 재해석하는 의미화 과정이 생략되어 있다. 이것은 화자의 현재적 불안의식이 과거 신화적 시간 속으로 회귀하려는 열망을 통해 현세의 고통을 무화 시키려는 태도를 취하기 때문이라고 볼 수 있다. 이 회귀 의식은 그리움과 서글픔이 되어 그윽한 추억의 배후로 시간의 한 켠에서 욱신거린다. 시인은 주체의 초월을 통해 존재와 생의 진실을 찾아가고자 하며, 시 쓰기 행위가 진정한 자아의 의미에 가닿고자 하는 욕망의 표현이 된다.

그리하여 박주택에게 시 쓰기는 단순히 기억을 재현하는 행위가 아니라, 느낌을 따라 글을 쓰면서 기억을 소멸시키고 그로부터 해방되는 과정으로 이해될 수 있다.

카프카는 글쓰기를 통해 자기 정체성을 규정짓는 기억의 굴레에서 벗어나 망각을 하나의 욕망으로 형상화한다. 그의 텍스트에 나타나는 주요 서사 기법 가운데 하나는, 동일한 문화 내부의 정체성을 확립하는 기억의 구조를 무력화하고, 망각의 메커니즘을 통해 그 정체성의 구성을 변형시키는 데 있다. 그러나 이와 같은 해체의 과정은 고통스러운 기억의 반복을 통해 수행되므로, 카프카의 글쓰기는 망각을 지향하면서도 기억의 산물이라는 필연적 역설에 직면하게 된다. 이러한 역설은 박주

택의 시에도 적용될 수 있다.29)

블랑쇼에 따르면, 글을 쓰는 자는 끊임없이 죽음을 맞이하는 존재이며, 자신의 삶 속에서 반복적으로 죽음과 마주하게 된다. 글 쓰기란 이성적 주체로서의 '나'가 도달할 수 없는 죽음의 경계에 무한히 접근하려는 행위이며, 이는 불명확하고 모호하며 불투명한 불가능의 세계에 대한 탐색이 된다. 표현 불가능한 것의 표현을 통해, 다가오는 죽음의 예감과 그것과의 긴장 관계 속에서 글쓰기의 가능성을 획득한다. 시는 단순히 형식적인 산물이 아니라, 존재론적으로 깊은 차원의 경험을 내포한다. 이 경험은 삶의 진지한 탐구와 깊은 성찰, 그리고 예술적 실천의 지속적인 흐름 속에 뿌리를 두고 있다. 시 창작은 단순한 순간의 행위가 아니라, 예술을 향한 일생의 완전한 몰입과 헌신을 필요로 하는 근원적이고 존재론적인 작업임을 뜻한다.30) 글을 쓰는 과정에서 번민과 고통은 휘발되어, 역설적인 방식으로 삶의 재생산이 이루어진다. 글쓰기에서 가장 중요한 요소는 바로 글쓰기 주체이다. 주체를 부정하고 저자를 부인하려는 최신 이론들이 아무리 정교하게 발전하더라도, 글이 결국 사람이라는 사실은 여전히 변하지 않는 진리로 남는다. 글쓰는 주체의 사람됨과 그 주체가 겪은 현실적이고 내면적인 경험들이 그 글의 바탕을 이루며, 궁극적으로 글은 인간에 의한, 인간을 향한, 인간의 호소로서 존재한다. 이 호소를 전달하는 주체의 그릇, 즉 주체의 크기, 높이, 깊이, 그리고 섬세함이 바로 글의 성격과 가치를 결정짓는 요소가 된다.31)

따라서 박주택에게 있어 시 쓰기란 불안의 근원에 대한 문제 제기를

---

29) 가스통 바슐라르, 앞의 책, 1995, 138면.
30) 모리스 블랑쇼, 앞의 책, 1990, 116면.
31) 유종호, 앞의 책, 1989, 436-440면.

한 후, 감정과 경험을 수용하며 실존적 질문을 통해 불안을 어떻게 해소해 나갈 것인가에 대한 깊은 통찰의 과정이 된다. 시인은 외부의 경험을 바탕으로 삶에 내재된 죽음과 존재의 빛 속에 숨겨진 어둠을 결합하여 새로운 창조를 시도한다. 시 쓰기는 시인에게 있어 삶의 기원과 종말을 규정짓는 기존의 틀에서 벗어나 전체성에 도전하는 행위이자, 현실과 시적 상상력을 연결하는 중요한 작업이다. 이에 따라 가치 있는 시의 창작은 존재 차별화의 수단으로 작용하며, 불안에 대한 실존적 해결책을 제시한다. 인간의 유한성과 존재의 위협으로 인한 불안의 존재론적 의미를 탐구하고, 이를 상호 작용하는 불안 경험의 역동성 속에서 스스로 불안을 극복하려는 모색이 이루어진다. 이는 궁극적으로 삶의 가능성으로 다가가는 과정이 되며, 시인에게 불안은 유희이자 구원으로 향하는 길이 된다. 그의 시는 본질을 탐구하는 불안과 허무를 비추는 탐조등의 역할을 하며, 불투명한 마음의 파문을 직시하고 순간적으로 드러나는 마음의 흔적을 탐색한다.

> 그때에 나무들은 잎사귀가 달리면서
> 막연한 불안에 시달리며 잡히는 것마다 움켜쥐었다
> 그때에 우리는 사람들의 어두운 맨 뒷자리에서
> 울지 않는 것들이 무엇이 있는가를
> 생각하다 깜박 잠이 들곤 했다
>
> 모든 사람의 마음에 우물이 패어 흰구름이
> 머물다 가기도 한다고 믿기도 하던 때
> 계절은 끼니처럼 쉬이 오고 육체며 강이며
> 침묵에 비가 내리기도 하였다

우리는 푸르렀으므로 조금씩은 사나웠다
저녁 아래, 소리 아래서 듣는다
비록 행복도 고통도 눈 위에 새겨지진 않았지만
발끝까지 이어진 기록은 하찮지만
그것이 나일 수밖에 없었던 까닭이라는 것

오늘 밤 새 잎을 지나는 청춘을 바라보며
젊어 어리석었던 것들이 적막해오고
더 멀리서는 삶이라고 여겼던 더 많은 것들이
하늘에 박힌 별같이 반짝인다

이제 그때 마음을 다 밝히지 못한 계절이
다시 찾아온다면 어느 먼 곳에 있을
그리운 사람들의 가슴을 껴안고
마침내 나는 울음을 터뜨릴 것이다
―「우리는」 전문

  시인은 현실의 지평에서 "나무", "흰구름", "비", "눈", "별"로 연결되는 자연적 이미지의 향연들을 통해 희망의 공간을 자신만의 관념적 세계 위에 재생성하고자 한다. 그러나 모두가 희망을 추구할 때, 그 틈 속에서 절망을 발견하는 시적 주체는 자신이 처한 현 상태와 기원의 뒤틀린 시간적 거리를 계절을 매개로 교차시키며 희망과 절망의 경계를 해체한다. 존재하는 것들의 틈과 간극, 시대의 시작과 끝은 늘상 갈등과 불화, "고통"이 내포되어 있기에 일상의 수위가 높아질수록 존재의 불안은 커진다. 그리하여 "움켜쥐"는 동작을 내포한 무수한 기호들은 몽환적인 흔들림을 통해 자신의 존재 기원을 복원하고 있다.

  또한 시인의 시선이 닿는 곳은 행복과 희망이 아니라 어둠과 고통으로 스스로를 구성하는 사람들이다. 존재 자체로 "폭력"을 경험한 사람들과 분명하고 합리적인 현실과 대립된 "어두운" 어리석음은 시인의 감수성과 존재가 느끼는 심리적 문맥과도 강하게 연관되어 있다.

세계가 존재에 가하는 압력과 그에 따른 고통이 맹렬하게 달려들지라도, 시인은 "하찮"거나, "어리석었던" 것들을 세심하게 살피며 존재를 살펴볼 시간을 제시하고 균열된 일상의 행로를 통해 밝히지 못한 "마음"을 비로소 담담하게 언술한다. 구원을 기다리는 존재가 "계절"을 경험하는 풍경 속에서, 시공간의 세밀한 층들과 순환적으로 반복되는 시간이 회귀하는 순간에 도달할 때, 이윽고 시적 주체는 "울음"을 통해 혹독한 갈증을 해소하고 완강한 현실에서 비로소 해방의식을 느낀다.

따라서 시인은 불빛만큼 반짝이지 않는 삶의 현실을 신뢰하며, 섣부른 낙관론을 피하고 절망의 표정을 이해하고자 한다. 존재의 상처와 그림자에 주목하며 절망 속에서도 아름다움을 발견하고자 하는 그의 시도는, 삶의 비루함이 인간 존재의 진실임을 입증하려는 정체성에 대한 탐구로 이어진다.

3. 결론

박주택의 문학세계는 비애 속 실존적 불안의 감성이 주된 성서로 사리 잡고 있다. 본 연구에서는 실존 의식의 시학이 박주택의 시 세계에 상징화되어 있는 철학적 사유와 상동성이 있음을 밝히고, 이에 착안하여 문학 영역에서 불안에 대한 연구와 함께 구체적인 텍스트 분석을 통해 이를 조명하였다.

박주택은 시를 통해 현실과 인간의 불화 속에서 시인의 역할에 대해

의문을 제기한다. 비애의 정서를 바탕으로 한 내면적 파토스는 정념으로 자리하며, 세계의 현존과 부재를 함께 다루고, 존재의 낮과 밤, 빛과 어둠을 동시에 다룬다.

그의 시 세계는 세계에 대한 환멸과 내면의 자기부정을 통한 자기 성찰을 추구하며, 황폐한 현실을 상징적으로 묘사하고 비극을 표출한다. 박주택의 비극에 대한 상대적 우월성과 영속적 호소력은 인간의 가능성에 대한 믿음과 인간 위엄을 긍정하는 증거라고 할 수 있다. 그의 시 쓰기는 외부의 경험을 통해 비롯된 삶 속에 내포된 죽음, 내부의 불안과 존재의 빛 속에 들어와 있는 존재의 어두움을 함께 끌어들여 새로운 것을 창조한다. 주로 제시되는 시적 공간은 밤으로, 이는 필연적 파생에 따른 것이며, 대상의 안과 밖을 동시에 응시하고자 하는 의지의 발원이자 창조적 상상력의 공간이기도 하고, 상실에 대한 회복의 공간이다. 어둠 속에서 희망을 찾는 이들에게 밤은 의지처가 된다. 밤은 의지와 상관없이 내던져진 존재들에게 그 피투성이 된 존재에 대한 도전이자 자의식의 강화이며, 주체적 삶의 주체가 되게 한다. 밤을 의지하는 이는 곧 주어진 운명에 맞서는 자가 되며, 밤의 시간은 과거의 주체와 작별하고 미래의 주체를 선택하는 자율적이고 주체적인 시간이다. 밤은 귀한 고독의 시간이자 희망과 구원의 순간이 된다. 따라서 시인은 빛에 의해 필연적으로 파생되는 그늘의 이면과 그에 대한 깊이 있는 응시를 통해 삶과 존재의 복합성을 드러낸다. 이러한 존재의 이면에 대한 사유는 곧 주체의 본질에 대한 근원적 물음으로 확장된다. 현재에서 나타나는 시간의 어둠은 실존적 상처의 배후가 되어 과거와 미래가 공존하는 현재 혹은 시간의 바깥에 엄습하며, 현실, 꿈, 상상, 기억 등이 뒤섞여 표면과 이면, 과거와 현재, 삶과 죽음, 주체와 타자 간의 경계 혹은 틈을 균열시킨다. 다양한 시적 장치들로 시간과 죽음, 어둠, 그리고 내면의 심연에서 발화되는 부조화와 긴장감은 박주택만의 독자적인 시적 양식으로 형성되며, 그의 사유는 주체의 탐구뿐만 아니라 당대 사회에 대한 숨겨진 비판의식이 된다.

이처럼 세계와 시의 타협을 거부하는 박주택 시인은 근원적 질문을 던지며 자신만의 방식으로 시적 미학을 성취한다. 따라서 본 연구에서는 그동안 시도되지 않았던 박주택의 문학세계를 불안이 함의하는 의미와 세계관에 대해 새롭고도 정밀하게 해석해 보았다. 이에 본 연구의 독자성과 의의를 두고자 한다.

| 참고문헌 |

강동호, 「기억의 빛」, 『또 하나의 지구가 필요할 때』, 문학과지성사, 2013, 163면.
김원경, 「박주택 시에 나타난 허무의식 연구」, 『국제언어문학』 58, 국제언어문학회, 2024, 7-30면.
권혁성, 「아리스토텔레스와 비극의 카타르시스」, 『서양고전연구』 53, 한국서양고전학회, 2014, 158면.
박성준, 「박주택 시인의 시 세계」, 『시와 편견』 32, 실천, 2024, 36면.
_____, 「박주택 시 연구의 정립을 위한 시론적 검토」, 『국제언어문학』 60, 국제언어문학회, 2025, 100-102면.
박주택, 『카프카와 만나는 잠의 노래』, 문학과지성사, 2004.
_____, 『또 하나의 지구가 필요할 때』, 문학과지성사, 2013.
박주택·오형엽, 「환멸, 기억, 망각, 몽환(대담)」, 『현대시』 2004년 5월호, 한국문연, 2004, 74면.
오형엽, 「기억과 망각의 회로」, 『카프카와 만나는 잠의 노래』, 문학과지성사, 2004, 126면.
유종호, 『문학이란 무엇인가』, 민음사, 1989.
이기상·구연상, 『존재와 시간 용어해설』, 까치, 1998.
정끝별, 「최하림 시의 시간성과 말년성」, 『국제한인문학연구』 31, 국제한인문학회, 2021, 205면.
홍용희, 「불협화음의 미의식과 열반의 정적 - 박주택의 시세계」, 『제20회 소월시문학상 작품집』, 문학사상, 2006, 97면.
아리스토텔레스, 김재홍 옮김, 『시학』, 고려대학교 출판부, 1998.
발터 벤야민, 최성만 역, 『서사·기억·비평의 자리』, 길, 2012.
가스통 바슐라르, 이가림 역, 『촛불의 미학』, 문예출판사, 1995.
지그문트 프로이트, 이한우 역, 『일상생활의 정신병리학』, 열린책들, 1997.
한스 마이어호프, 김준오 역, 『문학과 시간현상학』, 삼영사, 1987.
헤럴드 블룸, 양석원 옮김, 『영향에 대한 불안』, 문학과지성사, 2012.
키에르케고르, 임춘갑 옮김, 『공포와 전율』, 치우, 2011.

크리스 코트먼, 곽성혜 옮김, 『불안과 잘 지내는 법』, 유노북스, 2020.
모리스 블랑쇼, 박혜영 옮김, 「잠과 밤」, 『문학의 공간』, 책세상, 1990.
멘딜로우, 최상규 역, 『시간과 소설』, 예림기획, 1998.

박주택 시 연구

초판 1쇄 인쇄일	2025년 6월 9일
초판 1쇄 발행일	2025년 6월 20일
지은이	프락시스연구회
펴낸이	한선희
편집/디자인	정구형 이보은 박재원
마케팅	정진이 안솔비
영업관리	정찬용 한선희
책임편집	이보은
인쇄처	으뜸사
펴낸곳	국학자료원 새미(주)
	등록일 2005 03 15 제 395-3240002510020050000008 호
	경기도 고양시 덕양구 권율대로 656 클래시아더퍼스트 1519, 1520호
	Tel 02)442-4623 Fax 02)6499-3082
	www.kookhak.co.kr
	kookhak2010@hanmail.net
ISBN	979-11-6797-236-1 *93810
가격	28,000원

* 저자와의 협의하에 인지는 생략합니다.
 잘못된 책은 구입하신 곳에서 교환하여 드립니다.
 국학자료원·새미·북치는마을·LIE는 국학자료원 새미(주)의 브랜드입니다.